LA BIBLE :
LE CODE SECRET
II

DU MÊME AUTEUR
chez le même éditeur

La Bible : le code secret, 1997

MICHAEL DROSNIN

LA BIBLE : LE CODE SECRET

II

Le compte à rebours a commencé...

traduit de l'américain par A. Karachel

ROBERT LAFFONT

Titre original : BIBLE CODE II

ISBN 2-221-08755-0
(Édition originale : Viking Penguin, New York)

« Et viendra alors un temps de troubles
Comme on n'en a jamais connu depuis qu'existent les nations. »

Livre de Daniel, 12.1

« Pour résoudre un problème que l'on n'est pas encore parvenu à résoudre,
Il faut savoir laisser entrouverte la porte de l'inconnu. »

Richard Feynman,
Prix Nobel de physique

Introduction

Depuis trois mille ans, un code est caché dans la Bible. Aujourd'hui, il a été mis au jour grâce à un ordinateur et il prédit peut-être notre avenir.

Il y a cinq ans, j'ai publié un livre, *La Bible : le code secret*, relatant cette découverte, due à un mathématicien israélien éminent.

Cet ouvrage a fait connaître l'existence du code dans le monde entier, et j'espérais que mon modeste rôle dans cette aventure s'arrêterait là. Je suis journaliste, je ne suis ni un scientifique ni un spécialiste des textes bibliques.

Et le code de la Bible est toujours demeuré un mystère pour moi. Je ne suis pas religieux, je ne crois pas en Dieu, et je ne peux donc même pas imaginer par quel moyen la Bible pourrait contenir un code décrivant des événements qui se sont produits des milliers d'années *après* qu'elle a été écrite.

Mais j'ai acquis la certitude inébranlable qu'il y a bien un code caché dans la Bible.

J'ai vu un nombre incroyable de prédictions du code se réaliser. J'ai même alerté Yitzhak Rabin que le code prédisait qu'il serait assassiné. J'ai été bouleversé lorsque cela s'est produit, l'année précise annoncée par le code.

Les attentats du 11 septembre 2001 étaient aussi prédits par ce code vieux de trois mille ans.

J'ai consulté des scientifiques éminents, tant israéliens qu'américains ; un spécialiste en cryptographie de la National

Security Agency, l'organisme d'espionnage *top secret* américain, a même confirmé la réalité du code de la Bible.

Je n'ai cessé de discuter au téléphone – et je le rencontrais dès que c'était possible – avec le professeur Eliyahu Rips, le mathématicien qui a découvert le code ; c'est l'un des plus grands experts mondiaux de la théorie des groupes, le domaine des mathématiques qui sous-tend la mécanique quantique.

J'ai été le témoin des critiques qui se sont déchaînées contre Rips lorsque celui-ci a annoncé sa découverte. J'ai même espéré que l'on parviendrait à prouver que le code n'existait pas. Cela m'aurait libéré d'un fardeau dont je ne voulais pas, d'une responsabilité dont je ne me sentais pas à la hauteur.

Mais personne n'est parvenu à réfuter les arguments mathématiques de Rips. En fait, les preuves de l'existence du code se sont même accumulées, devenant chaque fois plus convaincantes (voir annexe).

En définitive, trois choses m'ont poussé à poursuivre mes investigations : les attentats du 11 septembre 2001, preuve brutale que les mises en garde du code ne sont que trop réelles ; la spirale de la violence au Proche-Orient, qui menace d'entraîner le monde dans la guerre ; et, enfin, une découverte étonnante qui pourrait bien livrer la clé de la vérité ultime qui se cache derrière le code.

Ce livre est le récit de la quête de cette clé qui permettrait de déchiffrer entièrement le code, qui révélerait notre passé oublié et la totalité de notre avenir.

Aujourd'hui, c'est devenu une urgence. Car la mise en garde lancée par le code de la Bible est sans équivoque : il ne nous reste peut-être que quatre ans à vivre.

Toutes les notes, ainsi qu'un résumé du débat autour du code, se trouvent à la fin du livre.

1

La fin des jours

Le 11 septembre 2001, à 8 h 48 du matin, j'ai été réveillé par une explosion qui a changé à jamais la face du monde.

J'ai allumé mon radio-réveil et j'ai entendu un flash d'information : un avion de ligne venait de s'écraser sur une des Twin Towers.

Je suis monté sur le toit de mon immeuble juste à temps pour voir un autre Boeing 767 percuter la seconde tour, provoquant un énorme incendie. Ce n'était pas un accident. Des terroristes avaient détourné les deux avions. C'était une attaque concertée.

Épouvanté et incrédule, je suis resté plus d'une heure à regarder se consumer dans d'immenses flammes orange ces deux monolithes argentés qui dominaient le quartier de Manhattan où je réside, tandis que d'immenses volutes de fumée noire s'élevaient vers le ciel.

Subitement, une des deux tours s'est écroulée. Elle s'est tout simplement effondrée sur elle-même. Puis la seconde tour a aussi implosé. Toutes deux ont disparu dans un immense nuage de poussière qui se dirigeait à vive allure dans ma direction. Elles étaient là et, l'instant suivant, elles avaient disparu.

Mon esprit ne parvenait pas à saisir l'ampleur de la destruction dont il avait été le témoin. C'était un événement apocalyptique, digne d'une prophétie biblique.

J'ai dévalé les escaliers et me suis précipité sur mon ordinateur pour scruter le code ancien, le code de la Bible. Je savais que c'était le seul endroit où je pourrais trouver la confirmation du danger dans toute son ampleur, et peut-être une révélation de ce que le destin nous réservait.

Le code découvert dans la Bible par un grand mathématicien israélien avait déjà dévoilé d'autres événements majeurs qui se sont produits des milliers d'années après que la Bible a été écrite.

Et le code parlait bien de ce dont je venais d'être témoin. Ce qui s'était déroulé sous mes yeux incrédules quelques instants plus tôt était décrit là, sur mon écran d'ordinateur, en caractères hébreux.

« Tours jumelles » était codé dans l'antique texte sacré. « Avion » apparaissait précisément au même endroit. Et, transversalement à ces deux mots : « Il a causé la chute, abattu. »

L'attentat du 11 septembre 2001 avait été codé dans la Bible trente siècles plus tôt.

Sur ma terrasse, je n'avais eu qu'une pensée et, lorsque la première tour est tombée, je n'ai pu m'empêcher de l'exprimer à voix haute : « Oh, mon Dieu, c'est vrai ! »

C'était non seulement l'horreur de l'attentat qui m'avait bouleversé, mais la réalisation que tout ce qui était prédit risquait de devenir réalité.

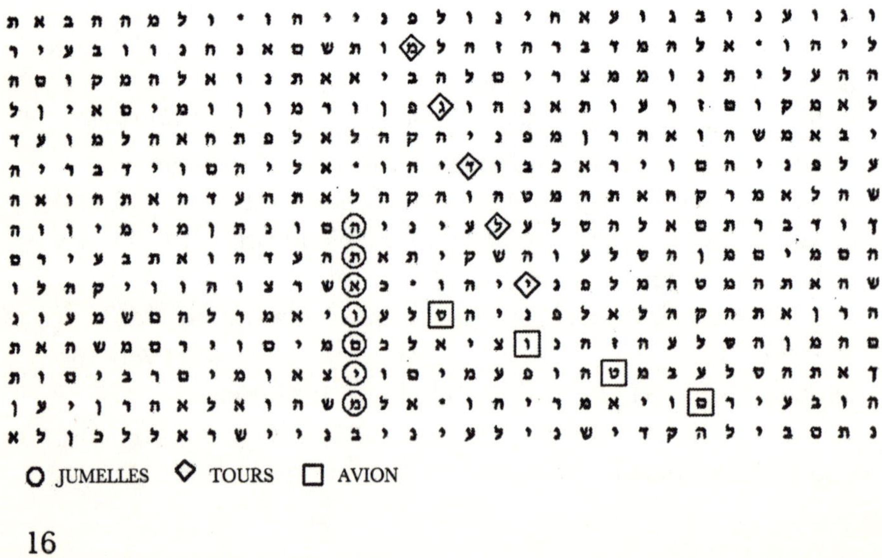

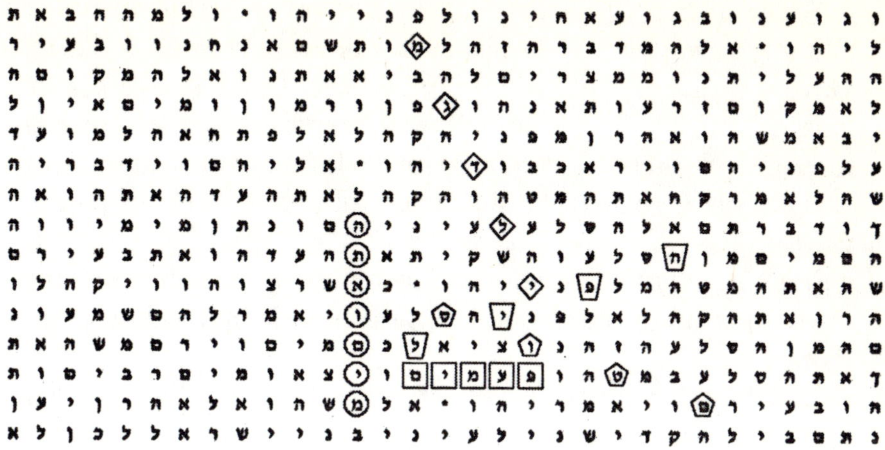

○ JUMELLES ◇ TOURS ▽ IL A CAUSÉ LA CHUTE □ DEUX FOIS ⬠ AVION

Le code avait déjà décrit l'assassinat de Kennedy et celui d'Yitzhak Rabin. Tout, de la Seconde Guerre mondiale au Watergate, de l'Holocauste à Hiroshima, des premiers pas de l'homme sur la Lune à la guerre du Golfe, tout était annoncé. Parfois, on découvrait des descriptions précises d'événements passés. Parfois, on les découvrait à l'avance, et les événements se déroulaient exactement comme prédit.

Le 11 septembre était, là aussi, codé dans le détail. Subitement, brutalement, j'avais la preuve que le code de la Bible était bien réel.

Et lorsque les avions ont percuté les tours, pendant que l'indicible se déroulait sous mes yeux, j'ai été assailli par des visions d'un futur trop épouvantable à imaginer, mais clairement révélé par le code. Et en un éclair tout cela m'a paru terriblement plausible.

Depuis cinq ans, je m'efforçais d'avertir les dirigeants de la planète qu'une ancienne prophétie allait se réaliser, que l'Apocalypse prédite par les trois grands monothéismes était inscrite dans la Bible sous forme codée, que nous connaîtrions l'Armageddon au cours de la décennie à venir – un conflit nucléaire mondial déclenché par un acte terroriste au Proche-Orient. Mais je n'arrivais pas moi-même à en être entièrement persuadé.

Avant le sommet de l'été 2001 au cours duquel le président Clinton devait réunir Arafat et Barak autour de lui à Camp David, je lui avais fait remettre mon livre, *La Bible : le code secret*, ainsi qu'une lettre dans laquelle je le mettais en garde contre la menace qu'un conflit en Terre sainte faisait courir au monde.

« J'hésite à vous livrer tous les détails, car cela est trop apocalyptique », disais-je dans ma lettre. J'avais en effet décidé de garder pour moi certaines informations, ne pouvant me résoudre à lui déclarer que la fin du monde approchait peut-être.

Pourtant, au cours de l'année qui a suivi, j'ai fini par dire tout ce que je savais au président des États-Unis, au Premier ministre israélien et au chef des Palestiniens : selon le code de la Bible, le moment de danger ultime, la « fin des jours », a commencé.

J'ai rencontré Arafat dans son quartier général de Ramallah, Shimon Peres à Tel-Aviv, le fils d'Ariel Sharon à Jérusalem, et le directeur de cabinet de Bill Clinton à la Maison-Blanche. À tous, je leur ai dit la même chose : il nous reste peut-être cinq ans pour sauver le monde.

Mais on ne m'a pas écouté.

La veille du 11 septembre, j'avais de nouveau appelé la Maison-Blanche pour vérifier si le président Bush avait bien reçu la lettre que je lui avais envoyée, l'avertissant qu'il devrait peut-être faire face à un troisième conflit mondial durant son mandat.

Cette lettre, expédiée un mois plus tôt, disait : « Le code de la Bible nous lance un avertissement : le monde sera peut-être confronté au plus grave des dangers durant votre mandat : un conflit mondial prenant naissance au Proche-Orient. Ce moment critique est clairement prédit. Les noms "Bush", "Arafat" et "Sharon" sont tous codés explicitement dans la Bible à l'endroit même où le texte biblique évoque la période de grave danger annoncée par les trois grands monothéismes : "la fin des jours". Et le texte caché de la Bible énonce clairement de quel danger il s'agit, dans des termes modernes : les expressions "holocauste nucléaire" et "guerre mondiale" sont aussi codées dans la Bible. Et elles apparaissent toutes deux aux côtés d'une même date : "en 2006". »

Le 11 septembre, le président Bush en personne déclarait que les États-Unis étaient en guerre, que « la première guerre du XXIe siècle » avait commencé. Et le *New York Times* titrait : « La Troisième Guerre mondiale ».

Avant le 11 septembre, je n'arrivais pas à y croire entièrement moi-même. Comme je l'ai déjà dit, je ne suis pas religieux. Je ne crois pas en Dieu. Je suis un reporter athée, sceptique. J'ai commencé dans le journalisme en m'occupant de faits divers pour le *Washington Post*; par la suite, je suis entré au *Wall Street Journal*, où je suivais l'actualité boursière. J'ai gardé de ces expériences un sens tout à fait concret de la réalité. Et j'avais beau avoir écrit un livre révélant au monde l'existence du code de la Bible, je me réveillais chaque matin en me demandant si tout cela était bien réel.

Le matin du 11 septembre, les événements se sont chargés de me le faire comprendre.

Subitement, il n'y avait plus de place pour le doute. Cela ne se passait pas au Proche-Orient, mais aux États-Unis, à New York. Ma ville. À quelques rues de chez moi. Et cela s'était produit sous mes propres yeux.

L'attaque contre New York, l'attentat contre le World Trade Center, cette incroyable horreur, n'était pas seulement codée dans la Bible : je l'avais vue des années plus tôt.

C'était en 1993, après le premier attentat raté contre le World Trade Center. Les mots « Tours jumelles » étaient codés dans la Bible à côté de « l'avertissement, le massacre »; transversalement, on pouvait lire le mot « terreur ». Ce même mot apparaissait une seconde fois; la phrase « elle tombera, effondrement » était aussi codée deux fois.

À l'époque, je m'étais dit que cela devait concerner le passé, non l'avenir. Je n'ai pas pensé un instant que la foudre pouvait frapper deux fois au même endroit– qu'un autre attentat contre les deux gratte-ciel aurait lieu quelques années plus tard, et qu'il parviendrait à abattre les deux tours.

Et je n'avais pas songé à rechercher « avion » dans le code. Comme je l'ai expliqué à un de mes amis de la CIA, le 11 septembre : « Qui aurait pu imaginer une chose pareille ? » Ce à quoi il m'a répondu : « Pourtant, quelqu'un l'a fait. »

Après l'événement, l'avertissement était on ne peut plus clair. Il était resté caché dans la Bible pendant trois mille ans. À présent, c'était transparent. Tous les détails étaient là.

Le même jour, le professeur Eliyahu Rips a découvert la même grille codée, chez lui, à Jérusalem, et il m'en a fait part par courrier électronique.

Lorsque j'ai parlé ensuite avec lui, il m'a expliqué qu'il s'était livré à un calcul.

La probabilité que les mots « Tours », « jumelles » et « avion » apparaissent conjointement dans la Bible était inférieure à 1/10 000e.

Mais ce n'était pas tout. Le nom d'Oussama Ben Laden survenait aussi dans le texte caché. Rips avait détecté une séquence codée qui clamait sa culpabilité : « le péché, le crime de Ben Laden ». Et celle-ci se trouvait dans la Genèse, là où précisément le texte biblique parle de « la cité et la tour ».

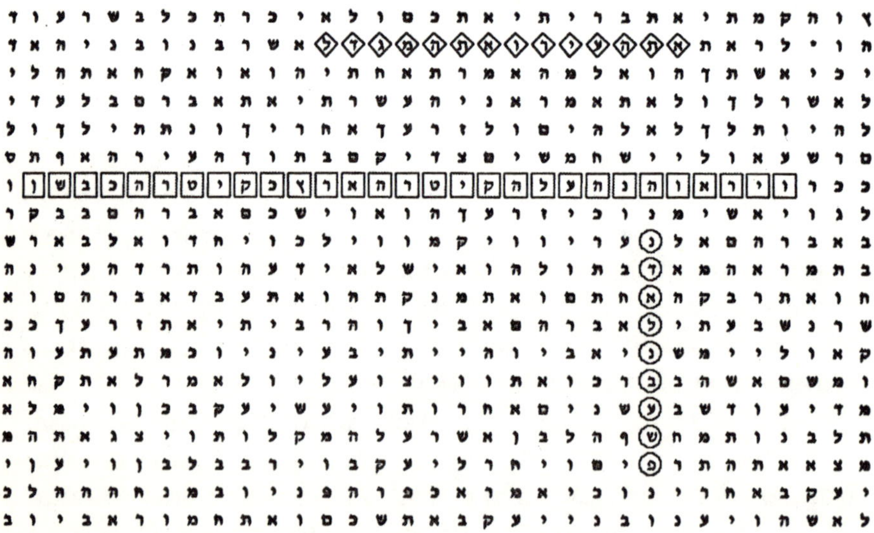

○ PÉCHÉ, CRIME DE BEN LADEN ◇ LA CITÉ ET LA TOUR
□ ILS ONT VU LA FUMÉE S'ÉLEVER AU-DESSUS DE LA TERRE COMME LA FUMÉE D'UNE FOURNAISE

Et, en ce même endroit, le texte biblique dit : « Ils ont vu la fumée s'élever au-dessus de la Terre comme la fumée d'une fournaise. »

Le nom du chef des pirates de l'air, le pilote du premier avion, est aussi codé :

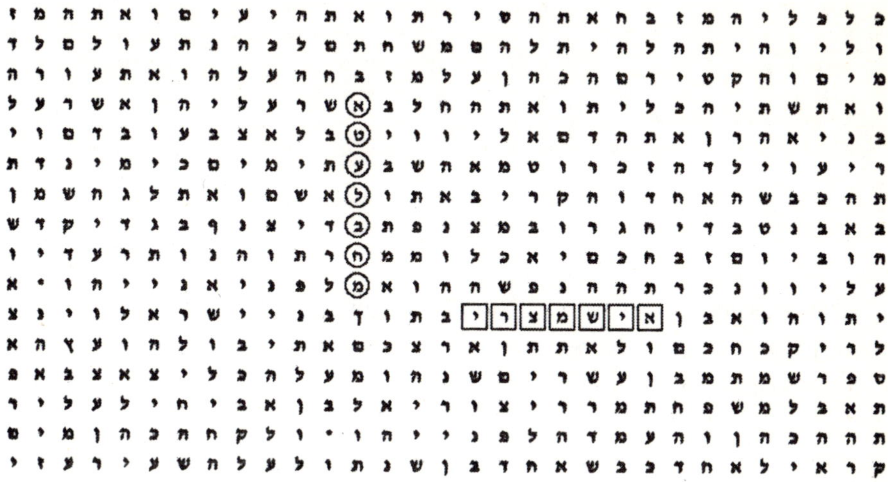

○ TERRORISTE ATTA □ HOMME ÉGYPTIEN

À côté de l'expression « terroriste Atta », on trouve également « homme égyptien ».

Il y avait une autre cible, le siège du département de la Défense à Washington. Un troisième avion s'est écrasé sur le Pentagone une heure après la première attaque sur New York. Cela aussi était codé.

Le mot « Pentagone » apparaît une fois dans le texte caché et, transversalement, le mot « endommagé ». Une nouvelle fois, la prédiction se révèle exacte. Seule une partie du Pentagone a été détruite.

Le mot « urgence » jouxte « Pentagone », ainsi que « provenant d'Arabie ». En fait, comme on l'a su quelques jours plus tard, la plupart des terroristes provenaient d'Arabie saoudite.

L'avertissement concernant le plus grave attentat terroriste de tous les temps, et la première attaque des temps modernes contre le sol des États-Unis, était codé depuis plus de trente siècles dans la Bible. Mais nous avions été incapables de le voir, avant qu'il soit trop tard.

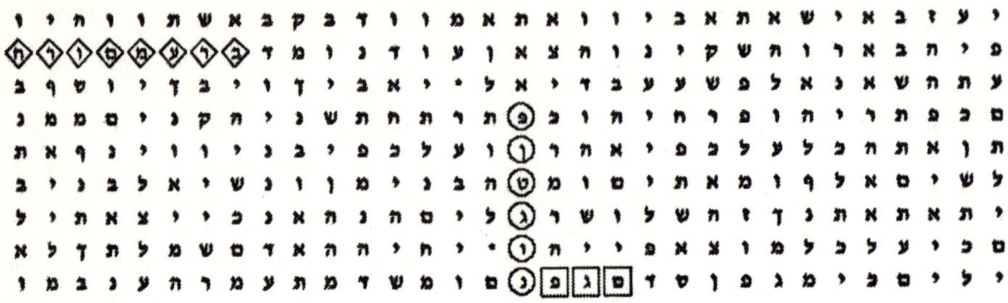

○ PENTAGONE □ ENDOMMAGÉ ◇ URGENCE PROVENANT D'ARABIE

L'avertissement était clair : tout cela menait à la guerre. L'expression « la prochaine guerre » apparaît transversalement au nom hébreu des Twin Towers, « les jumelles ». « Terroriste » est codé au même endroit.

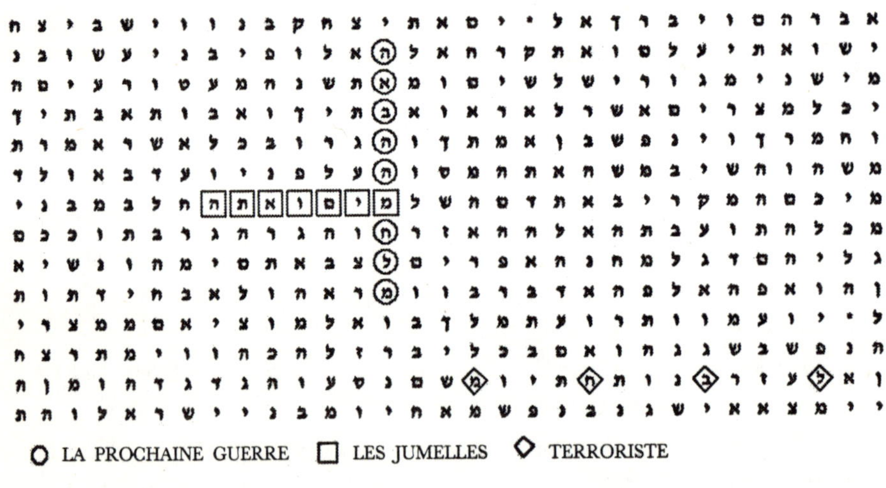

○ LA PROCHAINE GUERRE □ LES JUMELLES ◇ TERRORISTE

Ce qu'affirmait le code avait de quoi glacer le sang. Le 11 septembre marquait le début d'une nouvelle guerre, une guerre que Bush avait déclarée, une guerre contre le terrorisme dont on nous prédisait qu'elle durerait des années.

Comment ne pas voir à présent que le texte décodé capturait intégralement l'horreur de l'instant : les mots « tours » et

« jumelles » apparaissent à l'endroit où le texte biblique lui-même annonce que le compte à rebours ultime a commencé : « à la fin des jours ».

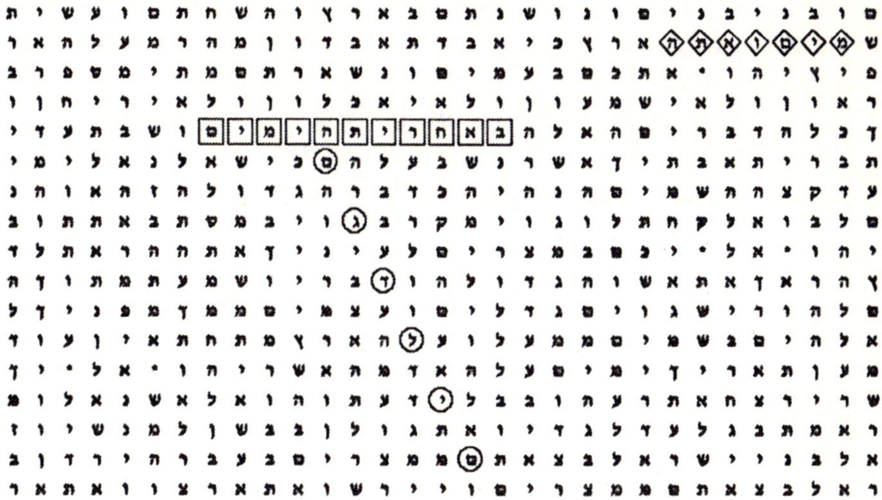

◇ JUMELLES ○ TOURS □ À LA FIN DES JOURS

Je m'échinais depuis des années à mettre en garde les dirigeants de la planète contre la menace qui pesait peut-être sur le monde, une menace digne d'une prophétie biblique. Et voilà que cette prophétie commençait à se réaliser, sous mes propres yeux, à quelques rues de l'endroit où j'habite.

Comment douter que c'était non pas la fin mais le début de quelque chose de trop horrible pour être imaginable ?

« Un cryptogramme inscrit par le Tout-Puissant, l'énigme de l'esprit de Dieu, l'énigme des événements passés et futurs, ordonnés à l'avance par la main de Dieu. »

C'est ainsi qu'Isaac Newton décrivait le code de la Bible. Il y a trois cents ans, Newton, le père de la science moderne, l'homme qui a découvert la gravitation universelle et expliqué la mécanique de notre système solaire, l'homme qui a inventé à lui seul le calcul infinitésimal, recherchait la clé qui révélerait l'avenir de l'humanité, celle du code de la Bible.

Pendant plus de trois mille ans, depuis que la Bible a été couchée par écrit, nombreux sont ceux qui ont pensé qu'elle recelait de grands secrets connus des seuls initiés, de nouvelles révélations que l'on pourrait seulement découvrir en se servant de formules ésotériques, de magie, ou de quelque science nouvelle.

Mais il a fallu attendre un Juif russe émigré en Israël, Eliyahu Rips, un mathématicien libéré des geôles soviétiques, pour que soit enfin mis au jour le code que tant avaient recherché sans succès au fil des siècles.

Si Rips, lui, a réussi, c'est qu'il disposait de l'outil sans lequel cela serait resté impossible : l'ordinateur.

Le code de la Bible était doté d'un système de verrouillage temporel. On ne pouvait le déchiffrer avant l'invention de l'ordinateur.

Il a apparemment été conçu par une forme d'intelligence capable de voir le futur, et de telle manière qu'on a pu le déchiffrer seulement aujourd'hui. Cela semble assez clair. Le code aurait pu être élaboré de sorte que Newton le découvre il y a trois siècles. Ou bien il aurait pu être conçu afin qu'on puisse le déchiffrer dans trois mille ans seulement, grâce à une technologie qui n'existe pas encore.

Au lieu de cela, quelque intelligence douée de prescience a codé la Bible pour que nous puissions la déchiffrer aujourd'hui, en ce moment précis de l'histoire de l'humanité.

Comme le dit Rips : « C'est pour cette raison que Newton n'a pas pu le déchiffrer. Il fallait un ordinateur. Le code était "scellé jusqu'à la fin des jours". »

Mais, lorsque Rips a commencé sa quête du code il y a près de vingt ans, il n'avait pas en tête la « fin des jours ».

Il cherchait simplement à résoudre une énigme mathématique. « Je me suis aperçu que la fréquence de certains mots était bien trop élevée pour que cela soit le simple fruit du hasard, et j'ai compris que j'avais trouvé quelque chose de toute première importance. Grâce à l'ordinateur, j'ai fait la percée décisive. »

Rips a découvert le code de la Bible dans la version originale de l'Ancien Testament, le texte en hébreu que, selon la Bible elle-même, Dieu a donné à Moïse sur le mont Sinaï il y a trois mille deux cents ans.

Rips a d'abord supprimé tous les espaces entre les mots, transformant le texte original en une longue séquence ininterrompue de 304 805 lettres.

Selon une ancienne tradition, en procédant de la sorte il ne faisait que redonner au texte sa forme originelle. En effet, c'est sous cette forme que Moïse aurait reçu la Bible des mains de Dieu, « de manière continue, sans ruptures entre les mots ».

Rips a ensuite mis au point un programme d'ordinateur qui recherchait de nouveaux mots dans cette séquence en ne considérant que des lettres situées à distance égale les unes des autres.

On peut facilement inventer une phrase qui dit quelque chose en apparence et qui dit tout à fait autre chose si l'on ne tient compte que de lettres à égale distance les unes des autres (sans compter les espaces).

Mais personne, pas même Newton, ne pouvait parcourir toute la Bible en comptant les lettres à la main, vérifiant toutes les séquences possibles de lettres équidistantes, du premier au dernier vers, à l'endroit puis à l'envers, du début à la fin. Seul un ordinateur permet de venir à bout de ce travail titanesque.

Et seul l'ordinateur a permis de dévoiler l'information tissée dans la trame même du texte biblique. De manière réitérée, des mots apparentés, noms de personnes, noms de lieux, dates, apparaissent ainsi dans le voisinage les uns des autres, défiant les lois de la statistique.

Ces mots forment une sorte de grille de mots croisés géante. Chaque fois qu'un mot nouveau ou une phrase nouvelle est découvert, une autre grille de mots croisés est formée. Et les mots ainsi reliés recèlent des informations précises, souvent détaillées, sur des événements contemporains. C'est en cela que le code de la Bible est unique. Dans n'importe quel livre, on pourra tomber sur des séquences de lettres à égale distance les unes des autres épelant, par exemple, « Tours jumelles », mais celles-ci ne seront pas contiguës à une autre séquence qui, notamment, épellera « avion ». On trouvera peut-être « Ben Laden », mais pas à côté de « la ville et la tour », ou bien « les jumelles » – mais pas à côté de « la guerre à venir », ou « à la fin des jours ».

Comme le dit Rips : « On ne décèle dans nul autre texte une information si cohérente, si consistante. Personne n'a réussi à trouver rien de comparable dans aucun autre livre, dans aucune traduction, dans aucun autre texte en hébreu, hormis la Bible. »

Lorsque Rips a publié sa découverte dans une très sérieuse revue de mathématiques américaine, nombre de ses collègues se sont montrés sceptiques. Ils ne critiquaient pas sa méthode, mais ils ne pouvaient croire au résultat. C'était ahurissant : un code caché dans la Bible qui révélait des événements qui s'étaient produits *après* que la Bible avait été écrite ?

Un spécialiste du chiffrage travaillant pour la très secrète National Security Agency, l'organisme d'espionnage électronique américain, a entendu parler de cette découverte et a décidé de se pencher sur la question.

Harold Gans a passé sa vie à fabriquer et déchiffrer des codes secrets pour les services de renseignements américains, et il était certain que le code de la Bible était « n'importe quoi, ridicule ».

Il a donc écrit son propre programme d'ordinateur et s'est mis en tête de démontrer qu'il s'agissait d'un vaste canular. Au lieu de quoi, il a obtenu les mêmes résultats que Rips : les noms de soixante-six sages rabbiniques ayant vécu bien après les temps bibliques étaient effectivement codés avec leurs dates de naissance et leurs dates de décès. Gans n'arrivait pas à y croire. Il s'est dit qu'il avait dû commettre une erreur. Il a recherché d'autres informations, des codages dont Rips ne s'était pas soucié. Il était persuadé que les noms des *villes* où les soixante-six rabbins avaient vécu ne pouvaient pas être codés. Il se trompait. Ils étaient bien là.

Gans avait voulu réfuter l'existence d'un code caché dans la Bible. Mais son expérience, qui avait demandé près de quatre cent quarante heures de temps de calcul, avait fini par démontrer le contraire.

« J'en ai eu des frissons dans le dos », se rappelle-t-il encore aujourd'hui.

Aucun être humain n'aurait pu inscrire sous forme codée dans la Bible des informations concernant des gens réels, des événements réels *postérieurs* à la date de sa rédaction. Pourtant, quelqu'un l'avait fait.

Mais, si ce n'est pas l'un de nous, alors, qui ?

La première fois que j'ai entendu parler du code de la Bible, c'était il y a dix ans. Je venais d'interviewer le chef du Mossad, les services de renseignements israéliens, à propos du futur de la guerre. En quittant le bâtiment où s'était déroulé l'entretien, un jeune officier dont j'avais fait la connaissance m'a arrêté pour me dire :

« Il y a quelqu'un à Jérusalem que vous devriez rencontrer, c'est un mathématicien. Vous savez, il a trouvé la date exacte du début de la guerre du Golfe. Dans la Bible.

– Je ne crois pas en Dieu, lui ai-je lancé en montant dans ma voiture.

– Moi non plus. Mais cet homme a découvert un code caché dans la Bible qui a donné la date exacte du déclenchement de la guerre, trois semaines avant qu'elle commence. »

C'était assez difficile à croire. J'étais même certain que c'était n'importe quoi. Mais, conscience professionnelle oblige, j'ai pris mes renseignements sur le professeur Eliyahu Rips – et j'ai appris qu'il était unanimement considéré comme un génie des mathématiques. Je lui ai donc rendu visite.

Avec sa longue barbe et sa kippa, Eliyahu Rips semble tout droit sorti de l'Ancien Testament. Cela n'a fait que renforcer mes soupçons. Génie ou pas, ce savant était sûrement égaré par ses convictions religieuses. Je l'ai mis au défi de me montrer l'endroit où la date du début de la guerre du Golfe était inscrite dans la Bible. Au lieu de quoi il m'a conduit dans son cabinet de travail exigu et m'a indiqué sur l'écran de son ordinateur une autre prédiction relative à la guerre du Golfe.

Les mots « Saddam Hussein » et « missiles Scud » étaient codés dans la Bible au voisinage de la date précise à laquelle l'Irak a lancé sa première attaque contre Israël : le 18 janvier 1991.

« Combien de dates avez-vous trouvées? lui ai-je demandé.

– Seulement celle-ci. Mais c'était trois mois avant le début de la guerre. »

Je n'étais pas convaincu pour autant. J'ai prié Rips de rechercher d'autres événements contemporains.

Nous avons découvert « président Kennedy » à côté de « Dallas ». Nous avons trouvé « Bill Clinton » avec « président » – c'était six mois avant son élection. Nous avons déchiffré une chose après l'autre codée dans la Bible, des choses dont Rips ne pouvait savoir à l'avance que je les lui demanderais. Nous avons fini par identifier différents événements avant qu'ils se produisent, dont la collision d'une comète avec Jupiter : j'ai pu lire sur l'écran le nom de la comète, Shoemaker-Levy, et la date exacte de l'impact.

Par la suite, l'existence du code de la Bible n'a cessé de se vérifier. Comme je l'ai dit, Harold Gans, le cryptographe américain, l'a confirmée – alors qu'au départ il ne l'acceptait pas. Des mathématiciens respectés, américains et israéliens, tant à Harvard qu'à Yale ou à l'Université hébraïque de Jérusalem, ont conclu que Rips avait raison.

L'article de Rips avait reçu trois avis d'experts favorables avant d'être publié dans une très sérieuse revue de mathématiques américaine. Mais je ne parvenais toujours pas à y croire.

Puis, deux ans plus tard, quelque chose s'est produit qui a fini par me convaincre.

Le 1er septembre 1994, je me suis rendu en Israël pour rencontrer à Jérusalem le poète Chaim Guri, un proche ami du Premier ministre de l'époque, Yitzhak Rabin. J'ai confié à celui-ci une lettre qu'il remit immédiatement au Premier ministre. Voici ce que j'y disais :

« Selon certaines informations dont je dispose, votre vie est en danger. La seule fois que votre nom, Yitzhak Rabin, apparaît en toutes lettres dans la Bible, il est barré par les mots "l'assassin qui l'assassinera". »

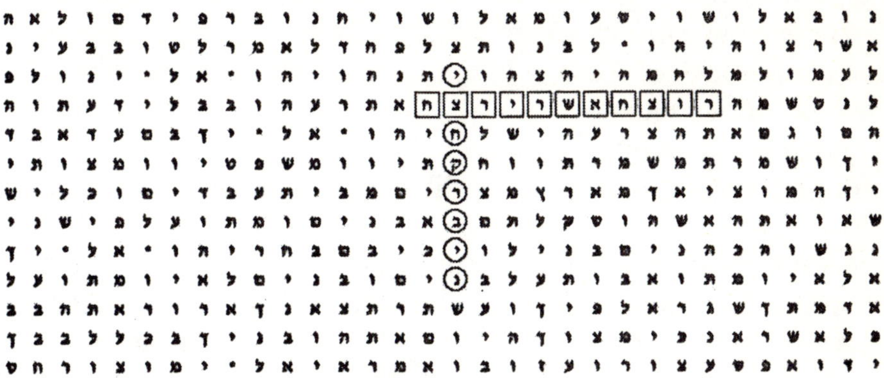

○ YITZHAK RABIN □ L'ASSASSIN QUI L'ASSASSINERA

Un an plus tard, le 4 novembre 1995, trois coups de feu confirmeraient l'effroyable prophétie. Un homme qui proclamait avoir obéi à Dieu avait commis un crime dont la prédiction avait été inscrite dans la Bible trois mille ans plus tôt.

Lorsque j'ai attendu la nouvelle, j'en ai eu le souffle coupé. Je suis tombé à genoux et j'ai prononcé à voix haute les mêmes mots que je devais prononcer le 11 septembre 2001 : « Oh, mon Dieu, c'est donc vrai ! »

La mort de Rabin était un événement tragique, mais, pis encore, le code de la Bible était réel.

Toutefois, le choc que j'ai ressenti le 4 novembre 1995 n'était rien en comparaison de ce que j'ai éprouvé le 11 septembre 2001. Car, ce jour-là, je savais quelles autres mises en garde terribles contenait le code.

Puisque le code de la Bible existait – et comment aurais-je pu en douter à présent ? –, il ne pouvait avoir qu'un seul but : avertir l'humanité d'une menace épouvantable, voire fatale, pesant sur elle. Et cette menace devait être imminente, sinon, pourquoi le code de la Bible aurait-il été découvert en ce moment précis ? Peut-être étions-nous vraiment tout près de « la fin des jours » ?

Les deux récits bibliques de l'Apocalypse sont ceux du livre de Daniel dans l'Ancien Testament et du livre de la Révélation dans le Nouveau Testament. Selon la Bible, ces prédictions ne se réaliseront que lorsque le sceau d'un livre secret sera brisé « à la fin des jours ».

La fin est annoncée à quatre reprises dans le Pentateuque, les cinq livres originaux de la Bible, ceux que Dieu a dictés à Moïse sur le mont Sinaï et que les Juifs appellent la Torah. La fin est à nouveau annoncée dans le livre de Daniel. Un ange a révélé le futur à ce prophète et lui a dit : « Mais toi, ô Daniel, tais les mots et scelle le livre jusqu'au temps de la fin. »

En hébreu, il existe deux expressions voulant dire « la fin des jours », et on ne les retrouve ensemble qu'une seule fois dans la Bible.

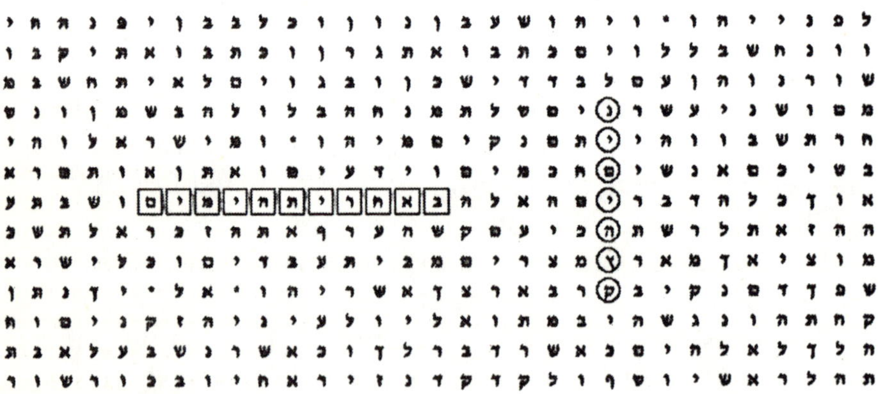

○ LA FIN DES JOURS □ À LA FIN DES JOURS

« À la fin des jours » apparaît dans un passage du Deutéronome où Moïse s'adresse aux Hébreux errant dans le désert. Dans la figure ci-dessus, ce texte est lisible horizontalement.

L'autre occurrence de « la fin des jours » que l'on peut lire verticalement, ce sont les mots utilisés dans le livre de Daniel : comme on peut le voir, ceux-ci sont codés dans la Torah, là où précisément Moïse annonce un temps futur de grand danger.

Selon les calculs d'Eliyahu Rips, il y a moins d'une chance sur cent que ces deux expressions soient au même endroit.

Mais ce n'est pas tout.

Le lendemain de la fête nationale américaine, le 4 juillet 2000, le président Clinton déclarait qu'il avait convaincu le Premier ministre israélien, Ehoud Barak, et le président de l'Autorité palestinienne, Yasser Arafat, de le rejoindre à Camp David pour engager des pourparlers de paix. Tout le monde savait que l'enjeu était considérable, mais les trois dirigeants ne se doutaient pas de l'importance du moment telle qu'elle était révélée dans le texte caché de la Bible.

Au même et unique endroit où les deux expressions bibliques pour « la fin des jours » sont conjointes, on trouve le nom « Arafat » écrit en toutes lettres, directement dans le texte de la Bible, juste en dessous de la première occurrence, non codée, de « la fin des jours ».

Et « E. Barak », encore une fois écrit en toutes lettres dans le texte même de la Bible, apparaît transversalement à la deuxième occurrence, codée, de l'expression « la fin des jours ».

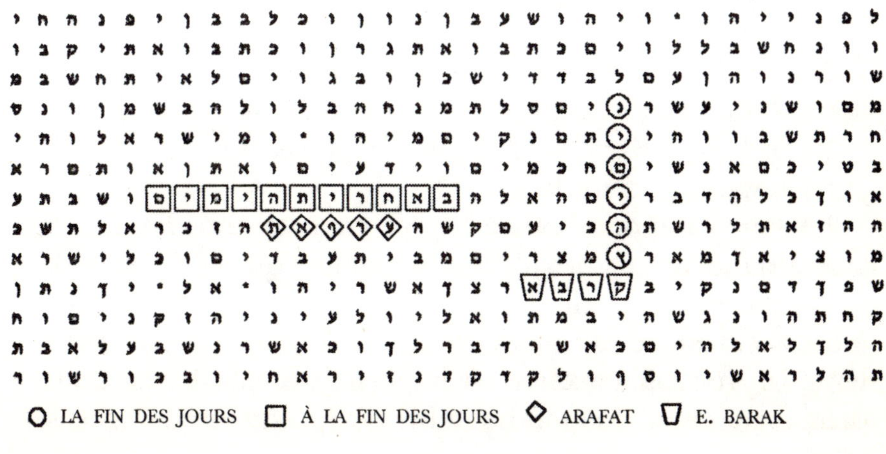

○ LA FIN DES JOURS □ À LA FIN DES JOURS ◇ ARAFAT ▽ E. BARAK

J'avais découvert cette grille deux ans plus tôt, en 1998, un an avant l'élection de Barak, et je l'avais montrée à Rips. Toutefois, lorsque la prédiction s'est réalisée et que Barak est devenu Premier ministre, Rips semblait plus concerné par la signification de la présence du nom d'Arafat : « Arafat est vieux et il est malade. Si son nom est cité, c'est que nous sommes déjà entrés dans la fin des jours. »

Rips a calculé la probabilité que la présence de ces deux noms à l'endroit précis où « la fin des jours » est mentionnée deux fois soit due au hasard. Elle est de l'ordre de 1/150 000ᵉ...

C'est pour cette raison que j'ai pris ma plume pour écrire à Clinton lorsque celui-ci a annoncé la tenue du sommet de Camp David :

« Je me permets de vous faire parvenir ci-joint un exemplaire de mon livre *La Bible : le code secret*, car l'annonce d'un sommet entre Arafat et Barak à Camp David confirme une des prédictions du code.

« L'enjeu est encore plus considérable que vous ne pouvez l'imaginer, poursuivais-je dans ma lettre. La menace est très clairement formulée dans le texte caché de la Bible : l'Armageddon, une guerre nucléaire prenant naissance au Proche-Orient. »

L'échec du sommet, le début de la nouvelle Intifada, l'élection d'Ariel Sharon au poste de Premier Ministre et celle de George W. Bush à la Maison-Blanche, tout cela n'a fait que confirmer depuis les prédictions du code.

Non seulement celui-ci a prédit les deux élections, mais les noms « Bush » et « Sharon » sont codés, en même temps que « Arafat » et « Barak », à l'endroit précis où « la fin des jours » apparaît deux fois.

Lorsque j'ai montré cela à Rips, il en a été stupéfait. Il s'est livré à de nouveaux calculs. La probabilité que l'ensemble de ces occurrences des différents noms et expressions soit purement accidentelle est inférieure à 1/500 000ᵉ ! En fait, selon Rips, la probabilité exacte est impossible à calculer en toute précision à cause du grand nombre d'expressions concernées, mais, selon ses estimations, elle doit être de l'ordre de 1/1 000 000e :

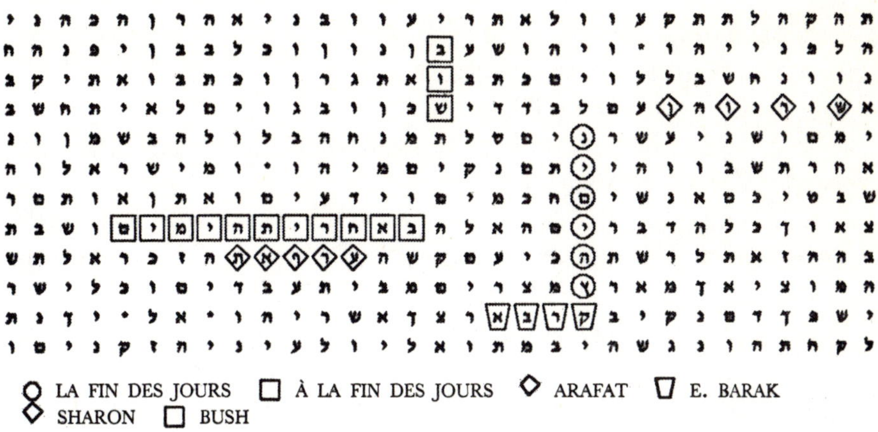

« Il est donc exclu que cela soit fortuit. C'est de toute évidence intentionnel. C'est mathématiquement certain. Cette grille est parfaite. Et cela s'applique visiblement à la période que nous vivons. »

Pourtant, tout cela se trouvait là depuis plus de trois mille ans : les noms de dirigeants mondiaux actuels à côté de prophéties anciennes, attendant que nous les découvrions au bon moment pour recevoir la mise en garde.

Cela était indiscutable : de la manière la plus claire qu'il soit, en violation de toutes les théories des probabilités, le texte caché de la Bible affirmait que nous étions entrés dans la phase de péril ultime annoncée il y des millénaires.

« La fin des jours », l'Apocalypse, n'était plus un mythe religieux ancien, l'aperçu effrayant de quelque cauchemar antique qui ne se produirait jamais, de simples mots tirés d'un texte plurimillénaire. Ce n'était plus une vieille histoire invraisemblable.

C'était ici – et maintenant.

Au mois d'octobre 1998, je confiais à Michael Kennedy, mon avocat, un membre réputé du barreau new-yorkais, une lettre cachetée qu'il ne devait ouvrir sous aucun prétexte avant 2002. Voici ce qu'elle disait :

« Michael,

« J'ai acquis la certitude que :

« 1) Le code de la Bible existe.

« 2) Quand le monde acceptera d'entendre ses mises en garde, il sera trop tard. »

C'est ainsi que cela se passe en général lorsque le monde court un grave danger. Personne ne voulait affronter Hitler. L'Amérique a failli perdre la Seconde Guerre mondiale parce qu'elle s'y est engagée bien trop tard. À présent, j'essayais de persuader les gens de l'existence d'un danger encore plus grand, même si je trouvais moi-même étrange la source de cet avertissement : un code caché dans la Bible...

« Le code bouleverse toute notre conception de la réalité, poursuivait ma lettre. C'est pour cette raison qu'il n'est toujours pas accepté, alors que Newton lui-même pensait que le futur pouvait être connu et qu'un cryptographe éminent de la National Security Agency a confirmé son existence.

« Même le fait que le code a correctement prédit à l'avance l'assassinat de Rabin, la guerre du Golfe, ainsi que d'autres événements mondiaux de toute première importance, n'a pas suffi à convaincre les sceptiques.

« J'ai rencontré Shimon Peres et le chef du Mossad, mais la plupart des dirigeants de la planète ne prêteront pas attention à ses mises en garde tant que d'autres prédictions ne se seront pas réalisées.

« C'est pour cette raison que j'ai couché par écrit les plus importantes prédictions, afin qu'on puisse ensuite vérifier qu'elles ont été faites à l'avance.

« Les mises en garde qui ressortent le plus clairement du code de la Bible sont les suivantes :

« a) le monde fera face à un effondrement économique global à partir de l'année hébraïque 5762 (2002);

« b) la conséquence de cela sera une aggravation des périls; des puissances nucléaires seront déstabilisées, et des terroristes pourront acheter ou voler de quoi détruire des cités entières;

« c) le danger atteindra son maximum au cours de l'année hébraïque 5766 (2006); cette année est celle qui est le plus clairement codée avec "guerre atomique" et "holocauste nucléaire". »

Le 11 septembre, après avoir été le témoin des attaques contre les Twin Towers, après avoir découvert que l'attentat était codé dans la Bible, j'ai récupéré l'enveloppe scellée contenant ma lettre.

Lorsque je l'ai lue, j'ai été profondément choqué.

La chute d'un des principaux symboles de notre puissance économique, le World Trade Center, et l'attaque contre l'emblème de notre puissance militaire, le Pentagone, ne faisaient que rendre trop réels les dangers annoncés.

Le 17 septembre, moins d'une semaine après l'attentat, à la veille du nouvel an juif 5762, date codée dans la Bible avec « crise économique », la Bourse de New York ouvrait de nouveau ses portes. À la fin de la journée, l'indice Dow Jones avait perdu 684 points, sa plus considérable chute de tous les temps. La semaine qui a suivi a vu se produire le krach boursier le plus important depuis la grande dépression de 1929.

Une première prédiction du code de la Bible venait de se réaliser.

Une nouvelle dépression allait-elle conduire à une nouvelle guerre mondiale, tout comme l'effondrement économique des années 1930 avait fait le lit de Hitler et ouvert la voie à la Seconde Guerre mondiale?

C'était à craindre : « Guerre mondiale », « holocauste nucléaire » et « fin des jours » apparaissent à côté de « en 5766 » (2006).

J'ai recherché d'autres dates dans le texte – en fait, j'ai recherché systématiquement les cent années à venir : la seule à apparaître avec ces trois avertissements est l'an 2006. Le message est clair : nous aurons peut-être une Troisième Guerre mondiale d'ici à quatre ans.

○ GUERRE MONDIALE ◇ EN 5766/2006

J'ai fait part de ma découverte au professeur Rips. Il s'est servi des ordinateurs surpuissants de son université pour effectuer de nouveaux calculs. Il a vérifié dans d'autres textes choisis au hasard si ces graves dangers n'étaient pas cités avec la même année ailleurs que dans la Bible.

« Il y a une chance sur cent mille que cela soit dû au hasard, m'a-t-il annoncé. J'ai vérifié, et ces mots n'apparaissent ensemble que dans la Bible. Cela ne peut être dû au hasard. Quelqu'un a délibérément inséré cet avertissement dans la Torah. »

Comment en douter ? Cent contre un, c'est déjà un événement rare. Mille contre un, c'est hautement improbable. Cent mille contre un, c'est une preuve.

Selon le code de la Bible, l'an 2006 sera peut-être celui de tous les dangers, voire du danger ultime : une guerre nucléaire.

Une bombe atomique a mis fin à la Seconde Guerre mondiale. Une bombe atomique déclenchera-t-elle la troisième ?

On compte aujourd'hui plus de cinquante mille armes nucléaires, obus ou ogives, de par le monde, chacune infiniment plus puissante que la bombe d'Hiroshima.

« Holocauste atomique » est codé à côté de l'année 1945, celle d'Hiroshima, comme avec l'année 2006.

Si le code de la Bible dit vrai, la troisième guerre mondiale – une guerre menée avec des armes de destruction massive qui n'ont jamais été utilisées jusqu'ici sur les champs de bataille – pourrait avoir lieu d'ici à quelques années. Et le monde être détruit en quelques heures. Ce serait, littéralement, « la fin des jours »...

Mais plutôt qu'une guerre nucléaire entre superpuissances, ce que tout le monde redoutait pendant la guerre froide, la menace actuelle est peut-être autre : des terroristes disposant d'armes atomiques.

On trouve le mot « terrorisme » à côté de « guerre mondiale » et le mot arabe pour kamikaze, *shahid*, apparaît très exactement au même endroit, ainsi que « guerre au couteau ».

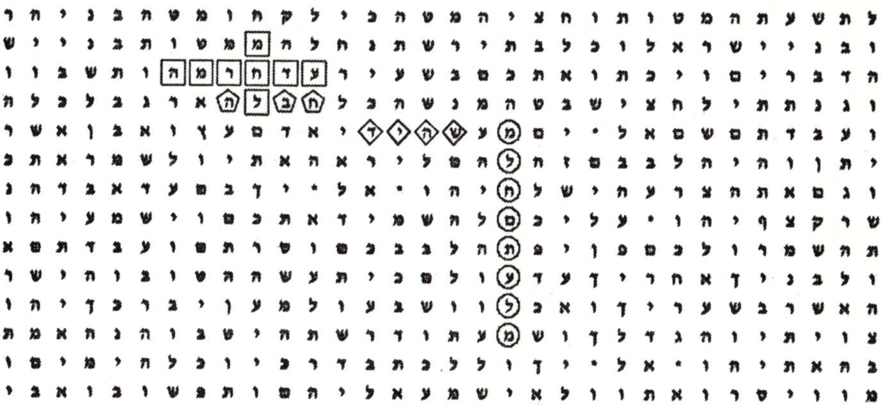

○ GUERRE MONDIALE ⬠ TERRORISME ◇ SHAHID (KAMIKAZE) □ GUERRE AU COUTEAU

Des fanatiques religieux rêvant de déchaîner l'Apocalypse, des terroristes possédant des armes de destruction massive, des gens qui s'imaginent avoir une mission divine, tel est le danger ultime codé dans la Bible.

Ce qui s'est produit le 11 septembre est peut-être le commencement, et non la fin.

Toutefois, la lettre cachetée que j'avais remise à mon avocat en 1998 laissait un peu de place à l'espoir, et aujourd'hui, même après le 11 septembre, je reste optimiste.

La lettre poursuivait :

« J'ai la conviction que le code de la Bible dit tous les futurs possibles, et non un futur déterminé à l'avance. Je suis persuadé que nous pouvons changer le cours des événements, empêcher la catastrophe finale.

« En fait, je pense que c'est la raison même de l'existence du code. Si nous avons découvert le code aujourd'hui, à ce moment précis de l'Histoire, c'est justement dans ce but.

« C'est pour cela que je te confie cette lettre, scellée en 1998, afin qu'elle soit ouverte en 2002 et nous permette de nous préparer pour 2006. »

Au moment où je rédigeais ma lettre, j'étais déjà parti à la recherche d'un autre message, scellé dans un passé lointain, le message qu'il nous fallait à présent capter. Pour survivre.

2

La clé

Soudain, dans l'obscurité du désert qui précède l'aube, le sol se met à trembler, et s'ensuit un fracas épouvantable. Les gens, saisis de peur, se précipitent hors de leurs tentes : le sommet de la montagne au pied de laquelle ils campent depuis des jours et des jours est éclairé par une lumière blanche aveuglante, comme s'il avait littéralement pris feu.

Et une voix qu'on dirait venue de nulle part tonne : « Moïse, viens à moi. »

Cela s'est passé en 1200 avant Jésus-Christ. Moïse a gravi le mont Sinaï, jusqu'au sommet. Et, selon la Bible, « il vit le Dieu d'Israël, et il y avait sous ses pieds une sorte de dallage en saphir ».

Selon la légende, c'est sur cette « pierre de saphir » que Dieu a inscrit le texte original de la Bible. Ce saphir était dur comme du diamant, mais souple, car il pouvait être enroulé comme un parchemin. Et, bien qu'il fût d'un bleu des plus profonds, il était aussi translucide. En fait, la Bible dit même qu'il « était d'une clarté céleste ».

Une nuit, alors que je me trouvais seul dans mon loft newyorkais, j'ai lu ce passage de la Bible et j'ai réalisé pour la première fois que les mots qu'elle contenait avaient été gravés « sur du saphir ».

Je me suis aussitôt demandé si ce détail obscur ne recelait pas le secret du code.

Je me souviens d'avoir songé : si la Bible contient véritablement un code révélant le futur, cela ne devrait-il pas être dit dans le récit de la manière dont Dieu en a fait don à Moïse sur le mont Sinaï, lorsqu'il a gravé les mots sur du saphir ?

J'ai lu et relu le texte. Il y avait là une indication, un indice. En hébreu, « livre » se dit *sefer*. Il contient les trois mêmes lettres que « saphir », peut-être, précisément, parce que le premier livre a été écrit sur cette pierre.

Or « saphir » signifie aussi « pouvant être compté ». N'était-ce pas une suggestion que, dès le départ, un code mathématique avait été caché dans la Bible ? J'ai joué avec les lettres et leur interprétation numérologique, sans grand succès.

Puis, soudain, je me suis rendu compte de quelque chose de très simple. En hébreu, « saphir » à l'envers donne « Rips ».

ספיר = ריפס

Saphir = Rips

Le nom d'Eliyahu Rips, le mathématicien qui a révélé le code de la Bible, était cité dans la Bible, à l'endroit précis où se trouve le récit de la rencontre de Moïse avec Dieu, sur le mont Sinaï.

J'étais sidéré. Rips lui-même apparaissait dans le code qu'il avait dévoilé !

Le nom même de « saphir », la pierre d'un bleu profond sur laquelle la Bible aurait été gravée, indiquait l'existence du savant qui mettrait au jour le code, trente-quatre siècles plus tard...

Le fait que « saphir » à l'envers se lise « Rips » ne pouvait être dû au hasard. Écrire à l'envers est une très ancienne tradition. En fait, la Bible elle-même indique que c'est un moyen de déchiffrer l'avenir. Le premier prophète, Isaïe, a dit : « Pour voir le futur, il faut regarder en arrière. » En hébreu, ses paroles peuvent être interprétées de la manière suivante : « Il faut lire les mots à l'envers. »

Cela ne faisait pas de doute. Non seulement Rips était mentionné « à l'envers », mais aussi sa découverte.

Car, en hébreu, « pierre de saphir » à l'envers donne « Rips a prophétisé ».

אבנ ספיר = ריפס נבא

Pierre de saphir = Rips a prophétisé

À la première occasion, j'étais de retour en Israël et rendais visite à Rips. Je ne l'avais pas revu depuis la parution de mon livre, un an plus tôt. À présent, sa découverte avait fait le tour du monde, et nous nous étions retrouvés, tous les deux, au centre d'une controverse internationale.

Y avait-il vraiment un code caché dans la Bible qui prédisait le futur ? Avions-nous réussi à prouver pour la première fois que nous ne sommes pas seuls ? Était-ce une nouvelle révélation ? Avions-nous démontré l'existence de Dieu ?

Je voulais fuir tout cela. Comme j'ai déjà eu l'occasion de le dire, je ne crois pas en Dieu. Or le code caché dans la Bible semblait annoncer des périls colossaux, peut-être même l'Apocalypse, la fin cataclysmique de notre monde. Je ne voulais pas y croire non plus.

Et voilà que d'autres preuves de la réalité du code venaient s'ajouter à celles déjà connues. Des preuves que je ne pouvais écarter d'un revers de la main : le nom de l'homme qui avait découvert le code était cité à l'endroit précis où Dieu donne la Bible à Moïse, le seul endroit de la Bible où Dieu apparaît, en fait.

Mais, si le code était réel, alors ses prédictions apocalyptiques l'étaient tout autant. Je devais revoir l'homme qui était à l'origine de toute cette histoire, et dont le propre nom était codé dans la Bible, l'homme qui pouvait peut-être empêcher le compte à rebours vers l'Armageddon.

En 1998, quelque temps avant la fête juive de Shavuot, qui célèbre le jour où, en 1200 avant Jésus-Christ, Dieu est descendu sur le mont Sinaï, j'ai signalé à Eliyahu Rips que son nom apparaissait dans ce verset de la Bible.

Rips n'a pas été étonné. Il s'est montré, comme toujours, modeste :

« Cela ne me surprend pas plus que d'autres aspects du code. Si le code contient dans ses moindres détails la connaissance de l'ensemble du monde, alors chacun d'entre nous – et son interaction avec le code – doit aussi s'y trouver. »

Rips a pris un livre dans sa bibliothèque et m'a lu une nouvelle fois les mots qu'il m'avait lus lors de notre toute première rencontre, les paroles d'un grand rabbin du XVIIIe siècle surnommé « le Génie de Vilnius » : « La règle est que tout ce qui a été, tout ce qui est et tout ce qui sera jusqu'à la fin des jours est inclus dans la Torah, du premier au dernier mot. Et cela est non seulement vrai en un sens général, mais aussi dans le moindre détail, à propos de chaque espèce et de chaque individu, et les détails des détails de tout ce qui est advenu à chacun depuis le jour de sa naissance jusqu'à celui de sa mort. »

Mais Rips refusait de se considérer comme un prophète. Comme il me l'a expliqué :

« La Bible dit très clairement qu'un prophète reçoit son information directement de Dieu. »

J'ai beau ne pas croire en Dieu, Rips dégage une telle aura que je n'ai pas pu m'empêcher de lui poser une question :

« N'est-il pas possible que le code soit précisément un tel type de communication ? N'est-il pas possible que, à travers le code, Dieu s'adresse à vous directement ? »

Rips a rejeté avec véhémence l'idée qu'il pouvait être unique en quoi que ce soit et a soutenu au contraire que Dieu et le code étaient destinés à chacun de nous. Avec son ironie pleine de gentillesse, il a ajouté :

« Il faut simplement cliquer sur "Aide". »

Cependant en dépit de toute sa modestie, une chose était certaine : le nom de Rips avait été inscrit, il y a plus de trois mille ans, dans le texte caché de la Bible, ainsi que le fait qu'il découvrirait le code.

Non seulement « pierre de saphir » à l'envers se lit « Rips a prophétisé », mais, là où est codé « tablette de saphir », il y avait aussi « russe » et « il calculera », transversalement l'un à l'autre.

Rips est arrivé en Israël en 1970, après avoir été libéré des geôles soviétiques suite à une campagne mondiale conduite par le président de la Société américaine de mathématiques.

« Rips » était le « Russe » qui avait « calculé » le code, et la même grille répétait les deux phrases : « il a prophétisé » et, transversalement, « il a mécanisé ».

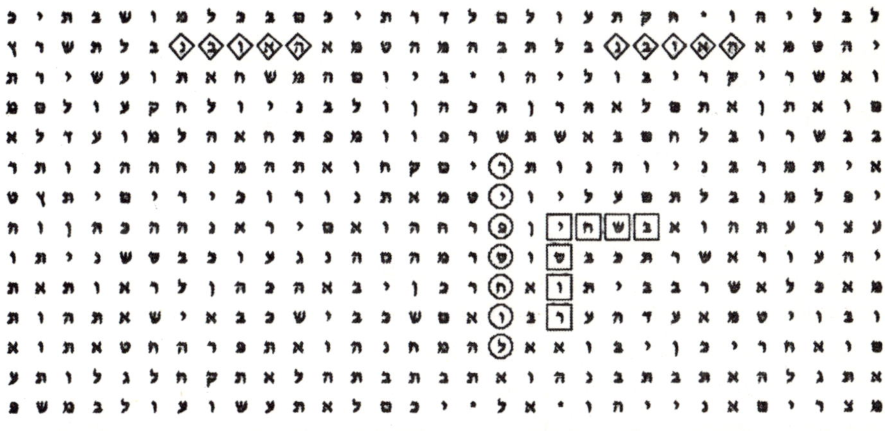

○ TABLETTE DE SAPHIR/RIPS □ RUSSE/IL CALCULERA ◇ PROPHÉTIE

Toutefois, ce qui a fini par nous convaincre, ce jour-là, c'est ce que nous avons trouvé en cherchant « décodeur ».

Sur l'écran de l'ordinateur, « décodeur » apparaissait une nouvelle fois transversalement à « saphir » et « pierre », les mots qui à l'envers voulaient dire « Rips a prophétisé ». Et « code » croisait aussi « décodeur ».

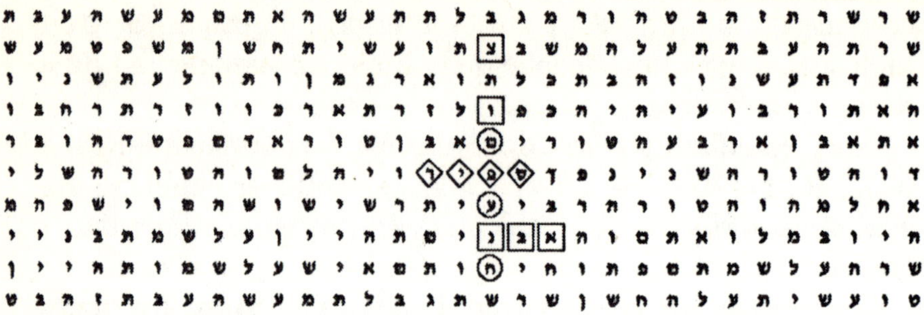

○ DÉCODEUR ◇ PROPHÉTISÉ □ CODE

Rips est resté silencieux pendant un moment. Il regardait les mots affichés sur l'écran. Puis il a dit :

« Si l'on admet l'idée que toute la réalité est codée dans la Bible, alors chacun de nous figure dans le code. Mais, *le voir*, c'est bien plus saisissant que *le savoir*...

« Techniquement, c'est une très belle trouvaille », a-t-il ajouté.

C'était tout lui. Comme toujours, il préférait se concentrer sur l'aspect mathématique des choses, plutôt que de s'attarder sur le fait incroyable qu'il était de toute évidence décrit dans le code comme l'individu qui le découvrirait ! Il a tout de même fini par concéder :

« Comme je sais que le Codeur est le Créateur de l'Univers, c'est pour moi une leçon d'humilité. »

Rips n'était peut-être pas destiné à être le découvreur du code, mais au moins cela était-il prévu...

Dans la tranquillité feutrée de son cabinet de travail, chez lui, à Jérusalem, j'ai demandé à Rips s'il pensait que nous pourrions, un jour, avoir une vision du code dans son ensemble.

« Il nous manque la clé, m'a-t-il répondu, et il a poursuivi : Même avec l'aide des ordinateurs les plus puissants qui existent aujourd'hui, nous ne pourrions en percer le mystère. Pour moi, la Torah est la parole de Dieu. La Torah contient tout. Mais nous ne saurons ni pourquoi ni dans quel but précis tant que nous n'aurons pas trouvé la clé du code, si tant est qu'on puisse la découvrir un jour. »

Et il a ajouté que le code de la Bible était un puzzle gigantesque, dont nous n'avions qu'une poignée de pièces entre les mains. Il est possible que Dieu ne souhaitât pas que l'homme puisse le contempler dans son intégralité :

« Le code choisit peut-être quelle partie de lui-même dévoiler ; par exemple, il pourrait nous montrer l'information X sans dévoiler l'information Y ou Z.

– Mais, selon le code, le monde toucherait à sa fin en 2006, lui ai-je rappelé. Nous avons besoin de connaître toutes les pièces du puzzle maintenant. Nous devons agir tout de suite, avant qu'il soit trop tard.

– Toute pièce est une partie d'un ensemble que nous ne pouvons pas voir, a-t-il dit. Donc, toute intervention est présomptueuse. »

Je lui ai alors répété que « guerre mondiale », « holocauste nucléaire » et « fin des jours » étaient codés au même endroit que « en 2006 », que nous avions vérifié toutes les années suivantes sur plus de cent ans, et que seule cette année-là était clairement codée – et que nous étions dans la seule ville au monde nommément citée dans ce contexte : Jérusalem.

« Notre sort est entre les mains de Dieu » ; m'a-t-il rétorqué.

J'ai insisté :

« Mais pensez-vous que nous pourrons jamais voir le code dans sa totalité ?

– Seulement si nous connaissons la clé. »

La clé. J'avais ces mots dans la tête pendant tout mon séjour en Terre sainte, puis, un soir, j'ai allumé mon ordinateur portable et j'ai cherché dans le texte caché les mots « clé du code ». J'en ai trouvé quatre occurrences.

Deux fois, un mot hébreu obscur croisait « clé du code ». Ce mot ne figurait même pas dans mes dictionnaires. Pourtant, dans la Bible, il était traduit par « obélisques ».

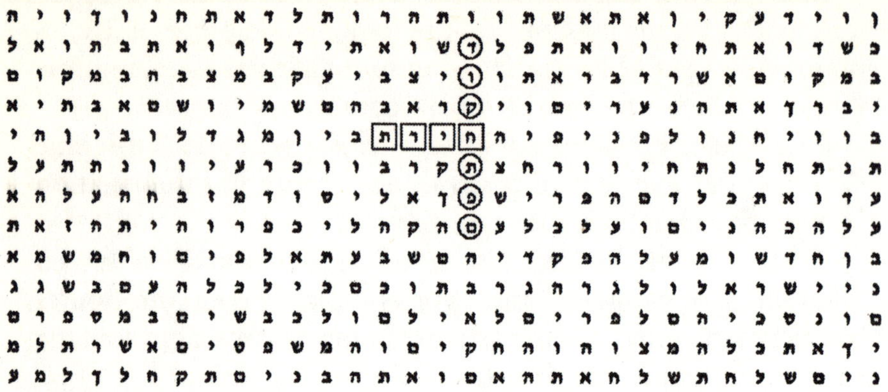

○ CLÉ DU CODE □ OBÉLISQUES

« Obélisques ». Je ne m'attendais pas à cela. J'avais vu des obélisques, ces monuments de pierre avec une pointe en forme de pyramide. Il y en avait en Égypte, ainsi qu'à Rome, Londres et Paris, tous rapportés d'Égypte il y a bien longtemps. Il y avait même un obélisque vieux de trois mille six cents ans à New York, recouvert d'hiéroglyphes racontant l'histoire d'un pharaon.

Mais je ne pensais pas découvrir ce mot à côté de « clé du code ». J'imaginais une formule mathématique, un ensemble d'instructions. Pas un objet. Encore moins un obélisque.

Les deux occurrences d' « obélisque » faisaient partie chacune d'une expression : « la bouche des obélisques ». Je me suis dit qu'il ne pouvait s'agir de mégalithes ordinaires. Ce devaient être des sortes d'oracles ; ils prédisaient l'avenir. Peut-être même parlaient-ils ?

C'était un peu tiré par les cheveux. Or il ne faisait pas de doute dans mon esprit que c'était délibéré. « Obélisque » apparaissait deux fois transversalement à « clé du code » ; deux correspondances parfaites, hautement improbables.

J'en ai fait part à Rips, qui a effectué des calculs sur les ordinateurs de l'Université hébraïque. J'ai reçu ses résultats par courrier électronique : « Les chances pour que “clé du code” apparaisse avec “obélisque” sont de l'ordre de un million contre un. Félicitations ! »

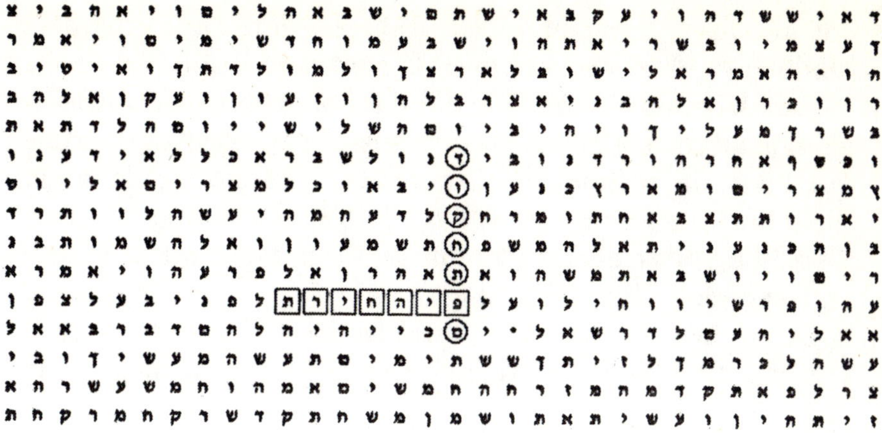

○ CLÉ DU CODE ☐ BOUCHE DES OBÉLISQUES

Par la suite, Rips devait me confier qu'il n'avait jamais obtenu pareil résultat : « Aucune autre paire de mots n'a donné une telle statistique dans toute l'histoire de la cryptographie. Il est impossible que cela soit le fruit du hasard. C'est délibéré. C'est une certitude mathématique. »

Au même endroit, les deux fois où « obélisque » recoupe « clé du code », le texte biblique original comporte une autre expression : « seigneur du code ».

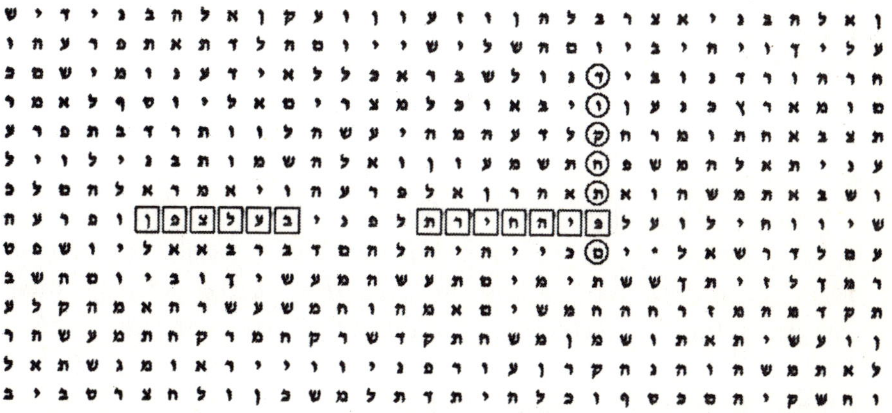

○ SEIGNEUR DU CODE ☐ BOUCHE DES OBÉLISQUES ☐ SEIGNEUR DU CODE

Seigneur du code. En hébreu, le sens de ces mots était encore plus frappant. Cela pouvait être une manière biblique de dire « le codeur ». C'était trop beau.

J'ai découvert alors que là où l'on trouve l'expression « seigneur du code » se trouve aussi le passage de l'Exode qui relate la rencontre entre Dieu et Moïse sur le mont Sinaï, lorsque ont été gravés sur le saphir les mots du texte sacré. Le verset où est identifié le scientifique qui a découvert le code : Rips.

Et, sur cette même grille, on retrouve « obélisques », croisant des mots du texte originel dont le sens est « un objet du ciel ».

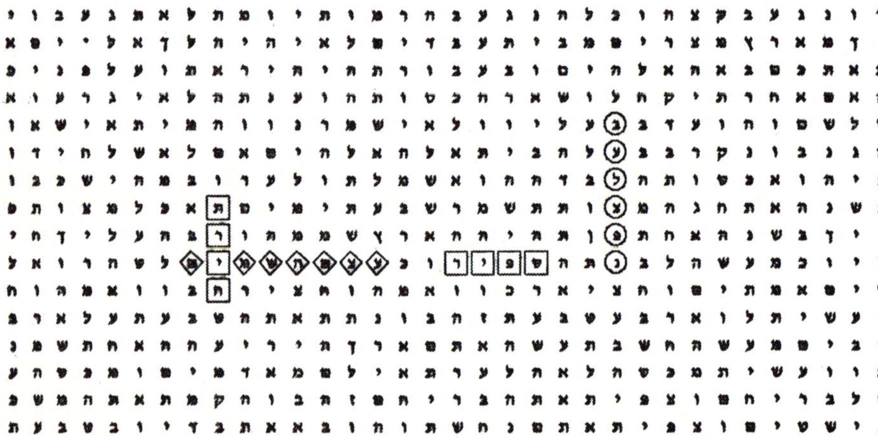

○ SEIGNEUR DU CODE ☐ SAPHIR ◇ OBJET DU CIEL ☐ OBÉLISQUES

J'ai compulsé des textes anciens pour voir s'il y était question d'obélisques, et j'ai trouvé, dans le Midrash, un vénérable commentaire datant de plus de quinze siècles, une confirmation de ce que disait le code : « Qu'étaient ces "obélisques" ? Ce n'étaient pas des objets fabriqués par la main de l'homme, mais l'œuvre du ciel. »

C'était proprement stupéfiant. Le Midrash, ce texte à l'autorité indiscutable, révélait clairement que les obélisques n'étaient pas d'origine terrestre et même qu'ils venaient peut-être d'une autre sphère. Mais ce n'était pas tout. Le Midrash expliquait aussi que ces obélisques étaient en quelque sorte des humanoïdes : « Ils avaient pour yeux une sorte de fenêtre, c'était un genre de mâles et de femelles. »

Le texte ne disait pas vraiment si les obélisques étaient vivants, mais il laissait entendre qu'ils pouvaient voir, peut-être même parler. Et le Midrash semblait bien affirmer que les obélisques étaient une forme de vie, appartenant peut-être à un autre monde.

Je suis retourné voir Rips. Bien sûr, l'origine non terrestre des obélisques ne l'a pas étonné, dans la mesure où il avait déjà la certitude que le code de la Bible et la Bible elle-même appartenaient à une autre sphère, la sphère divine.

Je lui ai avoué que je m'attendais à découvrir quelque formule mathématique, pas un mégalithe, terrestre ou non. Il m'a répondu que cela pouvait être « les deux choses à la fois ».

Il m'a expliqué qu'en hébreu le mot « clé » signifie aussi « gravé ». Ainsi, la même expression qui veut dire « clé du code » peut aussi avoir le sens de « code gravé ». Et il n'était donc pas si surprenant que l'on retrouve celle-ci deux fois en compagnie du mot « obélisque ». La clé que nous voulions découvrir était peut-être gravée sur des mégalithes.

Nous avons alors recherché sur son ordinateur l'expression « clé mathématique ». Nous l'avons décelée dans le texte caché. Et nous avons découvert quelque chose de tout à fait extraordinaire. L'endroit où apparaît « clé mathématique » est une nouvelle fois le passage de l'Exode racontant l'épisode du mont Sinaï, avec les mots « saphir » et « Rips » à l'envers.

Nous avons également recherché l'expression « code sur l'obélisque » et en avons trouvé une occurrence, croisant le mot « ciel ».

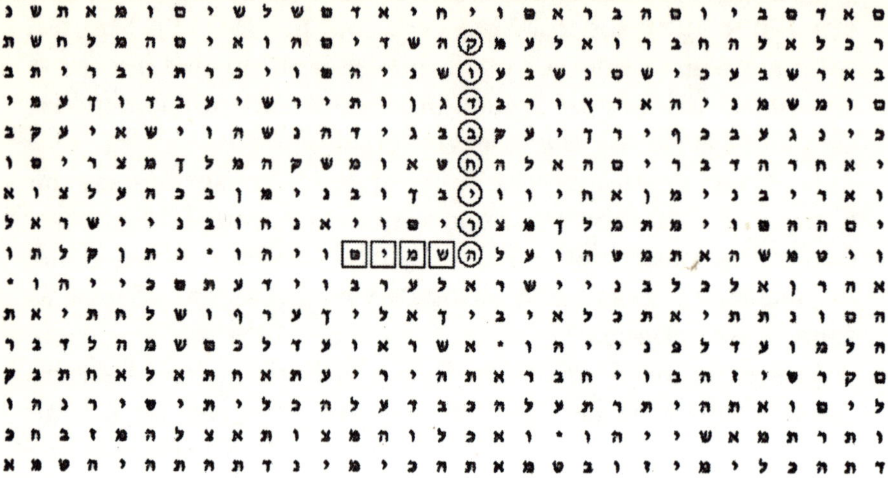

○ CODE SUR OBÉLISQUE ☐ CIEL

Nous avons alors recherché « code de la Bible », c'est-à-dire la confirmation, par la Bible elle-même, de l'existence du code mis au jour des années plus tôt : le mot « obélisque » recoupait l'expression « code de la Bible » !

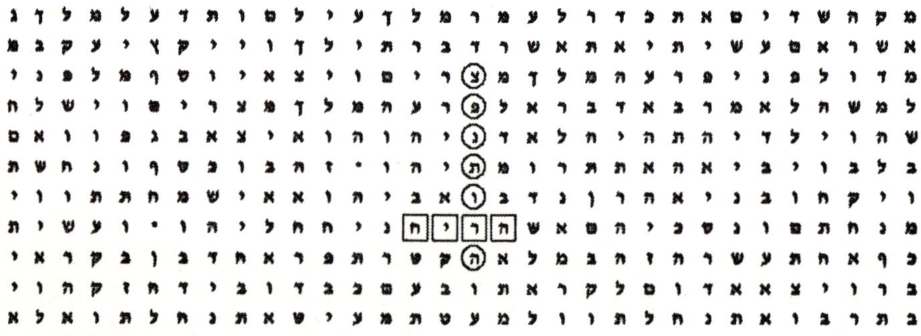

○ CODE DE LA BIBLE ☐ OBÉLISQUE

C'était littéralement stupéfiant. Nous en sommes restés abasourdis. La confirmation était totale. Il y a des millénaires, les secrets perdus du code de la Bible avaient été inscrits sur des obélisques.

Mais s'il existait quelque part une preuve physique de l'existence du code de la Bible, si l'on découvrait un objet matériel contenant la clé dont nous avions besoin pour voir le code dans son ensemble, ce serait bien plus qu'une simple preuve : ce serait la démonstration directe que nous ne sommes pas seuls.

Si l'on trouvait quelque part, gravées sur un obélisque vieux de plusieurs millénaires, les marques d'une connaissance bien plus avancée que la nôtre, alors celle-ci ne pourrait provenir que d'une civilisation supérieure. Peut-être du « ciel », voire de bien plus loin encore.

Personne sur terre, ni hier ni aujourd'hui, n'a pu créer le code de la Bible. Notre science est beaucoup trop rudimentaire. Et aucun de nous ne peut déchiffrer l'avenir. Donc, si l'on parvient à trouver les « obélisques », nous disposerons non seulement de la clé permettant de déchiffrer le code, de lire tout notre avenir, mais aussi de la preuve de notre passé oublié.

Peut-être connaîtrons-nous enfin l'identité du « seigneur du code », le Codeur. Peut-être même l'identité de Dieu ?

La question est donc : où sont situés les « obélisques » ?

C'était au mois de novembre 1998. Dans l'avion qui me ramenait une nouvelle fois en Israël, j'étudiais la co-occurrence de l'expression « code de la Bible » avec le mot « obélisques ». J'ai alors vu que le texte de la Bible, au même endroit, mentionnait un lieu : « la vallée de Siddim ».

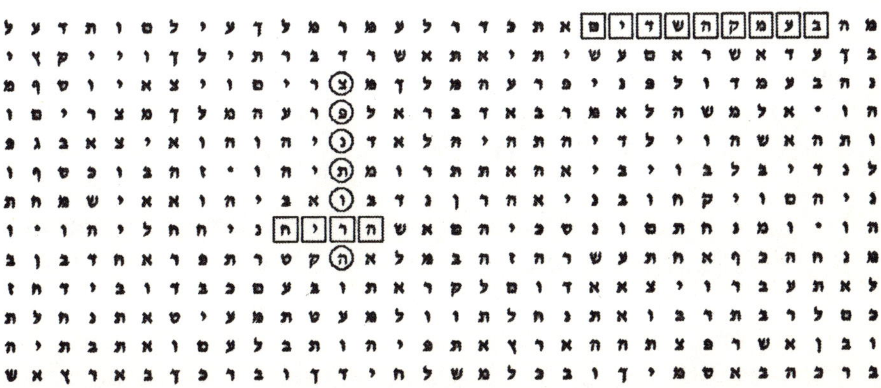

○ CODE DE LA BIBLE ☐ OBÉLISQUE ☐ DANS LA VALLÉE DE SIDDIM

J'avais déjà lu ce nom quelque part. J'ai cherché dans mon ordinateur, et j'ai trouvé : l'expression « code sur l'obélisque » recoupait également les mots « vallée de Siddim ».

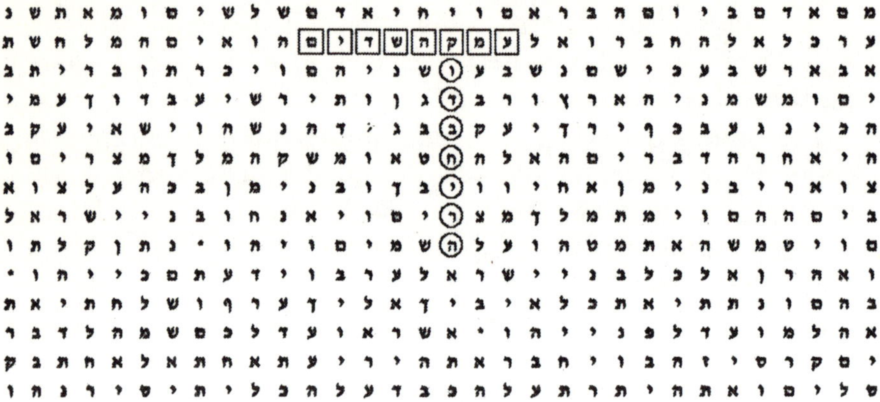

○ CODE SUR L'OBÉLISQUE ☐ VALLÉE DE SIDDIM

Ce lieu était cité explicitement dans le récit biblique d'Abraham. Et la référence complète, qui est donnée dans la Genèse 14.3, révèle son emplacement : « la vallée de Siddim qui est la mer Morte ».

Bien sûr, tout le monde connaît la mer Morte. Située entre Israël et la Jordanie, c'est une mer intérieure dont la teneur en sel est si élevée qu'aucune forme de vie n'y est possible.

Mais aucune carte moderne ne mentionne la vallée de Siddim. J'ai donc consulté des cartes de sites bibliques. Toujours pas de vallée de Siddim. Tout ce que j'en savais était dit dans la Genèse. Aucune source moderne n'en faisait état.

Selon certaines autorités, la vallée de Siddim se trouverait peut-être à présent sous les eaux, non pas près de la mer Morte, mais *sous* celle-ci. Une chose était sûre : la vallée de Siddim était un site très ancien dont le souvenir appartenait déjà au passé lorsque la Bible a été écrite, il y a plus de trois mille ans.

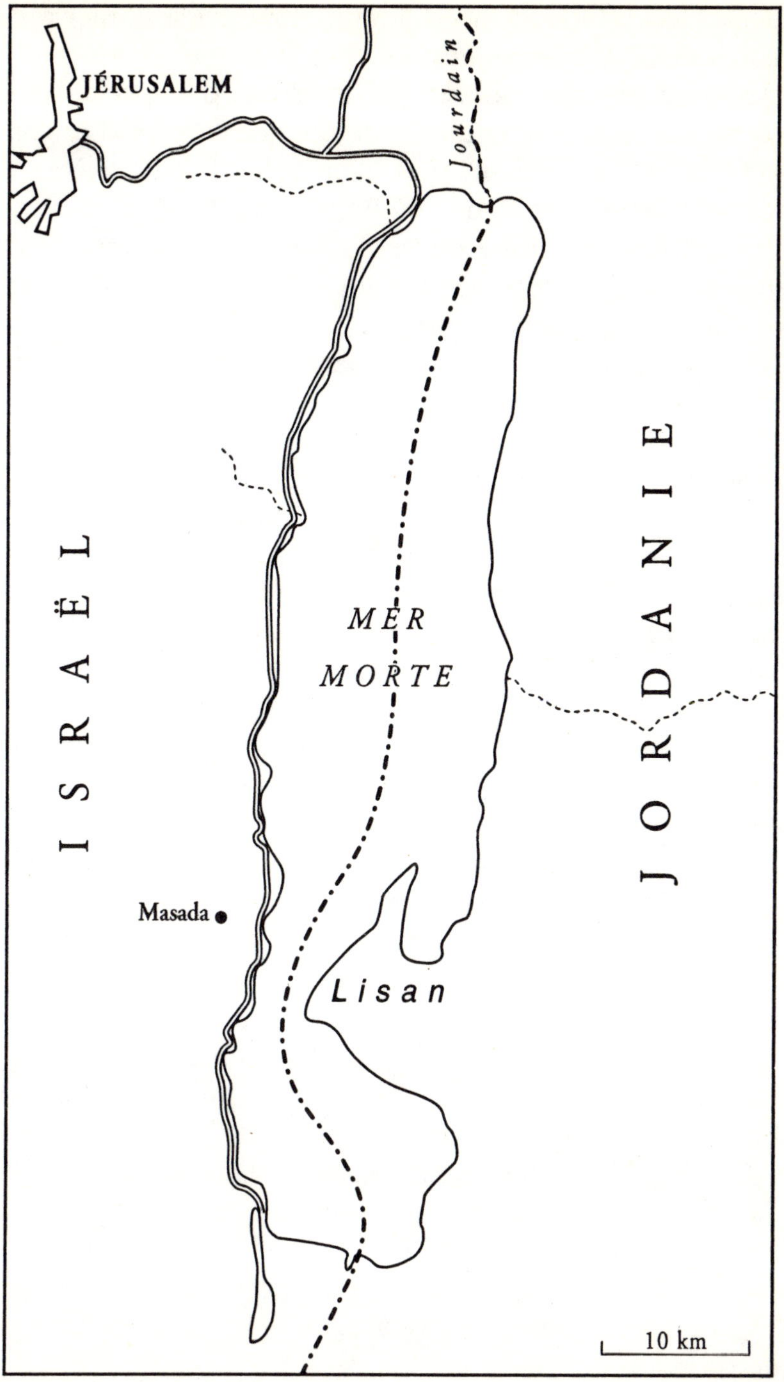
JÉRUSALEM
Jourdain
ISRAËL
JORDANIE
MER
MORTE
Masada
Lisan
10 km

Cela remontait à un temps si lointain que le récit de la Genèse devait l'identifier en faisant référence à la mer qui la recouvrait déjà à l'époque.

J'ai interrogé des rabbins, j'ai interrogé des spécialistes de la Bible. La vallée de Siddim était signalée dans le Midrash, le texte biblique que j'ai cité plus haut. Selon le plus célèbre des commentateurs, Rachi, un Juif français ayant vécu au Moyen Âge, la vallée était autrefois verdoyante et recouverte de vergers, mais la Méditerranée s'y était déversée dans des temps très éloignés et l'avait engloutie.

Or aucun sage ancien, aucun savant actuel ne savait exactement où s'étendait cette vallée.

J'ai donc pris rendez-vous avec le meilleur spécialiste de la région de la mer Morte, le géologue israélien David Neev, qui m'a dit :

« La Genèse est très précise sur ce point. La vallée de Siddim, c'est la mer Morte actuelle. C'est là qu'a eu lieu une grande bataille en des temps très anciens. C'est l'endroit où les rois de Sodome et Gomorrhe, fuyant la bataille, se sont noyés dans des marais. »

Pour Neev, cela signifie que la vallée de Siddim se trouvait non loin de Sodome et Gomorrhe. Selon ses explications, un terrible tremblement de terre aurait anéanti les deux cités il y a plus de quatre mille ans. Ce serait l'événement réel derrière le récit biblique de leur destruction.

Personne ne sait donc précisément où étaient situées les deux villes antiques. Mais, à présent, leurs ruines gisent probablement au fond de la mer Morte.

Cependant, selon Neev, il y avait de l'espoir. Le niveau de la mer Morte n'a jamais été aussi bas depuis cinq mille ans. Des paysages et des vestiges enfouis sous l'eau depuis l'aube de la civilisation affleuraient peut-être à nouveau :

« La mer Morte est comme une casserole remplie d'eau que l'on aurait laissée sur un feu réglé au maximum. En bouillant, l'eau s'évapore. D'ici à un siècle, une bonne partie de la mer aura peut-être disparu. À la fin, il ne restera plus que du sel. »

Le géologue a déployé devant moi une série de graphiques illustrant son propos. Au cours de la décennie passée, le niveau de la mer Morte avait baissé jusqu'à un point qui n'avait été atteint qu'une seule fois dans l'Histoire, entre 5500 et 3500 avant notre ère. Une période mystérieuse qui a vu naître toutes ces choses qui définissent la civilisation moderne, subitement, comme surgies de nulle part : l'écriture et les mathématiques, l'astronomie et l'agriculture, la métallurgie, les premières cités.

L'évaporation de la mer Morte risquait-elle de mettre au jour d'anciens secrets ?

« Si l'objet que vous recherchez a été fabriqué au chalcolithique, qui a connu l'émergence soudaine de la civilisation, alors il est tout à fait possible qu'il soit demeuré inaccessible jusqu'à aujourd'hui, m'a dit Neev. Mais si tel est le cas, et que cet objet ait été recouvert par la mer durant des millénaires, eh bien, lorsque celle-ci sera asséchée, vous ne verrez ni un obélisque ni même les ruines d'un palais ou d'une cité ; vous ne verrez que de la boue, des sédiments, de la roche de sel. »

Le géologue m'a livré un dernier indice.

« En hébreu, *siddim* veut dire “chaux”. Vous devriez vous mettre en quête d'une vallée de chaux. En fait, dans certaines traductions de la Bible, la vallée de Siddim est appelée la “vallée de la chaux”. »

Neev m'a suggéré de concentrer mes investigations sur la rive jordanienne de la mer Morte : « Il y a une péninsule appelée Lisan. C'est un dôme de sel recouvert de chaux. »

Neev lui-même ne connaissait pas le lieu. Israël avait été trois fois en guerre avec la Jordanie.

« Soyez prudent, m'a-t-il averti. Vous serez en territoire ennemi. »

Mon guide ne comprenait pas pourquoi je voulais aller là-bas. Ce n'était pas un site fréquenté par les touristes.

La péninsule de Lisan est une masse de terre à la forme étrange qui s'enfonce dans la mer Morte. On dirait une langue et, effectivement, *lisan* signifie « langue » en hébreu comme en arabe.

En arrivant, j'ai eu le sentiment de débarquer sur la Lune : un paysage totalement aride, pas la moindre trace de végétation, une blancheur aveuglante rendue encore plus terrible par le soleil brûlant du désert, car le sol est entièrement recouvert de chaux.

C'était le seul endroit de la mer Morte émergeant des eaux et il avait peut-être fait partie de l'ancienne vallée de Siddim, la vallée de la chaux. D'un point de vue mythologique, le lieu ne pouvait être mieux choisi : le plus bas de la planète, à près de trois cents mètres en dessous du niveau de la mer. Le nombril du monde. Le fond du monde.

« Fond du monde » apparaît dans le texte codé de la Bible. Dans la même grille, on trouve « Lisan » et, transversalement, « clé antique ».

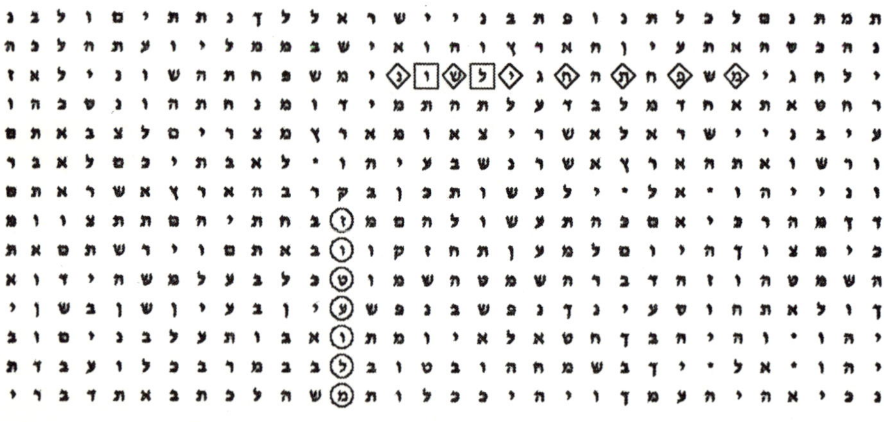

○ FOND DU MONDE □ LISAN ◇ CLÉ ANTIQUE

Ce qui était autrefois là, sur la terre ferme, puis avait été englouti par les eaux pour toute la durée de l'histoire de la civilisation, pouvait-il affleurer de nouveau à la surface, recouvert de sable, d'argile, de boue et d'une épaisse couche de sel laissée par la mer ?

L'endroit est désert. Il n'y a pas la moindre trace d'une présence humaine. Ni actuelle ni passée. Sauf pour quelques rares personnes qui exploitent une mine de sel.

Mais tout autour, ce n'est qu'une succession d'incroyables trouvailles archéologiques surgies tout droit du passé biblique.

La rive opposée abrite les grottes de Qumran, où ont été découverts les plus anciens textes de la Bible, les manuscrits de la Mer morte. Pendant plus de deux mille ans, des mots écrits sur des parchemins y ont été préservés. En 1947, un jeune berger qui avait jeté une pierre à l'intérieur d'une des grottes a entendu un bruit de poterie cassée. Il y avait des urnes à l'intérieur. Et, dans l'urne brisée, se trouvait un livre complet de la Bible, épargné depuis la nuit des temps.

Non loin de là, mais cette fois sur la rive israélienne, se dresse l'antique forteresse de Massada, bâtie en haut d'une montagne, où, il y a deux mille ans, un groupe de zélotes, des Juifs en révolte contre Rome, a résisté jusqu'au dernier homme aux légions. Sur le plateau dominant un paysage nu qui n'a que peu changé avec le temps, on a mis au jour les murailles de la forteresse.

Du côté jordanien, à un kilomètre environ de la côte, on a découvert un village datant de plus de cinq mille ans, Bab-Edrah. Il s'agit peut-être de Zoar, là où s'est réfugié Loth, fuyant la destruction de Sodome et Gomorrhe, selon le récit biblique.

Ainsi, me disais-je en foulant le sol de cette péninsule désertique, il n'était peut-être pas inconcevable que sous mes pieds soit enfoui un « obélisque » ancien sur lequel était gravée la « clé du code ».

La péninsule de Lisan est un point sur une carte, mais elle fait près de quarante kilomètres carrés, et, alors que j'étais là, sous un soleil brûlant, parcourant du regard un paysage infini de chaux et de sel, j'ai réalisé qu'elle était bien trop vaste pour espérer y trouver les ruines de quelque palais, encore moins un monolithe enseveli sous terre. À supposer que, pour commencer, je sois tombé par hasard sur le bon endroit où fouiller.

Je me suis donc replongé dans la Bible, dans le code.

L'un des livres de l'Ancien Testament mentionne Lisan. Il s'agit du livre de Josué, du nom du jeune guerrier qui, après la mort de Moïse, a conduit les Hébreux, au cours de la dernière étape de l'Exode, jusqu'à la Terre promise.

L'expression « Lisan, langue de mer » apparaît dans Josué 15.5, puis à côté, dans le texte caché, la phrase : « Il trouva le lieu exact, Lisan. »

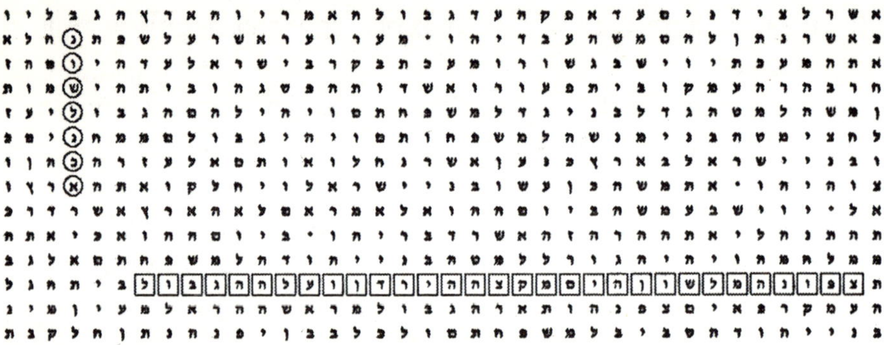

□ IL A TROUVÉ LE LIEU EXACT, LISAN
○ AU NORD DE LISAN, LANGUE DE MER, DE LA RIVE DU JOURDAIN SUR LA FRONTIÈRE

Josué 18.19, contient une description encore plus précise de l'endroit : « Lisan, langue de Mer morte, au nord ».

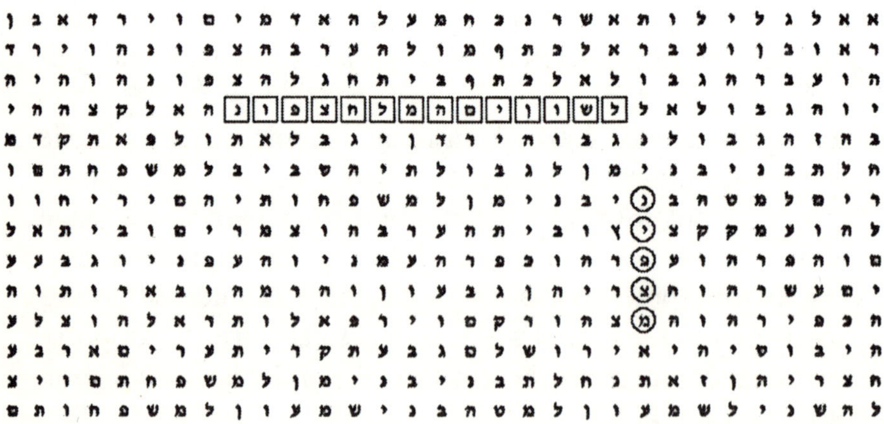

○ CODEUR □ LISAN, LANGUE DE MER MORTE, AU NORD

Près de cette description, le texte caché révèle le mot : « codeur ». « Codé » est inscrit cinq fois dans la même grille ; en hébreu, ce mot veut dire aussi « caché » et « nord ».

Ainsi, le livre de Josué, le seul de la Bible à mentionner explicitement Lisan, semble indiquer la partie exacte de la péninsule qu'il faut explorer : à sa pointe nord, là où le doigt de terre s'enfonce dans la mer Morte, formant une petite baie, une « langue de mer morte ».

J'ai recherché les mots « Lisan, langue de mer » dans la Torah ; l'expression « le Lisan » apparaît une fois, sans sauts de lettres, à côté de « langue de mer » et de « clé antique ».

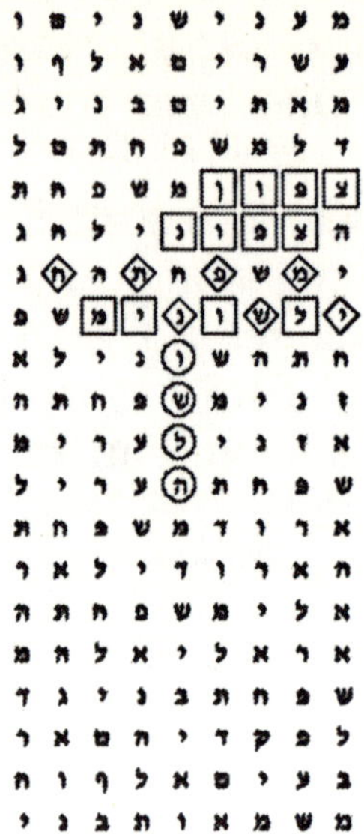

○ LE LISAN
◇ CLÉ ANTIQUE/CARTE DU DÉTECTEUR
□ LISAN, LANGUE DE MER
□ CODÉ NORD
□ CODÉ NORD

Je suis retourné voir Rips. Je lui ai montré ce que j'avais trouvé et je lui ai raconté mon expédition à Lisan.

Il a scruté le code sur son ordinateur et a aussitôt vu quelque chose de remarquable.

« Les mêmes lettres qui en hébreu épellent "clé antique" signifient aussi "carte du détecteur", a-t-il déclaré. Et elles croisent "langue de mer" et "le Lisan". »

C'était une découverte capitale. Cela semblait vouloir dire que la seule manière de découvrir l'obélisque était d'utiliser un « détecteur », quelque technologie sophistiquée permettant de dresser une « carte » de ce qui est enfoui sous l'eau et sous terre.

Les lettres des deux séquences qui épelaient les expressions « clé antique / carte du détecteur » avaient encore un autre sens : « découvert, visible, découverte, détection ».

Par la suite, j'ai réalisé que ce même verset remarquable du texte sacré, dans lequel « Lisan, langue de mer » apparaît sans sauts dans le texte caché, à côté de « clé antique / carte du détecteur », contient non seulement « le Lisan », mais deux autres indices essentiels pour ma quête de la « clé du code ».

Transversalement à « Lisan, langue de mer », on peut lire : « obélisque à Lisan ».

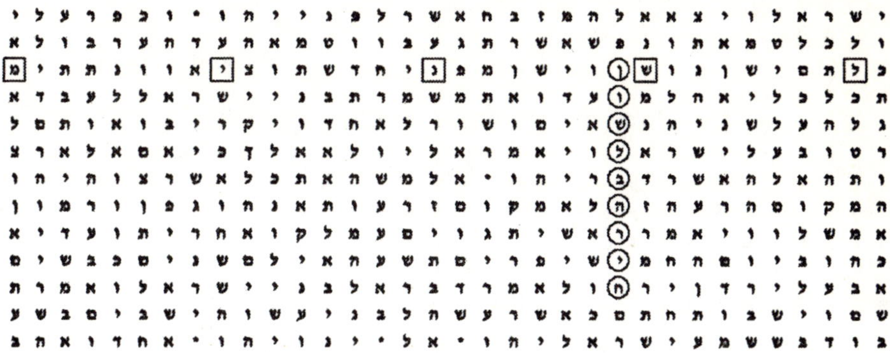

○ OBÉLISQUE À LISAN □ LISAN, LANGUE DE MER

Dans la même grille, on peut lire l'expression « carte de la cachette ». Et « clé » s'inscrit trois fois sur cette même grille, là où « carte du détecteur » croisait « carte de la cachette ».

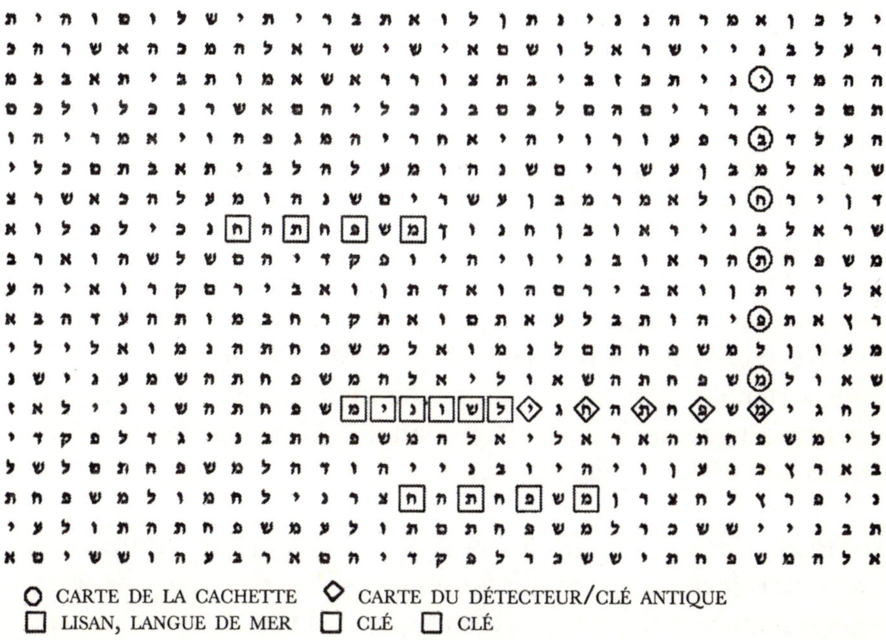

○ CARTE DE LA CACHETTE ◇ CARTE DU DÉTECTEUR/CLÉ ANTIQUE
□ LISAN, LANGUE DE MER □ CLÉ □ CLÉ

Avec Rips, nous avons recherché, à tout hasard, la phrase « le détecteur indique l'endroit ». Notre surprise a été grande de constater qu'elle se dévoile dans le texte caché et barre le seul lieu de la Torah où « le Lisan » est épelé sans sauts de lettres. Selon les estimations de Rips, la probabilité que cela soit dû à la chance était inférieure à 1/5 000e.

○ DÉTECTEUR A MARQUÉ L'ENDROIT □ LE LISAN

Enfin, un soir où je travaillais seul sur mon portable, j'ai effectué une recherche dans le livre le plus prophétique de la Bible, celui de Daniel ; j'y ai trouvé la phrase « détecteur indique l'endroit », codée à côté de « Lisan ».

Mais le plus extraordinaire était l'affirmation contenue dans la même grille du livre de Daniel. Celle-ci disait : « Lisan est Siddim ».

J'ai compris à ce moment-là que j'avais découvert l'endroit où s'étendait l'ancienne vallée de Siddim. C'était écrit en toutes lettres dans le livre de Daniel : la péninsule de Lisan était la vallée de Siddim.

Toutefois, le message caché dans le livre de Daniel ne s'arrêtait pas là. Les premiers versets y racontent l'histoire du siège de Jérusalem par un roi babylonien, qui emmène avec lui des enfants d'Israël. On leur apprend tout ce que l'on sait à l'époque, « toute la sagesse, tout le savoir, toute la science », y compris la langue de la première civilisation connue, « la langue des Chaldéens ».

Derrière ces trois versets était résumé tout le récit de ma quête.

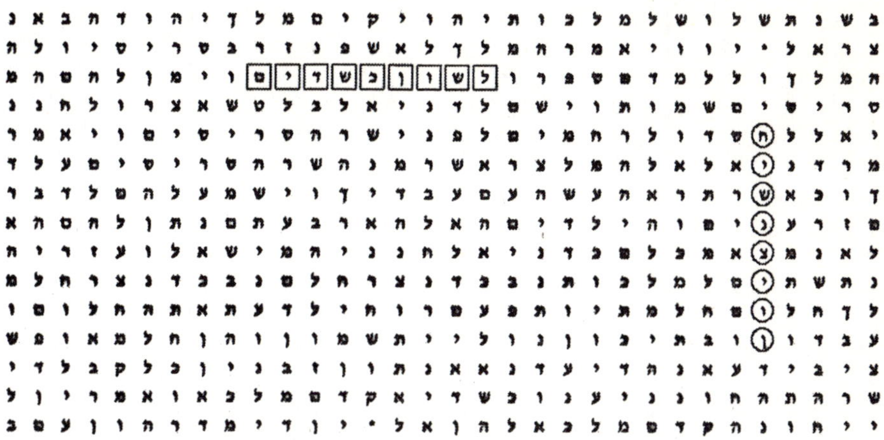

○ DÉTECTEUR MARQUE L'ENDROIT □ LISAN EN TANT QUE SIDDIM

En hébreu, l'expression « la langue des Chaldéens » peut aussi se lire « Lisan en tant que Siddim ». Là où le livre de Daniel évoque les enfants d'Israël « debout dans le palais », les mêmes lettres peuvent être interprétées comme voulant dire « pilier du palais ». Pouvait-il s'agir de l'obélisque que je cherchais, sur lequel auraient été gravés « toute la sagesse, tout le savoir et toute la science » ?

Pourtant, le plus remarquable, c'est que ces mêmes versets du livre de Daniel indiquaient le lieu sur la carte au trésor où il fallait chercher. Dans le texte qui identifie « Lisan en tant que Siddim », on trouve le nom « Mazra'a ».

Or « Mazra'a » est justement le nom d'un village situé sur la rive sud de la « langue de mer » créée par la « langue de terre » à la pointe nord de la péninsule de Lisan.

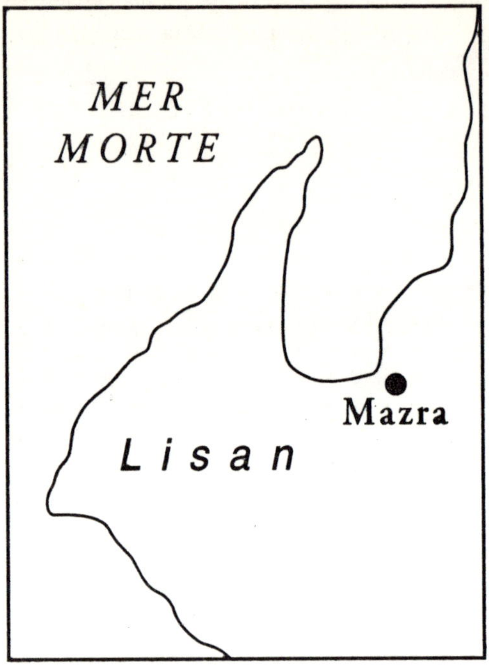

○ DÉTECTEUR INDIQUE □ LISAN EN TANT QUE SIDDIM ◇ MAZRA

Pour moi, le sens de tout cela était on ne peut plus clair : c'est là que je devais chercher le « pilier du palais », l' « obélisque », la « clé du code ».

Tous les livres de la Bible semblaient converger vers le même lieu : la région que l'on appelait autrefois la vallée de Siddim, qui était à présent la mer Morte, et plus particulièrement la petite baie de Mazra'a, à l'extrémité nord de la péninsule, sur le cap de Lisan, le doigt de terre qui forme la baie.

Dans la Torah, là où sont codés les mots « péninsule de Lisan », ils croisent « Mazra'a ».

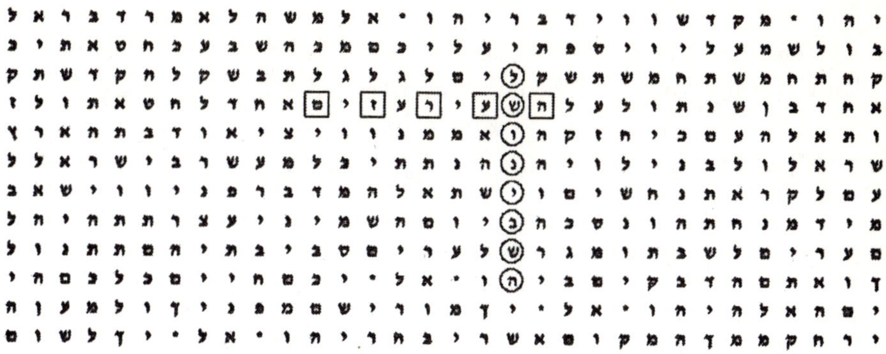

○ PÉNINSULE DE LISAN □ MAZRA

Pareillement, « Mazra'a » est codé dans la même grille que « clé du code », et « obélisque » apparaît transversalement à ces expressions, au même endroit.

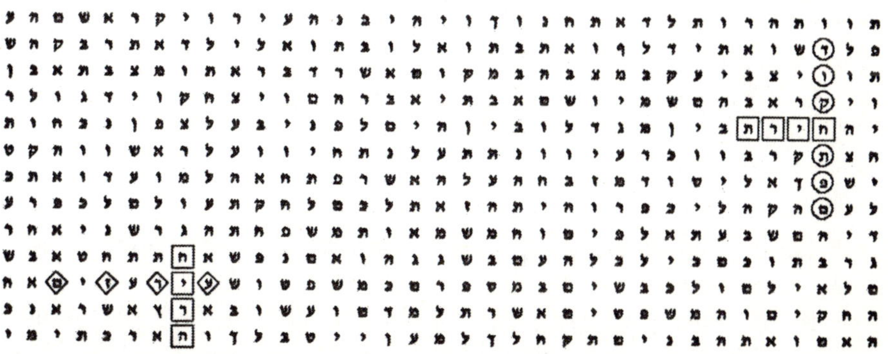

○ CLÉ DU CODE □ OBÉLISQUES ◇ MAZRA □ OBÉLISQUE

J'avais déniché le lieu. La question était de savoir comment faire pour retrouver, à cet endroit, l'artefact antique qui était enfoui.

Cela ne se passerait pas comme dans un film. Je ne pourrais pas faire comme Indiana Jones, déblayer un peu de terre avec mon bras et mettre la main sur l'arche perdue. Même avec des pelleteuses, le site était bien trop vaste.

J'ignorais de quoi était fait l' « obélisque », à quelle profondeur il gisait, si c'était sous terre ou sous l'eau, et même s'il était toujours là après des milliers d'années.

Eliyahu Rips a découvert un indice, mais il n'était pas de bon augure.

Là où « obélisque » apparaît transversalement à « code de la Bible », le texte biblique lui-même dit : « La terre ouvrit sa bouche et l'avala. » Si l'obélisque avait été englouti – peut-être au cours de ce grand tremblement de terre dont m'avait parlé le géologue israélien ? –, alors il pouvait être très profondément enseveli. Il avait pu disparaître aussi définitivement que Sodome et Gomorrhe.

Il me faudrait des appareils très sophistiqués pour le retrouver. Ce dont j'avais besoin à présent, c'était un « détecteur ». Mais, lorsque j'ai interrogé des géophysiciens dont le travail est de chercher du pétrole et des métaux précieux dans le sous-sol, ce qu'ils avaient à me dire était encore moins réjouissant.

Les radars, qui font des merveilles lorsqu'il s'agit de déceler des objets enterrés sous les sables du désert, ne seraient d'aucun secours dans le sous-sol gorgé de sel de la péninsule de Lisan. Les ondes émises par les radars ne seraient pas réfléchies par le sous-sol. Elles ne pourraient pas y pénétrer.

Je me suis adressé à mes amis du Mossad, au directeur scientifique du ministère de la Défense israélien, à des connaissances au Pentagone et à la CIA. Tous m'ont répété la même chose. Aucune technologie secrète ne permettrait de sonder le sous-sol de Lisan, aucun satellite espion ne me révélerait la présence d'un obélisque englouti dans le sous-sol le plus saturé de sel de la planète.

J'étais effondré. Tant de chemin parcouru pour rien? Pas à pas, parti d'une découverte fortuite, presque miraculeuse, celle du mot « obélisque » codé dans la Bible, j'avais peut-être identifié grâce au codé de la Bible l'endroit où la clé était cachée depuis des millénaires.

« J'ai l'impression de participer à une chasse au trésor, ai-je confié à Rips.

– C'est exactement cela, m'a-t-il répondu – car il pensait de toute évidence à un plan divin, auquel je n'étais pas, pour ma part, disposé à croire.

– Pourquoi les choses sont-elles si difficiles? N'importe qui d'autre aurait abandonné il y a longtemps.

– Votre question contient sa propre réponse. »

Il a étudié une nouvelle fois l'endroit où apparaît l'expression « clé du code ». Et il m'a déclaré, montrant du doigt l'écran de l'ordinateur :

« C'est très encourageant. Regardez ce qui est écrit : "Entre nos mains la solution." En hébreu, c'est encore mieux : "Entre nos mains pour briser", comme dans "briser un code". »

Mais les mêmes lettres pouvaient aussi vouloir dire : « Entre nos mains pour une crise. » Et je ne pouvais m'empêcher de songer que ce n'était pas par hasard que notre quête de la « clé du code » se déroulait en ce moment de crise mondiale.

Les risques d'embrasement au Proche-Orient lui conféraient une urgence que les indications du code de la Bible ne faisaient que souligner. L'avertissement était clair : le compte à rebours apocalyptique avait commencé, et nous étions lancés dans une course contre la montre.

L'expression « dans la péninsule de Lisan » est codée à côté de « à la fin des jours ».

L'avertissement était on ne peut plus évident, mais la promesse ne l'était pas moins. Transversalement aux mots « dans la péninsule de Lisan », juste en dessous de « à la fin des jours », le texte biblique disait en clair : « Pour vous et pour vos enfants après vous, pour que soient prolongés vos jours sur terre. »

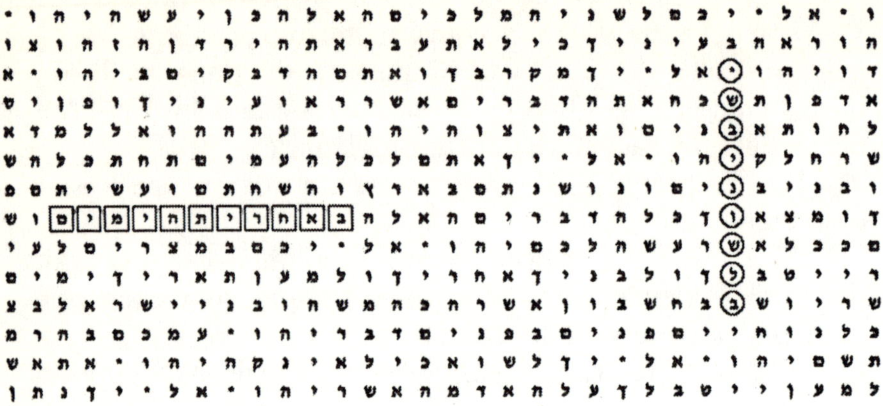

○ DANS LA PÉNINSULE DE LISAN □ À LA FIN DES JOURS

3

Clinton

Le président confessait ses péchés à la télévision, tout en n'admettant pas tout à fait avoir menti : « J'ai bien eu avec Mlle Lewinsky une relation qui n'était pas convenable. »

Cela se passait le 17 août 1998. Clinton venait de reconnaître qu'il avait trompé sa femme et le peuple américain. Solennel, les traits tirés, il avait enfin dit en public, à la télévision, qu'il avait eu une liaison, à la Maison-Blanche, avec une stagiaire de vingt-quatre ans.

Tandis que Clinton parlait, je surveillais d'un œil distrait la télévision, mais je m'intéressais bien plus à l'écran de mon ordinateur, et au code de la Bible.

Depuis des mois, des amis me demandaient de m'atteler au scandale Monica Lewinsky, et j'avais refusé. C'était trop sordide, trop trivial.

Or, à présent, il s'agissait peut-être de la destitution du président des États-Unis, de l'homme qui avait réuni Yasser Arafat et Yitzhak Rabin, peut-être la seule personne sur terre à pouvoir faire la paix au Proche-Orient et empêcher les terribles prédictions du code de se réaliser.

Je savais que « Clinton » apparaissait dans le texte codé de la Bible, parce que c'était le premier nom que j'y avais recherché.

En juin 1992, lorsque j'ai entendu parler du code de la Bible pour la première fois, je lui ai fait subir un test : « Clinton » était codé à côté de « président ». Six mois avant la date, le code avait annoncé sa victoire

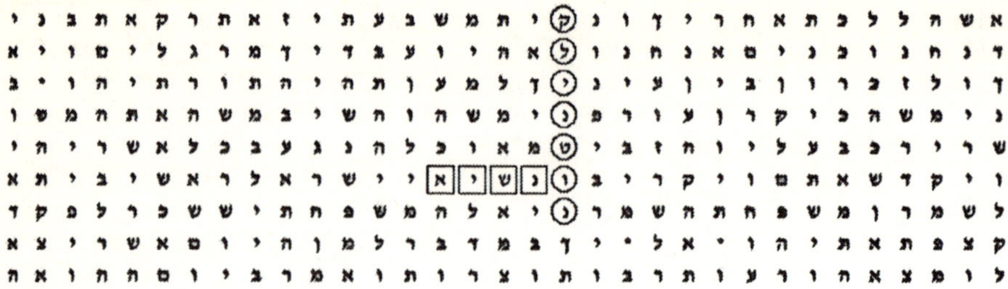

○ CLINTON ☐ PRÉSIDENT

Et maintenant, en août 1998, pendant que l'homme le plus puissant de la planète se dénudait en direct, je recherchais une nouvelle fois son nom dans le texte sacré. Le code prédisait-il la « mise en accusation » de « Clinton » ?

De manière hautement improbable, « Clinton » et « mise en accusation » étaient codés conjointement.

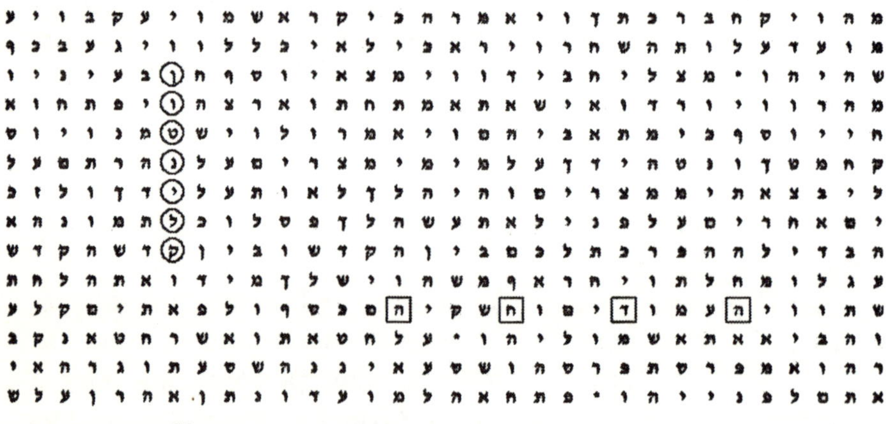

○ CLINTON ☐ MISE EN ACCUSATION

Et, au même endroit, le même verset de la Bible décrivait l'affaire Lewinsky : « Secret caché, amant de la servante. »

C'était extraordinaire. Comment décrire autrement une « jeune stagiaire » dans le langage de l'Ancien Testament ?

O CLINTON ◇ MISE EN ACCUSATION □ SECRET CACHÉ, AMANT DE LA SERVANTE

Le temps de faire ces trouvailles, et la confession présidentielle avait pris fin. Les commentateurs se relayaient à présent pour expliquer que le président ne survivrait pas au scandale.

Tandis que je continuais de scruter le texte caché de la Bible, la télévision passait en boucle la séquence célèbre où Clinton, pointant le doigt vers la caméra, démentait en bloc l'affaire en affirmant : « Je n'ai pas eu de rapports sexuels avec cette femme, Mlle Lewinsky », suivie de la confession qu'il venait de faire : « J'ai bien eu avec Mlle Lewinsky une relation qui n'était pas convenable. »

Auparavant, il m'avait paru absurde de rechercher dans le texte ancien qui avertissait la planète d'une terrible menace des références à cette affaire de mœurs.

Mais face à la mise en cause du destin de Bill Clinton, face à la perspective tout à fait réelle du premier procès en destitution intenté à un président depuis plus d'un siècle, je ne pouvais pas faire autrement.

En regardant de plus près l'endroit où « Clinton » était codé, je me suis aperçu qu'il y avait un deuxième niveau de lecture.

Le mot juste avant « mise en accusation » était « contre ». Le message, le véritable message contenant le mot « Clinton » dans le code de la Bible, était « le peuple, la nation contre la mise en accusation ».

Et, transversalement à cette dernière affirmation, le texte caché disait : « l'opinion l'a empêchée », ou plus littéralement, « nous nous opposerons à la mise en accusation ».

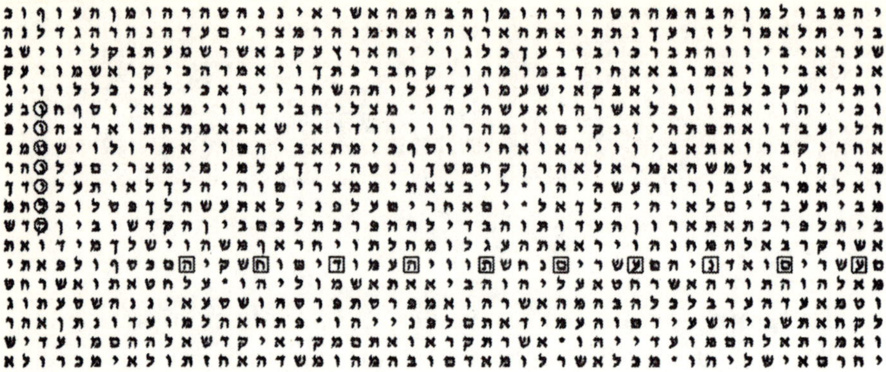

○ CLINTON □ NATION CONTRE LA MISE EN ACCUSATION

Le soir du 17 août 1998, au moment où Clinton faisait sa confession, à l'instant précis où sa fonction semblait plus que jamais menacée, le code de la Bible avait prédit qu'il surmonterait cette épreuve.

Le 12 février 1999, après une année éprouvante de scandales, le Sénat américain se prononçait contre la mise en accusation du président Clinton.

Une fois de plus, le code de la Bible avait eu raison.

Deux ans plus tard, le 16 octobre 2000, je me trouvais à la Maison-Blanche pour m'entretenir avec le directeur de cabinet du président Clinton, John Podesta.

J'étais venu lui faire part des avertissements du code de la Bible selon lesquels nous étions entrés dans « la fin des jours ».

L'agent de sécurité qui m'avait accueilli devant l'entrée était nerveux. Des violences avaient de nouveau éclaté au Proche-Orient, et il y avait une alerte terroriste. J'ai attendu une demi-heure avant qu'on me laisse enfin entrer.

Pendant ce temps, j'ai repassé dans mon esprit ce que j'allais déclarer au principal adjoint du président, dont le bureau était situé dans l'aile principale de la Maison-Blanche et qui organisait l'emploi du temps de Clinton, ses rendez-vous, les rapports qu'il lisait et aussi, dans une large mesure, ce qu'il faisait.

Podesta avait déjà remis à celui-ci un exemplaire de mon premier livre, *La Bible : le code secret*. Il m'avait assuré que le président l'avait emporté avec lui à Camp David, de même que la lettre que je lui avais écrite le jour où il avait divulgué la tenue d'un sommet entre le Premier ministre israélien, Ehoud Barak, et le président de l'Autorité palestinienne, Yasser Arafat.

Cette lettre, envoyée le lendemain du 4 juillet 2000, disait :

« Je joins à votre intention un exemplaire de mon livre *La Bible : le code secret*, car l'annonce de la tenue d'un sommet entre Barak et Arafat confirme ce que révèle le code.

« Selon le code, qui semble révéler notre avenir, vous jouerez un rôle central dans l'alternative entre guerre et paix qui se pose aujourd'hui au Proche-Orient, et dont l'enjeu est encore plus important que vous ne l'imaginez.

« J'hésite à vous donner ici plus de détails, tant cela pourrait vous paraître apocalyptique. »

Je n'avais pas eu le courage d'avouer au président des États-Unis que nous étions entrés dans « la fin des jours ». Comment, en effet, affirmer sans sombrer dans le ridicule que, selon le code de la Bible, la fin du monde allait se produire dans quelques années ? J'avais moi-même du mal à y croire.

Si je l'avais fait, j'étais sûr que la première personne à lire ma lettre dans les bureaux de la présidence aurait pensé que j'étais un de ces individus qui défilent tous les jours devant la Maison-Blanche en brandissant des pancartes proclamant l'imminence de l'Apocalypse.

J'avais donc choisi un autre angle d'attaque : « Avant toute chose, je me dois de vous préciser que je ne suis pas croyant et que je suis certain que le désastre peut être évité. »

Le code de la Bible, soulignais-je dans ma lettre, était une question scientifique, pas religieuse ; des noms de personnes, de lieux, et des dates d'événements contemporains étaient inscrits dans un texte écrit il y a plus de trois mille ans.

« Clinton » y était codé à côté de « président », « d'une manière qui ne peut être due au hasard », écrivais-je dans ma lettre, citant la trouvaille que j'avais faite six mois avant son élection : « Votre élection a été pour moi la première confirmation concrète de la réalité du code. »

« Je viens à présent de découvrir qu'une autre affirmation apparaît à côté de votre nom dans la Bible : "Il a restauré, réparé." En hébreu, ce verbe a un sens plus profond : "restaurer, réparer, transformer le monde". »

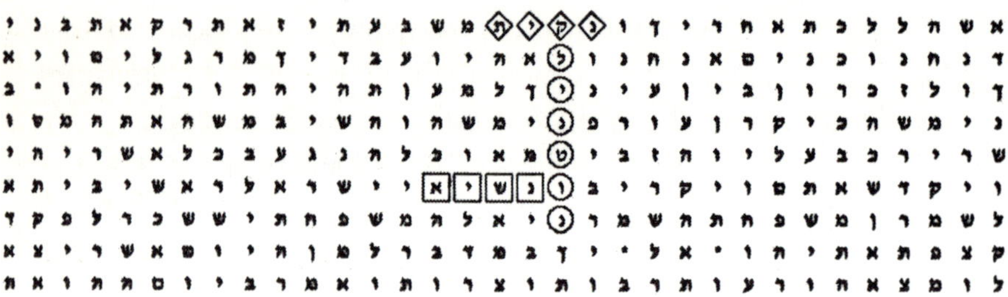

○ CLINTON □ PRÉSIDENT ◇ IL A RESTAURÉ, RÉPARÉ

« L'avenir qui s'offre à nous est clairement énoncé par le texte caché de la Bible : le véritable Armageddon, une guerre nucléaire mondiale, qui commencerait au Proche-Orient. Si le code dit vrai, cela ne se produira pas avant plusieurs années.

« Mais ce que nous devons faire maintenant, ce que vous allez faire à présent, déterminera ce qui finira par arriver. Tel est, à mon sens, la raison d'être du code : nous prévenir assez tôt pour nous laisser le temps de changer le cours des événements.

« Vous êtes sans doute mieux placé que quiconque pour mettre un terme à des millénaires de violence entre Arabes et Juifs », concluait ma lettre.

Dans le texte caché de la Bible, « Camp David » apparaît transversalement aux mots « ville refuge » présents dans le texte originel, et au même endroit on trouve le mot « paix ».

N'est-il pas approprié que Camp David, le nom de la résidence d'été des présidents, là où a été conclu le traité de paix historique entre l'Égypte et Israël, où Clinton avait réuni alors les deux chefs de guerre, Barak et Arafat, soit codé à l'endroit précis où le texte de la Bible énumère les règles permettant aux assassins d'atteindre « la rédemption, la délivrance » ?

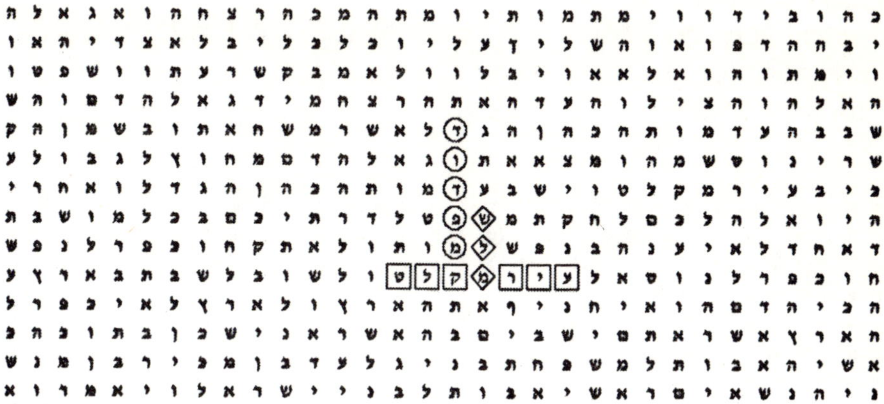

○ CAMP DAVID ◇ VILLE DU REFUGE □ PAIX

Hélas, comme on le sait, le sommet fut un échec. Clinton et Barak pensaient qu'Arafat ne pourrait refuser l'offre qu'ils allaient lui faire. Tout le monde ou presque imaginait qu'en quelques jours, tout au plus quelques semaines, Arafat accepterait un État palestinien sur la bande de Gaza et 90 % de la Cisjordanie, qu'il se contenterait de la plus grande partie de Jérusalem-Est et de la moitié de la Vieille Ville. Mais c'est à peine si Arafat a relevé ces propositions. Personne n'a saisi pourquoi. Personne n'a compris l'emprise de la religion.

C'est à cause de celle-ci que les pourparlers étaient voués à l'échec. Le code de la Bible le prédit. La bataille se déroulera autour de la « colline du Temple ».

C'est le lieu où s'élevait autrefois le Temple de Salomon ; aujourd'hui, le dôme doré de la Coupole du Rocher. Cette esplanade en plein cœur de Jérusalem, ni les Juifs ni les Arabes ne peuvent y renoncer. Pour les Juifs, les ruines du Temple, le mur des Lamentations qui est situé sous la colline sont le plus sacré des sites. Pour les musulmans, la mosquée qui se dresse sur le sommet de cette colline qu'ils nomment Haram al-Charif est le deuxième lieu saint de l'islam après La Mecque. Depuis des millénaires, la colline du Temple se trouve au centre de guerres religieuses, c'est le « Ground Zero », l'éternel point d'impact de la bataille pour la domination de la ville sainte. Et elle restait le seul obstacle insurmontable à Camp David.

« Colline du Temple » apparaît dans le texte codé, entouré des noms des trois dirigeants réunis à Camp David : « Clinton », « Arafat » et « Barak ».

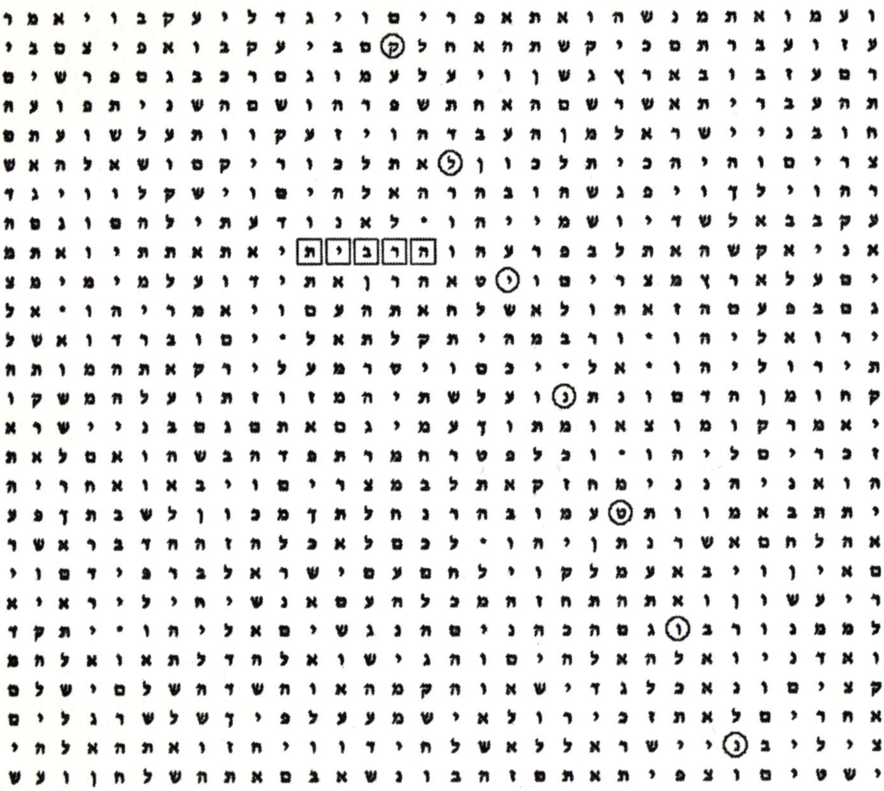

○ CLINTON □ COLLINE DU TEMPLE

« Colline du Temple sabotée » est dans le texte codé à côté de l'endroit où le nom « Arafat » apparaît, sans sauts de lettres, encore une fois de manière totalement improbable. « Barak » est épelé transversalement à « colline du Temple », là même où le texte de la Bible parle de « la fin des jours ».

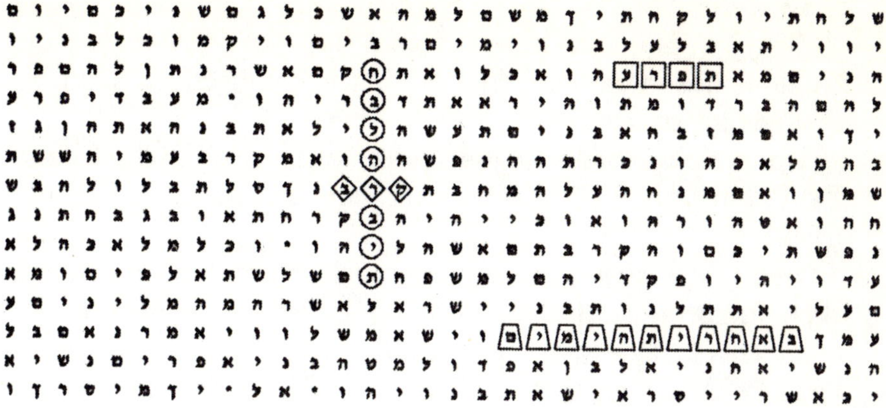

○ COLLINE DU TEMPLE SABOTÉE □ ARAFAT ◇ BARAK ⌂ À LA FIN DES JOURS

N'est-il pas extraordinaire que les noms des participants du sommet de Camp David soient codés avec le nom du lieu qui a été le point d'achoppement des pourparlers ? C'était comme si le code de la Bible nous indiquait que quelque chose de grave allait se passer sur la colline du Temple.

Je me suis rendu en Israël au début du mois d'août 2000, après l'échec de Camp David. Le gouvernement israélien était au bord de l'éclatement. Le Premier ministre Ehoud Barak se démenait pour rester au pouvoir, alors que les démissions de ministres s'accumulaient et que le peuple israélien perdait espoir de voir jamais prendre fin le conflit avec les Palestiniens.

Barak, de plus en plus isolé et retiré, ne voulait pas entendre la mise en garde du code de la Bible.

J'avais déjà essayé d'obtenir une entrevue avec lui un an avant son élection. Le 17 mai 1998, alors qu'il ne se doutait même pas qu'il serait un jour candidat au poste de Premier ministre, je lui écrivais :

« De nouvelles informations découvertes dans le code de la Bible me laissent penser que vous deviendrez Premier ministre à un moment de très grands dangers pour votre pays. Je pense que vous serez le prochain dirigeant d'Israël, et j'espère pouvoir vous rencontrer. »

Le code donnait même l'année de son élection : 5759 (1999). À l'époque, cela ne me paraissait pas possible, et je ne l'ai donc pas mentionné dans ma lettre : les élections n'étaient prévues qu'en 2000.

Un an plus tard, au jour près, le 17 mai 1999, Ehoud Barak remportait des élections anticipées et devenait Premier ministre.

Hélas, je n'ai pas du tout vécu cela comme un triomphe. Bien au contraire. J'ai été assailli par de sombres pensées. Le code de la Bible avait prédit l'élection de Barak un an à l'avance. Mais le danger qu'il annonçait était terrifiant et très précis.

« Premier ministre E. Barak » apparaît dans une seule grille codée, à côté de « crise et mort ». L'avertissement était on ne peut plus explicite. La crise prendrait naissance à Jérusalem, dans le lieu saint revendiqué par les musulmans et les Juifs, « la colline du Temple ». En effet, traversant le texte « Premier ministre E. Barak », le texte caché disait : « Ils frapperont la colline du Temple. »

Ainsi, lorsque Barak a été élu, comme prédit, à l'instant annoncé, je me suis empressé de faire passer des messages urgents à ses plus proches conseillers les priant d'avertir du danger le nouveau Premier ministre.

J'ai envoyé un fax au directeur scientifique du ministère de la Défense, le général Isaac Ben Israël : « Ce qui m'inquiète, c'est que, si le code a correctement prédit son élection, il peut aussi dire vrai lorsqu'il annonce que Barak dirigera Israël au moment le plus dangereux. »

Mais, après Camp David, Barak était tellement isolé qu'il refusait même d'écouter ses plus proches conseillers : il m'a fait répondre qu'il n'avait pas le temps de me rencontrer.

Je lui ai écrit une nouvelle fois : « L'affirmation "ils frapperont la colline du Temple" apparaît dans le code à côté de « Premier ministre E. Barak » aussi clairement que « l'assassin l'assassinera » était codé près de "Yitzhak Rabin". »

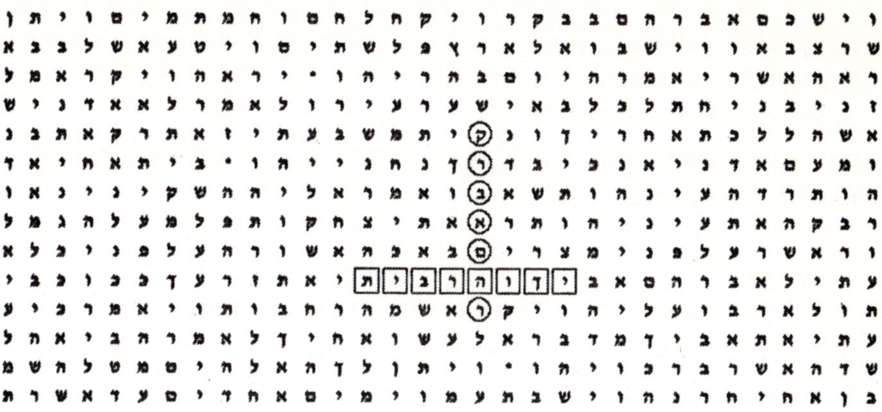

○ PREMIER MINISTRE E. BARAK □ ILS FRAPPERONT LA COLLINE DU TEMPLE

Barak était informé que les prédictions du code de la Bible ne cessaient de se vérifier. Le jour de l'assassinat de Rabin, l'homme qui avait transmis mon avertissement au Premier ministre avait appelé Barak et lui avait déclaré : « Le journaliste américain, il le savait il y a un an. Je l'ai dit au Premier ministre. C'était dans la Bible. »

En fait, Barak s'était personnellement penché sur le code de la Bible. C'est le général Ben Israël qui me l'avait confirmé. Après l'assassinat de Rabin, le nouveau Premier ministre, Shimon Peres, avait demandé à Barak, qui faisait partie du gouvernement, d'étudier la question.

« Il a aussi enquêté sur vous, a ajouté Ben Israël. Il a vérifié que vous n'étiez pas impliqué dans l'assassinat. »

Cela m'avait choqué, mais, au fond, c'était normal. Puisque j'avais appris un an à l'avance que Rabin allait être assassiné, il était plus facile pour Barak de penser que c'était parce que je participais au complot que d'admettre que la prédiction était contenue dans un texte datant de plus de trois mille ans.

« Vous aviez été mis hors de cause », m'a précisé Ben Israël.

Barak connaissait donc le code de la Bible. Il savait qu'il avait prédit l'assassinat de Rabin, et sa propre élection, un an à l'avance. Et il refusait pourtant de me rencontrer.

« Ne le prenez pas mal, m'a confié le général Ben Israël. Il ne parle plus à personne, pas même à ses plus proches conseillers, pas même à moi. Il est totalement isolé. »

Mais je ne pouvais pas faire comme si le danger n'existait pas. Non seulement « colline du Temple » croisait « Premier ministre E. Barak », mais « il a saboté la colline du Temple » était également codé à côté de « Ehoud Barak » avec l'année « 5760 » (2000).

Et le danger semblait être codé pour une date précise : « le 9 du mois d'av ». Dans la légende, c'est la date de la destruction du premier temple par les Babyloniens en 586 avant Jésus-Christ, et aussi celle de la destruction du second temple par les Romains en l'an 70 de notre ère.

Le matin du 9 av 5760, c'est-à-dire le 10 août 2000, j'ai donc vu le secrétaire à la Sécurité du cabinet de Barak, Isaac Herzog, fils d'un ancien président d'Israël, qui était l'un des proches du Premier ministre à qui j'avais envoyé une lettre pour qu'il la lui remette.

« Barak a fait placer les forces de sécurité en état d'alerte maximale, m'a-t-il assuré. Le Premier ministre prend la menace tout à fait au sérieux. Nous ne pouvons pas faire plus. »

Herzog m'a aussi affirmé que, la veille, il avait convoqué le chef de la police de Jérusalem pour l'avertir de la menace d'attentat et qu'il avait aussi mis en garde tous les autres hauts responsables de la sécurité au sujet d'un possible danger le 9 du mois d'av.

Tout le monde comprenait parfaitement qu'une attaque contre la colline du Temple pouvait sonner le début du djihad, la guerre sainte. Des extrémistes religieux de tout bord avaient déjà pris le site pour cible dans le passé, dans l'espoir de déclencher l'Apocalypse. Et l'an 2000 était perçu comme l'année de tous les dangers. En fait, un article du *New York Times* allait même jusqu'à poser la question : « Pendant l'année à venir, l'année du millénaire, au cours de laquelle certains chrétiens espèrent voir ressusciter le Christ, d'autres essaieront-ils de détruire la Coupole du Rocher ou la mosquée al-Aqsa toute proche pour mettre fin au processus de paix, pour hâter la fin des jours, ou les deux choses à la fois ? »

À ce propos, Cheikh Yacine, chef du groupe terroriste palestinien Hamas, déclarait : « Ce serait la fin d'Israël. »

J'ai donc montré à Isaac Herzog, le bras droit de Barak, l'endroit où « Barak » et « Arafat » apparaissent dans le texte codé à côté de « à la fin des jours ».

« Qu'en pense le professeur Rips ? m'a demandé Herzog.

– Il pense que la cooccurrence de "Arafat" et "Barak" exactement au même endroit où l'on trouve "à la fin des jours" ne peut être due au hasard », lui ai-je répondu.

Mais, en ce neuvième jour du mois d'av, il ne s'est rien produit. Aucun attentat ne fut perpétré contre la colline du Temple. Aucun fanatique, aucun terroriste n'a commis l'irréparable ce jour-là. Avais-je crié « au loup » sans raison valable ? Et si maintenant personne n'acceptait plus de m'écouter ?

J'ai néanmoins demandé à Herzog de m'aider à obtenir un rendez-vous avec le Premier ministre.

« Ce n'est plus possible. Barak refuse de voir qui que ce soit », m'a-t-il dit.

Je me suis donc tourné vers Yasser Arafat.

Le 13 août 2000, j'ai rencontré Abou Ala, le président du Parlement palestinien, sans doute le dirigeant le plus important après Arafat lui-même. C'est un petit homme vif, élégant, qui adore les cigares. Il ressemble à une version locale d'un politicien américain. Mais son bureau était dominé par une grande photo de la Coupole du Rocher.

Je lui ai remis une lettre destinée à Yasser Arafat. Je lui ai expliqué qu'il y avait dans la Bible un avertissement codé, une prophétie dont Arafat lui-même devait être informé. Il a attentivement lu ma missive. Quand il a eu fini, il était de toute évidence troublé.

Je m'attendais à devoir affronter son scepticisme, voire son hostilité. Ne s'agissait-il pas, après tout, d'un texte codé en hébreu, tiré du Livre sacré de l'ennemi ? Mais Abou Ala prenait les choses tellement à cœur qu'il s'est demandé à haute voix s'il ne devait pas remettre la lettre le jour même à Arafat, alors que celui-ci se trouvait en visite officielle en Chine...

« Il existe aussi des prédictions de ce type dans le Coran, a-t-il ajouté. Arafat est un vrai croyant. Je pense que cela l'intéressera. Plus que Rabin. »

Pourtant, les mois ont passé, et Abou Ala n'a jamais transmis ma lettre. Je n'avais aucun moyen de joindre Arafat. Je n'avais aucun moyen de joindre Barak. Je me suis donc tourné une nouvelle fois vers Clinton.

À la fin du mois de septembre 2000, alors que les pourparlers de paix étaient dans une impasse totale, j'ai envoyé une note à Podesta, le directeur de cabinet du président :

« Il est possible que le blocage entre Barak et Arafat, qui ne semble pas pouvoir céder à une solution politique rationnelle, puisse s'effacer devant une solution qui affronterait le problème dans ses propres termes.

« Le problème, c'est la religion. La solution, c'est peut-être le code de la Bible. »

Le jour où j'ai enfin reçu une réponse de la Maison-Blanche, le jour où John Podesta a accepté de me rencontrer, j'étais revenu en Israël, et il était déjà trop tard.

La deuxième Intifada venait de débuter.

La nouvelle guerre entre les Israéliens et les Palestiniens avait démarré à l'endroit prédit par le code : la colline du Temple. La veille de mon arrivée en Israël, le 28 septembre, le chef de la droite israélienne, Ariel Sharon, s'était rendu sur l'esplanade des Mosquées, en haut de la colline du Temple, protégé par une escorte de mille policiers. Le lendemain, le 29 septembre 2000, après la prière du vendredi, la nouvelle insurrection avait commencé : quatre jeunes Palestiniens qui jetaient des pierres sur les policiers sur l'esplanade avaient été abattus.

En fin de compte, l' « attaque » contre l'esplanade n'a pas été le fait d'extrémistes religieux ou de terroristes, mais celui d'un des plus importants hommes politiques israéliens, et a déclenché une spirale de violences qui n'ont pas cessé depuis.

Le nom « Sharon » apparaît aussi dans le texte codé à côté de « colline du Temple ».

○ COLLINE DU TEMPLE □ SHARON

Ainsi, la prédiction du code de la Bible que j'avais fait parvenir au Premier ministre Barak deux ans plus tôt s'était réalisée dans les moindres détails.

« Ils frapperont la colline du Temple », les mots qui recoupent « Premier ministre E. Barak », l'avertissement sur « la crise et la mort », tout faisait dorénavant partie d'une triste réalité.

Cependant, Barak refusait toujours de me rencontrer. Je me suis donc adressé à l'une des rares personnes qui avaient encore la confiance du Premier ministre assiégé, son beau-frère, Doron Cohen, un avocat de Tel-Aviv. Je lui ai remis une autre lettre destinée à Barak. Mais, avant qu'il ait pu la lire, notre conversation a été interrompue par un appel du bureau du Premier ministre.

« Il n'y aura pas d'entrevue, m'a-t-il déclaré en raccrochant. Deux soldats israéliens viennent de se faire lyncher à Ramallah. »

Les images diffusées par la télévision étaient épouvantables. Une foule en colère avait assiégé un poste de police palestinien en Cisjordanie, où étaient retenus deux jeunes soldats israéliens qui s'étaient égarés dans les territoires autonomes, et s'était emparée d'eux. Ils avaient été battus à mort, mutilés, et leurs corps avaient été jetés par une fenêtre. Un des assassins avait montré ses mains couvertes de sang, et la foule assemblée avait poussé des cris de joie.

En représailles, un hélicoptère avait rasé le quartier général de l'Autorité palestinienne à Ramallah et à Gaza. Il n'y avait pas eu pareille flambée de violence depuis la poignée de main entre Rabin et Arafat sur le perron de la Maison-Blanche, en 1993. C'était la guerre.

Deux jours plus tôt, je m'étais rendu, à Gaza, dans un des bâtiments détruits par les Israéliens pour y rencontrer le ministre des Affaires étrangères palestinien, Nabil Sha'ath. Mon chauffeur m'avait déposé du côté israélien, et j'avais traversé un no man's land grand comme deux terrains de football sous un soleil accablant. C'était le douzième jour depuis le début des émeutes, qui avaient déjà coûté plus de cent vies humaines.

Le secrétaire général de l'ONU, Kofi Annan, venait d'arriver en Israël, et le ministre russe des Affaires étrangères, Sergueï Ivanov, était en route. En raison des événements, mon rendez-vous avec Sha'ath avait été retardé.

« C'est quoi, ce livre avec tous ces mots en hébreu ? » m'a-t-il demandé en brandissant un exemplaire de *La Bible : le code secret.*

Je lui ai montré la couverture, où l'on peut lire les mots « l'assassin l'assassinera » et « Yitzhak Rabin ». Je lui ai confié que j'étais venu pour avertir Arafat, par son intermédiaire, d'un danger encore plus grave.

« Le président Arafat croit aux prophéties, a déclaré Sha'ath, dont l'hostilité semblait s'être évaporée. Cela le troublera. En 1997, des gens qui peuvent lire l'avenir l'ont prévenu que sa vie était en danger, et il en a été secoué des mois durant. Sa lèvre inférieure tremblait. Tout le monde imaginait qu'il était malade. Mais ce n'était pas la maladie : c'était la prophétie.

« Je lui donnerai ceci, mais je dois attendre le bon moment, peut-être lorsque les troubles actuels seront terminés.

– Ce sera sans doute trop tard, lui ai-je répondu. Je ne pense pas que les troubles prendront fin de sitôt. Si le code dit vrai, il ne s'agit plus de choisir entre la paix et les émeutes, mais entre la paix et l'anéantissement. »

Sha'ath m'a avoué qu'il croyait dans la paix. Deux jours plus tard, le bâtiment dans lequel nous nous trouvions n'était plus qu'un monceau de gravats.

Deux mois après l'échec de Camp David, alors que la paix qui semblait si proche se voyait réduite en lambeaux, deux semaines seulement après que le directeur de cabinet du président Clinton avait accepté de me recevoir, j'étais devant l'entrée de la Maison-Blanche et je m'apprêtais à l'avertir que nous étions entrés dans « la fin des jours ».

Il était 14 h 30 lorsque l'agent du Secret Service m'a ouvert le passage et que j'ai été conduit jusqu'à son bureau.

John Podesta est un homme calme, réservé, mince et élancé comme un fil. Il m'a assuré avoir remis mon livre en main propre au président Clinton et m'a déclaré qu'il l'entretiendrait à nouveau du code de la Bible dès que le président serait revenu d'un ultime sommet avec Arafat et Barak en Égypte, où il s'efforçait d'obtenir un cessez-le-feu.

« J'en ai déjà parlé au président, m'a-t-il répété, et je lui en parlerai encore.

– Quelles sont les nouvelles ? » lui ai-je demandé.

Podesta a secoué la tête.

« Elles ne sont pas bonnes. Cela ne se présente pas bien. »

J'ai alors décidé de tout lui révéler parce que le danger me paraissait bien plus réel que deux mois plus tôt, lorsque le sommet de Camp David avait suscité tant d'espoirs.

J'ai dit sans ambages à Podesta que, selon le texte caché de la Bible, nous étions entrés dans ce moment de danger ultime annoncé par les trois monothéismes : « la fin des jours ».

Je lui ai montré la grille de mon livre où se rejoignaient les deux passages bibliques sur « la fin des jours ». Puis j'ai entouré les noms d'Arafat et de Barak, qui apparaissent exactement au même endroit.

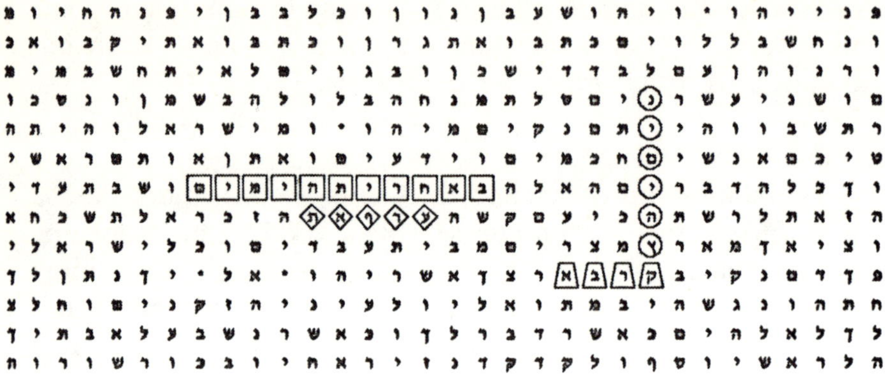

○ FIN DES JOURS □ À LA FIN DES JOURS ◇ ARAFAT □ E. BARAK

Podesta a étudié la grille attentivement. Il a longuement examiné les noms des deux dirigeants, épelés en toutes lettres dans un texte vieux de trois mille ans, à côté de l'expression « la fin des jours ».

« Quel est le sens de tout cela ? m'a-t-il demandé.

– Je ne sais pas exactement ce que veut dire “la fin des jours”, mais cela désigne certainement une période de très grand danger. Dans le livre de Daniel, il est écrit : “Puis viendra un temps de troubles, tels qu'il n'en a jamais existé depuis qu'il y a des nations”.

– S'agissant d'Israël, il y a une foule de possibilités, m'a répondu Podesta – or il connaissait parfaitement le sens biblique de l'expression “la fin des jours”. Ce qui m'intéresse, a-t-il ajouté, c'est ce que cela signifie pour le monde aujourd'hui. »

Je lui ai alors montré quelque chose de tout à fait incroyable : là où « Arafat » est épelé sous « la fin des jours », le nom fait partie d'une phrase : « Arafat s'entête. »

« Là-dessus, le code ne se trompe pas », a été la remarque de Podesta.

○ FIN DES JOURS □ À LA FIN DES JOURS □ BARAK
◇ ARAFAT S'ENTÊTE

Puis je lui ai signalé qu'à l'endroit où « Barak » apparaît transversalement à la seconde occurrence de « la fin des jours », au-dessus le texte caché dit « Barak dans une bataille de votre pays ».

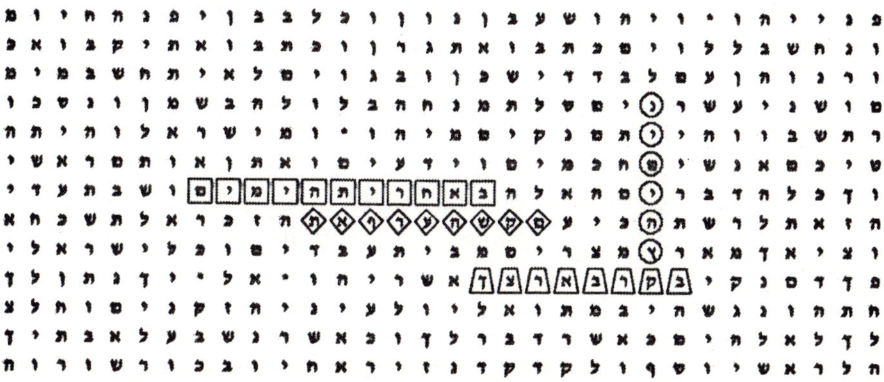

○ FIN DES JOURS □ À LA FIN DES JOURS ◇ ARAFAT S'ENTÊTE
□ BARAK DANS UNE BATAILLE DE VOTRE PAYS

« Il y a de bonnes nouvelles ? » m'a demandé Podesta.

Je lui ai alors indiqué que le mot « paix » est codé juste au-dessus de « fin des jours ». Et je lui ai également montré que, entrelacé avec « paix », il y a « terreur ».

○ FIN DES JOURS □ À LA FIN DES JOURS ◇ ARAFAT S'ENTÊTE
□ BARAK BATAILLE DE VOTRE PAYS □ PAIX ◇ TERREUR

« Vous appelez cela des bonnes nouvelles ?

– Je pense que c'est la vérité, lui ai-je répondu. Je pense que nous ne pourrons pas éviter une bataille entre la paix et le terrorisme. Même si on obtient la paix, même si le président Clinton accomplit un miracle, cela ne dissipera pas pour autant le danger. Peut-être même n'en sera-t-il que plus grand.

« Cet avertissement domine tout le reste et nous met très clairement en garde contre un danger actuel, car il est mathématiquement impossible que “Arafat”, “Barak” et “la fin des jours” soient codés côte à côte par le simple fait du hasard.

« Selon le code de la Bible, nous entrons dans “la fin des jours”.

– En ce moment même ? a demandé Podesta.

– Si le code dit vrai, ce qui se passe maintenant n'est qu'un début. Le danger ultime, c'est celui d'un “holocauste nucléaire”, une “guerre mondiale” qui éclaterait au Proche-Orient.

– Quand ? Où ?

– Le code semble dire que la troisième guerre mondiale pourrait commencer par un acte de terrorisme, ai-je répondu. La seule ville citée dans le texte caché est “Jérusalem”. »

J'ai alors expliqué à Podesta que le danger était clairement codé à côté d'une date : « holocauste nucléaire » et « guerre mondiale » apparaissaient avec « en 2006 ».

« Dans cinq ans ?

– J'ignore ce qui se produira demain. La seule chose que je sache, c'est que le code existe. Et je ne peux donc m'empêcher de penser que ses mises en garde sont probablement tout aussi réelles. »

Podesta me donnait l'impression de prendre tout cela à cœur. Il parlait peu mais écoutait attentivement, et il avait donné l'ordre qu'on ne nous interrompe pas pendant notre entretien, lequel a duré presque une heure.

Je lui ai dit que je revenais du Proche-Orient, et que ce dont j'avais été le témoin sur place m'emplissait d'inquiétude, que j'avais rencontré de nombreux proches de Barak et d'Arafat, et que je ne voyais qu'une seule manière d'obtenir une percée.

« J'ai discuté avec Abou Ala à Ramallah, puis avec Nabil Sha'ath à Gaza, et ils m'ont répété tous deux : “Arafat prendra cela au sérieux”, ai-je expliqué à Podesta.

« Arafat croit aux prophéties. Je suppose que cela peut constituer une ouverture. »

Podesta paraissait s'intéresser à cette possibilité par-dessus tout, peut-être parce que, pour la Maison-Blanche, le principal problème venait d'Arafat. Clinton n'avait pas ménagé ses efforts pour le convaincre, et il avait été très déçu lorsque Arafat avait laissé passer la chance de faire la paix à Camp David.

J'ai déclaré à Podesta que le président aurait tort de traiter Arafat comme s'il s'était agi de Rabin ou de Peres.

« Je pense qu'Arafat est un mystique, lui ai-je dit. Il croit en sa propre destinée. Il imagine qu'il est l'instrument d'une puissance supérieure. C'est peut-être pour cela que les avertissements du code de la Bible pourraient le convaincre.

– Si vous parvenez à le rencontrer, appelez-moi », a dit Podesta.

À la fin de notre entretien, j'ai demandé à Podesta s'il était croyant. Il m'a répondu : « Oui ». Je lui ai alors demandé s'il était capable de croire à l'existence du code de la Bible. Il m'a répondu :

« Oui, j'en suis capable.

– Eh bien, cela est sans doute beaucoup plus facile pour vous que pour moi », lui ai-je rétorqué.

Podesta a ri.

« Clinton aussi est croyant, a-t-il poursuivi. Je ne sais pas s'il croit aux prophéties, mais il croit en Dieu, et il connaît parfaitement la Bible.

– Cela ne m'étonne pas. Après tout, c'est un politicien du Sud », lui ai-je fait remarquer.

Podesta a ri une nouvelle fois. Puis il a répété :

« Il croit *vraiment* en Dieu.

– Pourriez-vous m'organiser un rendez-vous avec le président ? »

Podesta m'a assuré qu'il s'en occuperait.

« Je vous ferai signe dès que ce sera possible, a-t-il ajouté comme je me levais pour partir. Après ce que vous venez de me révéler, cela va vous sembler ridicule, mais il faut que je consulte son agenda. Ce n'est pas une période facile pour lui. Son mandat se termine dans quelques mois, et il y a beaucoup à faire. »

En me dirigeant vers la sortie, j'ai été frappé par l'importance de l'heure, de la personne que je venais de rencontrer, de ce que je venais de lui dire et de ce qui se passait à ce moment-là dans le monde.

Était-ce l'endroit – la Maison-Blanche, haut lieu du pouvoir dans le monde moderne – ou bien parce que j'avais été plongé pendant deux semaines dans une violence qui avait fait voler en éclats la paix scellée ici même par Rabin et Arafat lors d'une poignée de main historique ? Je m'interrogeais, mais une chose était sûre : l'instant avait une intensité très différente de tout ce que j'avais vécu jusque-là, et cela me faisait craindre que tout ce qui se produisait ne fût très réel.

J'avais le sentiment que Podesta, sans doute l'homme qui voit le plus souvent le président des États-Unis, s'intéressait à l'existence du code de la Bible avant notre rencontre, et je me disais qu'il en était probablement de même pour le président Clinton.

Ces mots, « la fin des jours », que j'avais à peine osé prononcer, de peur de faire figure de dément, ne paraissaient pas l'avoir choqué outre mesure.

C'est alors que j'ai compris que j'appartenais à une petite minorité. Que tout le monde ou presque était pratiquant ou, du moins, croyait en Dieu. Que des hommes comme le président ou son directeur de cabinet avaient grandi en lisant les récits bibliques de « la fin des jours », qu'ils en avaient entendu parler à l'église, et qu'ils acceptaient tout cela comme faisant partie de la réalité.

C'était pour moi assez étrange. Je venais d'affirmer à l'un des principaux adjoints du président que nous venions d'entrer dans « la fin des jours », et il semblait m'avoir pris au sérieux ; il avait ajouté qu'il avait déjà évoqué le sujet avec Bill Clinton et qu'il en discuterait à nouveau avec lui...

C'est pour cette raison qu'en m'éloignant de la Maison-Blanche tout m'a paru encore plus réel qu'avant. Quelque chose de terrible, voire de fatal, qui avait été prédit il y a plus de trois mille ans allait peut-être s'abattre sur nous.

4

Cela existe

Le jour même où s'ouvrait le sommet de Camp David, la preuve m'a été fournie que je ne me trompais pas d'endroit pour essayer de découvrir la « clé du code ».

Parallèlement à l'expression « code de la Bible », on trouve dans le texte caché la phrase « cela existe à Lisan ».

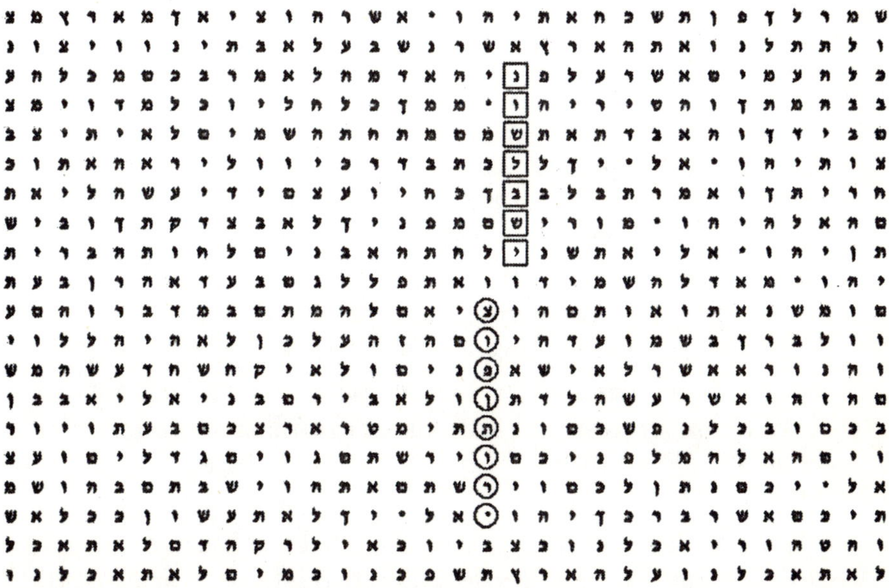

○ CODE DE LA BIBLE ☐ CELA EXISTE À LISAN

Mais c'était mieux qu'une simple preuve que je cherchais bien là où il fallait. En hébreu, *lisan* signifie entre autres « langage ». Et la phrase codée qui apparaissait parallèlement à « code de la Bible » voulait aussi dire : « Cela existe dans le langage de l'homme. »

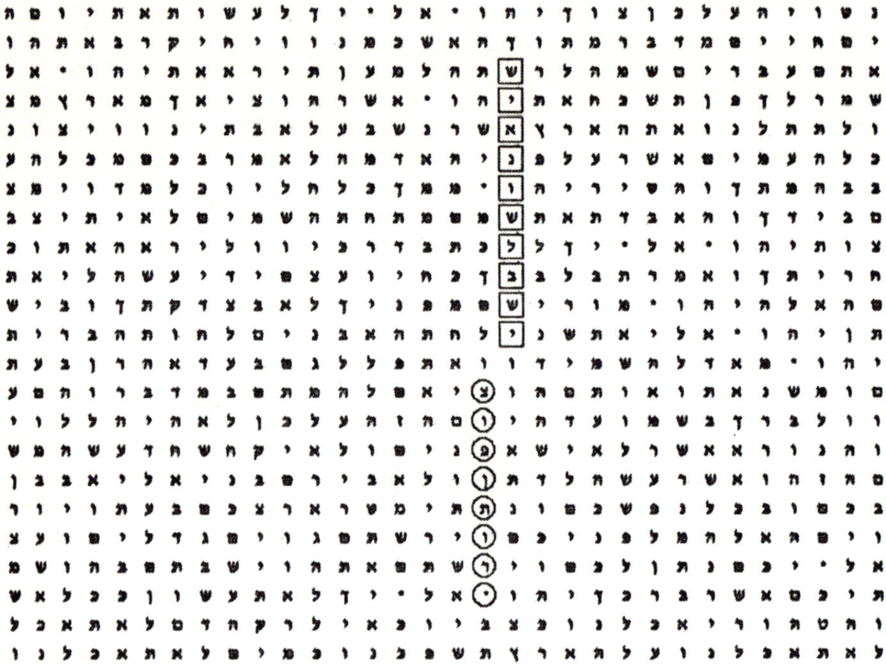

○ CODE DE LA BIBLE □ CELA EXISTE DANS LE LANGAGE DE L'HOMME

« Cela existe dans le langage de l'homme » : j'avais enfin la preuve que le code de la Bible nous était assigné, était destiné à être élucidé par l'homme.

J'ai appelé Eliyahu Rips. Ces dernières trouvailles étaient le résultat d'une découverte réalisée par le mathématicien qui écrivait les programmes d'ordinateur dont il se servait, le professeur Alex Rotenberg.

L'expression « code de la Bible » était épelée avec une séquence de sauts de lettres très courte, bien plus courte que ce que ne prévoyaient les lois des probabilités. Pour Rips, c'était une nouvelle preuve mathématique.

« C'est une démonstration élégante et simple, a déclaré Rips, parce qu'une même longue expression, “code de la Bible”, apparaît deux fois avec des sauts de lettres rapprochés. Personne ne pourrait trouver quoi que ce soit de semblable dans un autre texte que la Bible. »

Cela avait une signification spéciale, parce que « code de la Bible » était le codage le plus fondamental de tous les codages possibles.

Mais Eliyahu Rips était encore plus troublé par ma nouvelle découverte.

« C'est très beau, cela ne fait pas de doute, a-t-il dit. Cela signifie que le code est écrit dans notre langue, et qu'il est donc accessible, qu'il n'exige pas des capacités ou des connaissances surhumaines. »

La probabilité que « code de la Bible » apparaisse au même endroit, avec la même séquence courte de sauts de lettres, que « cela existe à Lisan/cela existe dans le langage de l'homme », était si infime qu'elle était incalculable.

Je ne pouvais m'empêcher d'être frappé par le fait que cette nouvelle confirmation de la réalité du code et de ma quête de la clé intervenait alors même que le sort d'Israël et celui du monde semblaient être suspendus aux pourparlers que Barak et Arafat allaient engager sous l'égide de Clinton à Camp David.

Ainsi, au moment précis où j'essayais de laisser provisoirement de côté mes spéculations archéologiques pour me concentrer sur les dangers codés dans la Bible – où je m'efforçais d'avertir le président Clinton de l'approche de « la fin des jours » –, le code lui-même paraissait vouloir me ramener à la recherche de la « clé ».

Peut-être était-il devenu plus important que jamais d'obtenir la preuve ultime de la réalité du code, afin que ses mises en garde puissent être pleinement comprises – et écoutées ?

Peut-être l'heure était-elle venue de déterrer cette clé antique qui « existait à Lisan », qui « existait dans le langage de l'homme » ?

La découverte de Rips et Rotenberg, ainsi que ma compréhension soudaine que « cela existe à Lisan/cela existe dans le langage de l'homme » est codé parallèlement à « code de la Bible », constituait l'affirmation la plus claire qu'il m'ait été donné de voir jusqu'alors que nous étions sur la bonne voie.

J'ai fait remarquer à Rips que nous avions déjà découvert une phrase très proche par le sens dans le texte caché, à côté de « clé du code », au même endroit où sont aussi les mots « obélisques » : « dans nos mains pour [le] résoudre ».

On aurait dit que le « Codeur » nous encourageait dans notre quête.

Mais la nouvelle grille codée était bien plus intéressante encore. Ici, le texte même de la Bible parle de « deux tablettes de pierre », transversalement à « cela existe dans Lisan/cela existe dans le langage de l'homme ».

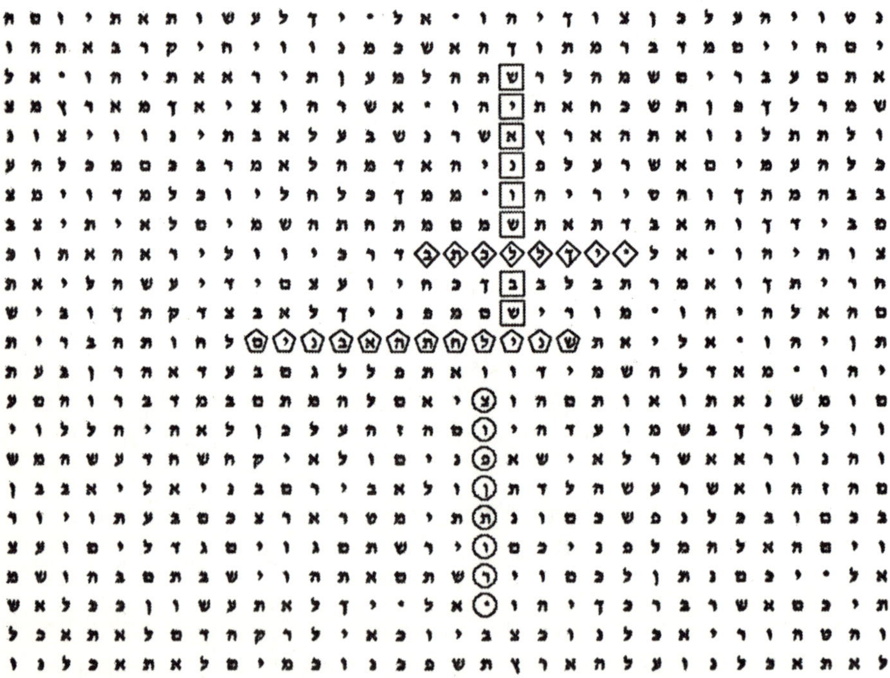

○ CODE DE LA BIBLE □ CELA EXISTE DANS LE LANGAGE DE L'HOMME
◇ DEUX TABLETTES DE PIERRE ⬠ PALAIS/TEMPLE POUR L'ÉCRIVAIN

Une autre expression, « palais/temple pour l'écrivain », recoupe également « cela existe à Lisan ». Cela signifiait-il que nous trouverions davantage qu'un obélisque ? L'obélisque faisait-il partie d'un palais ou d'un temple construit pour abriter la clé du code, voire le Codeur lui-même ?

Brusquement, j'ai eu la certitude que le Codeur se révélait à nous. Le simple fait que le code de la Bible affirmait « cela existe dans le langage de l'homme » nous indiquait que nous pouvions lire le code, mais paraissait en même temps suggérer qu'il avait une origine non humaine, qu'il provenait de quelque intelligence étrangère qui cherchait à entrer en communication avec nous.

Sur la même grille codée, l'autre mot hébreu pour « obélisque » apparaît transversalement à « il a gravé, vous ouvrirez ».

Cette grille extraordinaire semblait confirmer l'orientation que prenait notre quête de la « clé du code ». Et suggérer qu'elle nous conduirait encore plus loin.

Il y a un troisième sens possible de la séquence de caractères hébreux qui correspondent à « cela existe à Lisan » et « cela existe dans le langage de l'homme ».

Ces mêmes mots peuvent aussi signifier : « l'homme existe à Lisan ».

Cela pouvait-il sous-entendre que nous trouverions dans le sous-sol de la péninsule non seulement l'origine du code, mais aussi celle de l'humanité ou, du moins, de l'homme moderne ?

Depuis le début, à mon avis, on ne pouvait attribuer au simple hasard le fait que « Lisan » veut dire « langage », une double interprétation qui serait virtuellement taillée sur mesure pour le code de la Bible. Mais, en outre, le « langage » n'est-il pas un caractère fondamental du genre humain ? Cette capacité si spéciale n'est-elle pas ce qui nous distingue par-dessus tout de toutes les autres créatures ?

Et ce n'était pas tout. « Mazra'a », le deuxième nom de lieu qui apparaît dans le contexte de la « clé du code », celui de cette baie qui a l'air d'être l'emplacement du « trésor », a un autre sens, très significatif, en hébreu : « ensemencé ». Pris conjointement, « langage » et « ensemencé » semblent révéler un troisième niveau de sens encore plus profond.

Cette troisième interprétation de la grille codée qui jouxte « code de la Bible », « l'homme existe à Lisan » nous signale-t-elle le moment où l'homme moderne a été « ensemencé », celui où il a acquis ce don spécial particulier, le « langage » ?

Pour finir, il existe une quatrième interprétation de cette même séquence de lettres : « un homme reviendra à Lisan ». C'était difficile à croire, mais on aurait dit que notre expédition était prédite...

De retour à New York, j'ai découvert une nouvelle grille codée confirmant de manière indiscutable que c'était bien à Lisan qu'il fallait chercher. En outre, elle établissait un nouveau lien entre Lisan, l'origine du langage, et l'emplacement de la clé du code.

En hébreu, « Bible de Lisan » ou « Torah de Lisan » peut également signifier « lois du langage », ou « linguistique ». Cette expression apparaît dans le texte caché, à côté de « codé ».

C'est tout à fait remarquable : transversalement au seul verset de la Bible où est cité le nom de la péninsule, « Lisan, langue de mer », le texte caché parle de la « Torah de Lisan ».

Et dans le texte codé de ce même verset, Nombres 26.15, « clé antique » chevauche « Lisan, langue de mer ». En hébreu, les mêmes lettres épelant les mots : « carte du détecteur ».

Le mot « codé » qui barre « Torah de Lisan » apparaît deux fois dans ce verset, et cela a deux significations en hébreu : « caché » et « nord », une nouvelle description du site, le cap à l'extrémité nord de cette péninsule qui s'enfonce dans la mer Morte.

○ TORAH DE LISAN □ CODÉ ◇ CLÉ ANTIQUE □ LISAN, LANGUE DE MER

Les multiples sens de toutes ces phrases s'emboîtaient trop parfaitement pour être le simple fruit du hasard.

Les « lois du langage » elles-mêmes sont codées dans la Bible : la « Torah de Lisan » allait-elle révéler les origines du langage et nous livrer la « clé » du code de la Bible ?

On trouve aussi codé « langage originel ». En hébreu, cela peut également vouloir dire « Lisan est l'origine ». « Code » et « cap » apparaissent au même endroit.

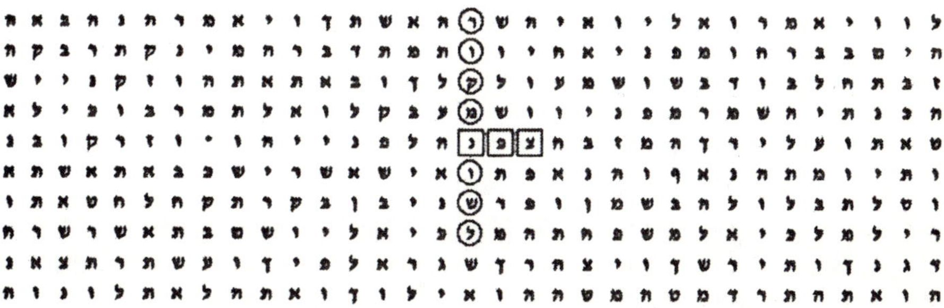

○ LANGAGE ORIGINEL □ CODÉ

Pouvait-on imaginer preuve plus claire que nous étions sur la bonne piste ? Mieux encore, cela semblait indiquer que la piste en question était celle de l'origine de ce don qui place l'homme dans une catégorie à part : le langage.

Ainsi, d'une certaine manière, tout cela avait à voir avec le « langage ». Ce n'était certainement pas un hasard si le nom même de la péninsule, « Lisan », signifie précisément « langage » en hébreu.

Lors de mon séjour suivant en Israël, j'ai montré à Eliyahu Rips l'endroit où « code de la Bible » recoupe, dans le texte caché, « dictionnaire », et où « Lisan » est également codé.

○ CODE DE LA BIBLE ◇ DICTIONNAIRE □ LISAN

« Regardez le texte de la Bible au même endroit », m'a dit Rips en indiquant du doigt le verset en question, Genèse, 10, 5, où « Lisan » et « dictionnaire » recoupent « code de la Bible », et qui raconte l'origine des premières nations.

« Par ceux-ci les nations étaient-elles divisées en leurs terres, chacune selon sa langue. »

Lus à l'envers, les mêmes caractères hébreux disaient : « Vous trouverez la quête du dictionnaire, quelque chose de volé, le don de la vérité. »

Puis Rips a perçu quelque chose d'encore plus extraordinaire. Un autre verset de la Bible où il est aussi question de langage recoupe aussi « code de la Bible », là où cette expression apparaît avec « Lisan », juste en dessous de « dictionnaire ».

C'est la célèbre histoire de la tour de Babel, racontée dans la Genèse 11.7 : « Viens, descendons et confondons leur langage, pour qu'ils ne puissent plus se comprendre les uns les autres. »

Les deux versets de la Bible qui parlent le plus clairement possible du langage recoupent l'expression « code de la Bible » à l'endroit où celle-ci s'inscrit transversalement à « dictionnaire » et est codée avec « Lisan »... qui veut aussi dire « langage ». Pour parachever le tout, sur la même grille, « clé » croise « programme d'ordinateur ».

J'ai examiné une nouvelle fois les occurrences de « clé du code ». Et j'ai alors remarqué transversalement le mot « dictionnaire ». Le texte semblait affirmer quelque chose de stupéfiant : « le dictionnaire, et il a été ouvert ».

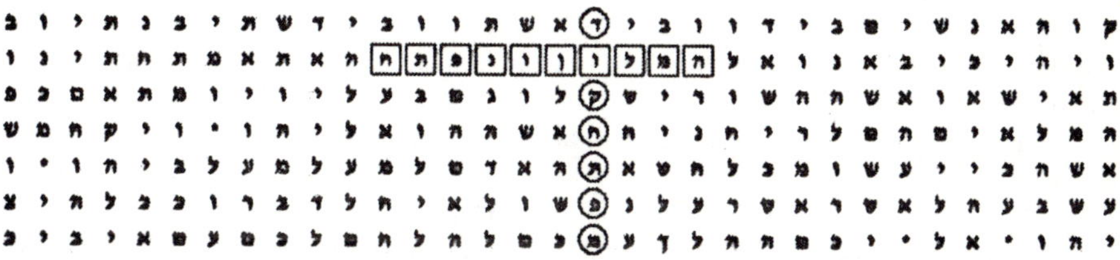

○ CLÉ DU CODE □ LE DICTIONNAIRE, ET IL A ÉTÉ OUVERT

On trouve aussi « dictionnaire des obélisques ». Et, au même endroit, on peut lire : « la tablette a donné vitalité à l'obélisque ». Cela suggérait-il que l'objet de nos recherches était autre chose qu'un pilier gravé, qu'un dictionnaire inscrit dans la pierre, un objet pouvant être activé, peut-être une forme d'intelligence artificielle, une sorte d'ordinateur ?

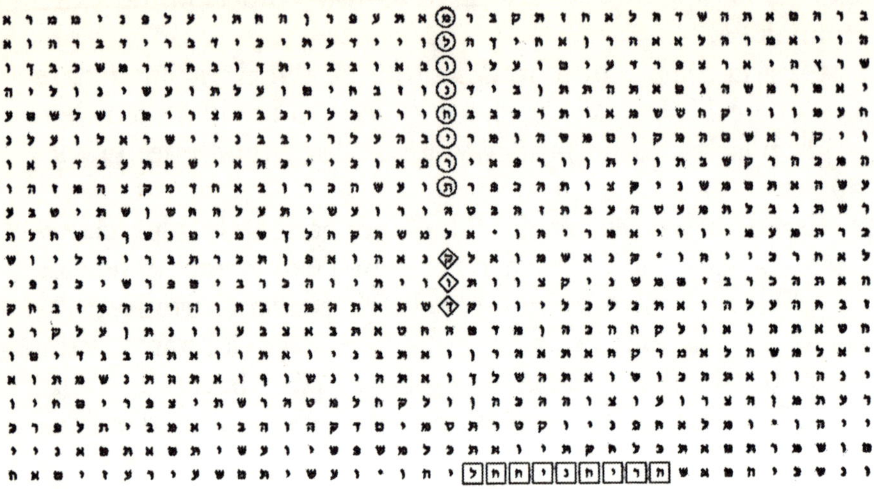

○ DICTIONNAIRE DES OBÉLISQUES ◇ CODE □ LA TABLETTE A DONNÉ DE LA VITALITÉ AUX OBÉLISQUES

Enfin, j'ai découvert que « codeur » et « décodeur » recoupent tous deux « dictionnaire ».

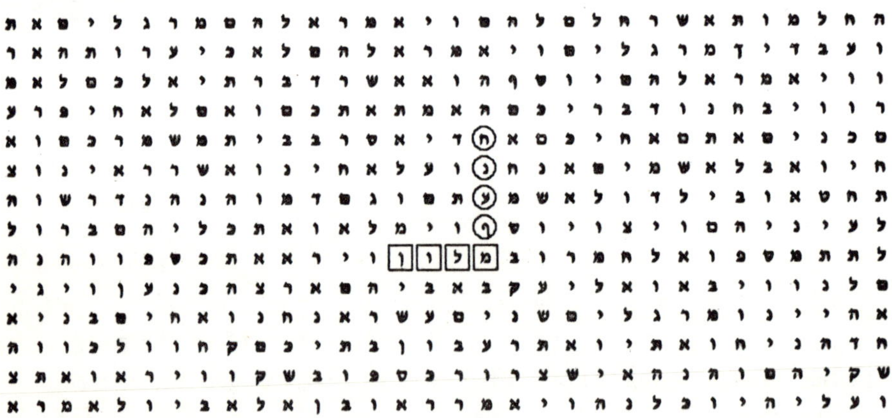

○ DÉCODEUR □ DICTIONNAIRE

Les quatre expressions les plus fondamentales, « code de la Bible », « clé du code », « codeur » et « décodeur », recoupent le mot « dictionnaire ». Cela ne pouvait être dû au hasard.

De toute évidence, une sorte de lexique définissant le code, un « dictionnaire », se trouvait à Lisan, la péninsule dont le nom veut aussi dire « langage ».

○ CODEUR □ DICTIONNAIRE ◇ IL CODERA

Ce lexique était-il rédigé en hébreu ou dans quelque autre langue ? Le code lui-même se contentait d'affirmer qu'il existait « dans le langage de l'homme ». Pouvait-il s'agir de la langue originelle de l'humanité ?

Peut-être le « dictionnaire » était-il une sorte de pierre de Rosette, cette stèle gravée découverte par Champollion qui a permis aux archéologues de déchiffrer les hiéroglyphes, ces caractères imagés qui recouvrent les pyramides et les obélisques pharaoniques ? La pierre de Rosette comportait un même texte en hiéroglyphes et en grec, et cela avait permis de comprendre que les mystérieux dessins étaient un alphabet.

Le « dictionnaire » de Lisan nous révélerait-il le protolangage de toute l'humanité, « le langage de l'homme » ?

J'ai demandé à Rips si cela ne pouvait pas aussi vouloir dire que la « clé du code » était transcrite dans une langue autre que l'hébreu, peut-être la langue originelle, unique, de l'humanité.

« La langue originelle de l'homme, c'est l'hébreu, m'a-t-il répondu, catégorique.

« L'hébreu est la langue dans laquelle est composée la Torah, et la Torah a été créée avant le monde, m'a patiemment expliqué Rips. Le dialogue d'Adam avec Dieu s'est déroulé en hébreu. »

Avec le plus grand tact, j'ai suggéré que, si le récit du dialogue entre Adam et Dieu était en hébreu, c'était parce que la Torah était rédigée en hébreu, pas nécessairement parce que c'était la langue qu'ils parlaient.

Mais Rips était formel :

« Non. Ce dialogue s'est déroulé en hébreu. Cela ne fait pas l'ombre d'un doute.

« Cela va bien plus loin, a-t-il poursuivi. Les symboles, les lettres elles-mêmes, les racines des mots, ce ne sont pas simplement des symboles. Ils ont une signification indépendante et sont reliés individuellement aux choses qu'ils nomment. »

Rips se référait à la tradition du Talmud et du Midrash, les commentaires anciens de la Bible. Tous les Juifs religieux croient que Dieu a créé la Torah avant de créer le monde, que non seulement l'hébreu en est la langue originelle, mais que chaque mot hébreu incarne l'essence de la chose qu'il nomme et que chaque lettre de l'alphabet hébreu est une brique de l'édifice de la Création.

« Le langage est une partie de la création du monde, a enchaîné Rips. Le langage préexiste au monde, parce que la Torah préexiste au monde. Puisque le code et la Torah ont été élaborés en même temps, le code aussi préexiste au monde. »

Et Rips de citer la plus haute autorité, le sage à qui l'on doit le commentaire le plus célèbre de la Torah, Rashi. Il m'a montré que là où il est dit dans la Genèse : « Et toute la Terre avait une seule langue », Rashi écrit : « ... une seule langue : la langue sacrée [l'hébreu] ».

Je trouvais admirable l'assurance de Rips. Or je n'aurais pas été surpris d'apprendre que la « clé du code » était écrite dans une langue totalement inconnue.

Personne ne connaît l'origine du langage.

L'affirmation du code de la Bible, « cela existe dans le langage de l'homme », restait une énigme pour moi, jusqu'à ce que l'on ait annoncé une découverte scientifique surprenante.

C'était dans le *New York Times* : « Une équipe de généticiens et de linguistes annoncent qu'ils ont détecté un gène impliqué dans la parole et le langage. »

La nouvelle, si elle se révélait vraie, soulevait une question formidable : à quel moment ce don spécifiquement humain avait-il émergé ? Avait-il évolué ou était-il apparu soudainement ? Et comment ?

« Le gène du langage » est codé dans la Bible, et il croise un texte caché qui semble apporter une réponse : « le gène de Dieu ».

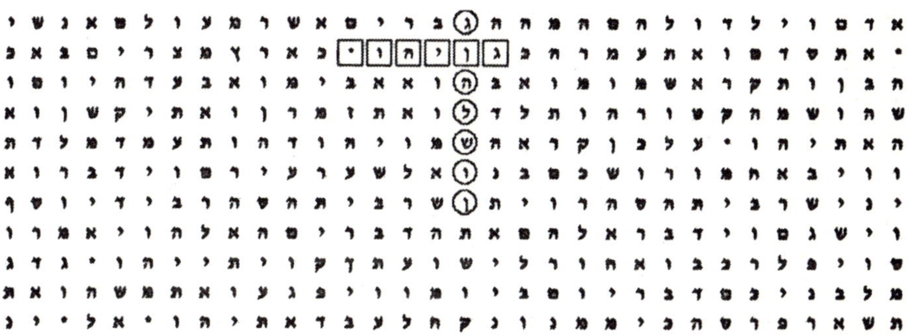

○ LE GÈNE DU LANGAGE □ LE GÈNE DE DIEU

Selon le code de la Bible, « Dieu » nous a donné le don du langage. Une sorte de mise au jour génétique. Et la Bible pose clairement un lien entre « langage » et « code », comme si les deux étaient toujours intimement apparentés, inhérents l'un à l'autre.

L'expression « gène du langage » est codée au même endroit que les premiers mots que j'ai découverts à côté de « clé du code » : « bouche des obélisques » et « seigneur du code ».

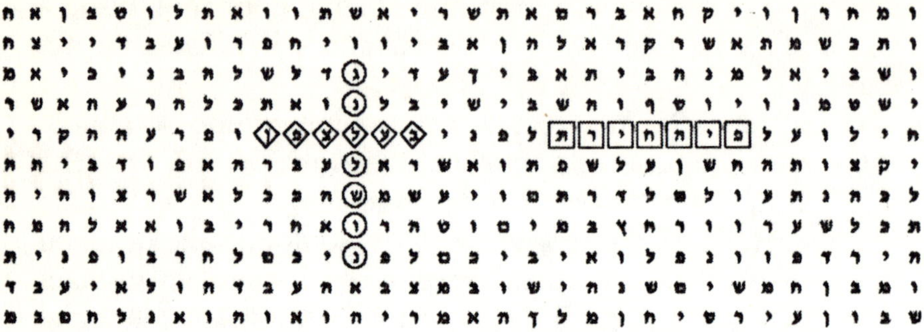

○ GÈNE DU LANGAGE ◇ SEIGNEUR DU CODE □ BOUCHE DES OBÉLISQUES

Les mots « gène du langage » sont codés une troisième fois avec « obélisques », « clé antique » et « Lisan, langue de mer ».

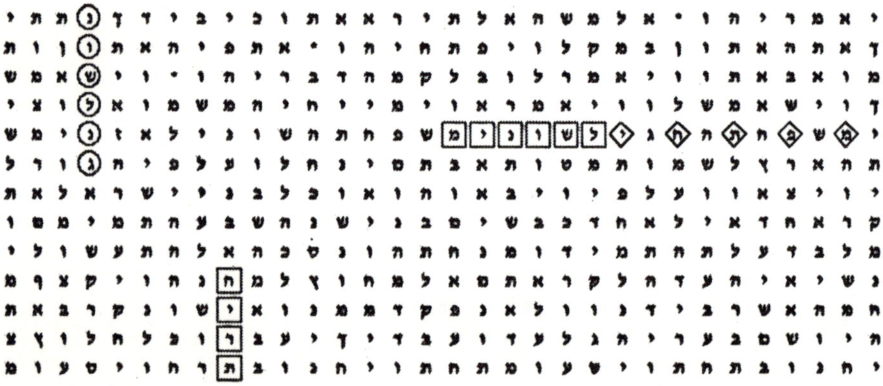

○ GÈNE DU LANGAGE □ OBÉLISQUES ◇ CLÉ ANTIQUE □ LISAN, LANGUE DE MER

Le lieu était indiqué de manière on ne peut plus claire. Dans le livre de Josué, le seul de la Bible où est décrit le lieu de mes fouilles archéologiques, le « gène du langage » est codé transversalement au verset qui en définit les limites (Josué 15.5) : « la frontière vers la rive nord de Lisan, la langue de la mer ».

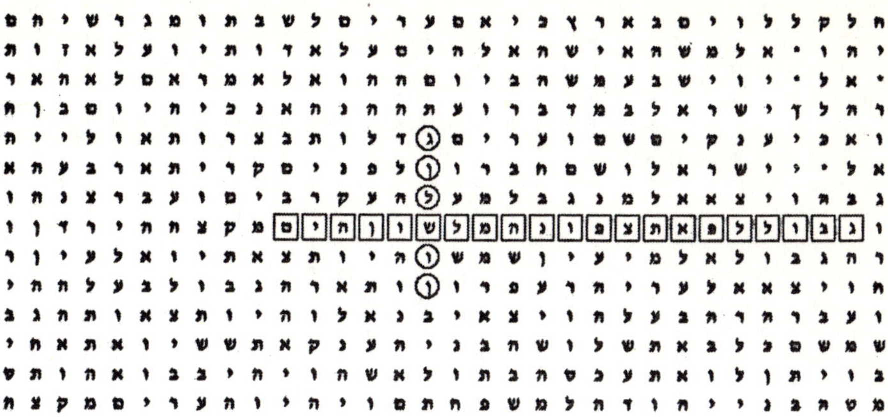

○ GÈNE DU LANGAGE ☐ LA FRONTIÈRE VERS LA RIVE NORD DE LISAN

C'est une description qui convient parfaitement au cap que forme l'extrémité nord de la péninsule, là où la mer Morte devient la baie de Mazra'a. Et, sur la même grille, le code affirme que le « gène du langage » peut être trouvé là-bas : « en parfaite condition, jusqu'à ce jour ».

Mais l'occurrence la plus intéressante de l'expression « gène du langage » apparaît dans un autre livre de la Bible, celui d'Ézéchiel.

Le mot « génie » y croise « gène du langage », et, juste en dessous, on peut lire : « chez les humains ».

Et dans le texte même du livre d'Ézéchiel, sur la même grille codée, les mots cachés de la Bible disent : « pour concevoir un gène, Dieu pour l'homme ».

Le code de la Bible semble certifier que l'homme a été intentionnellement doté d'une capacité unique pour le langage. Cela va dans le sens des thèses du linguiste Noam Chomsky, lequel a suggéré pour la première fois, il y a quarante ans, que le langage est une faculté innée, et que nous sommes dotés d'une machinerie cérébrale spécifique pour cette faculté. C'est cela qui fait de nous des humains.

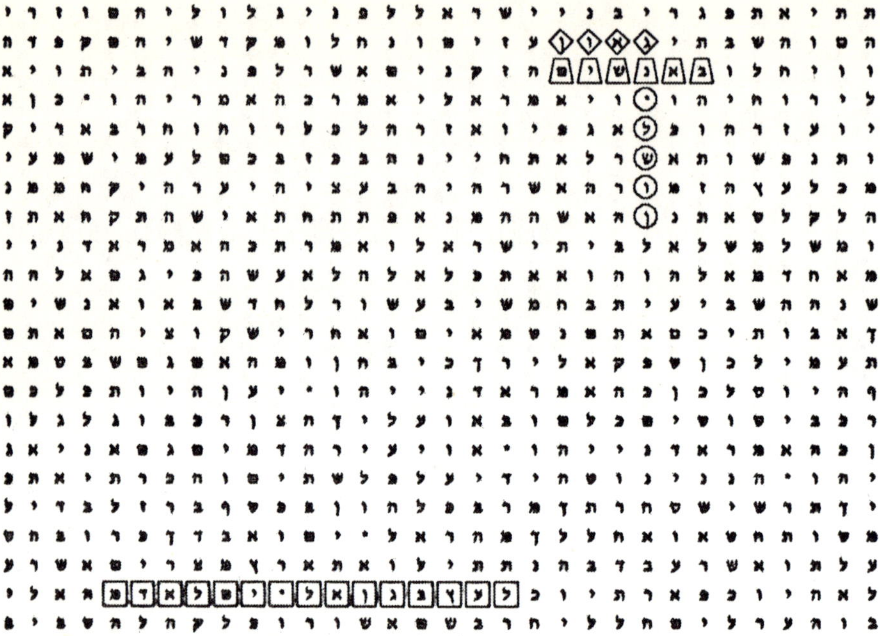

○ LE GÈNE DU LANGAGE ◇ GÉNIE □ CHEZ LES HUMAINS
□ POUR CONCEVOIR UN GÈNE, DIEU POUR L'HOMME

Or, dans le code de la Bible, cette capacité unique est reliée de manière répétée au code lui-même, comme s'il s'agissait de signaler que le langage et le code ne font qu'un.

Cela ne se limite pas au fait que les expressions « seigneur du code » et « gène du langage » se croisent ni que le nom du lieu de mes fouilles archéologiques soit repris d'innombrables fois.

Non, les choses vont bien plus loin. On touche ici à l'essence même de la langue hébraïque et aux récits les plus anciens de la Création.

En hébreu, les caractères qui épellent « le gène du langage » peuvent avoir un autre sens : « le jardin de Lisan ».

Et, à l'endroit de la Bible où est codée cette expression, voici ce que rapporte le texte : « Et, avant que le Seigneur ne détruisît Sodome et Gomorrhe, c'était comme le propre jardin de Dieu. »

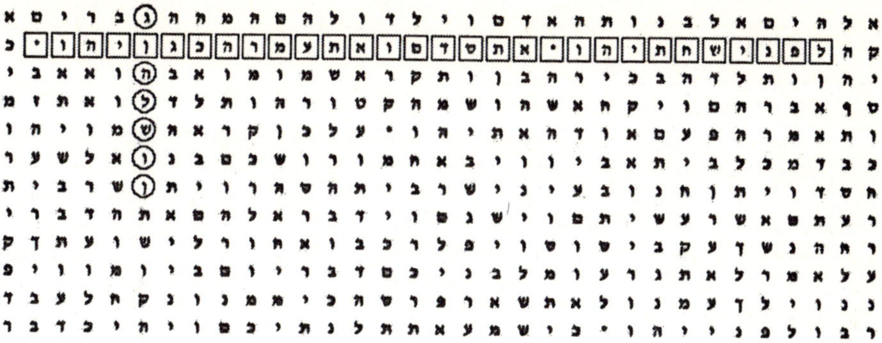

○ JARDIN DE LISAN
□ ET AVANT QUE LE SEIGNEUR NE DÉTRUISÎT SODOME ET GOMORRHE, C'ÉTAIT COMME LE PROPRE JARDIN DE DIEU

Le code de la Bible ne cesse de suggérer que cette péninsule désertique était autrefois un véritable éden. Peut-être ce lieu est-il relié à l'origine même de l'homme ?

La parole est un acte délibéré de génie génétique. Le code ne dit pas autre chose : la phrase « je placerai le gène du langage » est codée dans la Bible, transversalement à cette autre phrase : « je rendrai intelligent ».

Ainsi, la cooccurrence remarquable des mots « code de la Bible » avec la phrase « cela existe à Lisan », qui signifie aussi « cela existe dans le langage de l'homme », est bien plus qu'une simple confirmation du lieu, bien plus qu'une simple assurance que cela nous est destiné, bien plus qu'une simple promesse que cela peut être résolu par l'homme.

C'est aussi l'affirmation de notre héritage génétique unique, du moment spécial où l'homme a été élevé au-dessus du reste de la Création.

La référence à la période où l'homme a commencé à parler, « les douleurs d'enfantement du langage », apparaît une fois dans le texte caché de la Bible.

Perpendiculairement à cette expression, on trouve les mots « pierres dressées de la clé », ce qui la relie une nouvelle fois au code de la Bible. « Obélisques » et « code » apparaissent aussi au même endroit, et l'affirmation du texte caché a quelque chose de magique : « la tablette a donné de la vitalité à l'obélisque ».

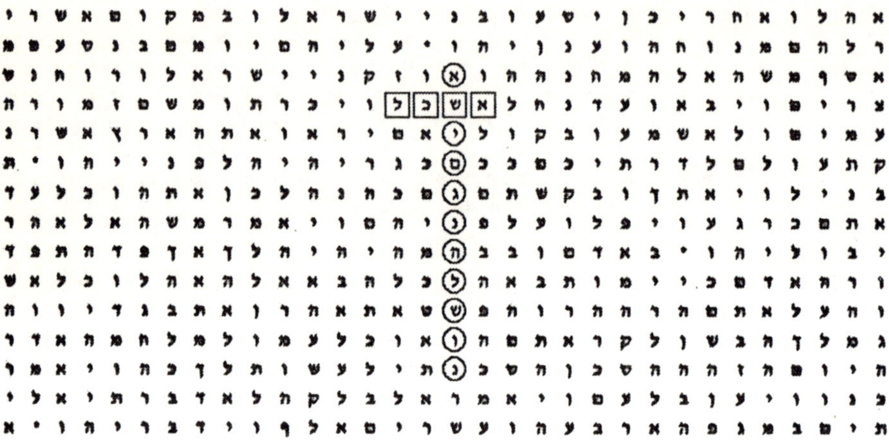

○ JE PLACERAI LE GÈNE DU LANGAGE □ JE RENDRAI INTELLIGENT

« Le Lisan » est également codé, et est traversé par les mots « douleurs d'enfantement du langage », contre toute probabilité, confirmant par là une nouvelle fois le site et son rapport au « langage ».

Cette grille codée recèle tous les éléments essentiels de ma quête archéologique. En hébreu, les mots en question ont au moins trois niveaux de signification.

Au niveau le plus élevé, il semble s'agir de la naissance du langage en un temps reculé – « les douleurs d'enfantement du langage ». Je soupçonne depuis longtemps que ce n'est pas un hasard si l'endroit où se trouve peut-être la « clé du code » s'appelle « Lisan », ce qui en hébreu veut dire « langage ».

Peut-être ce même lieu était-il relié de quelque manière à l'origine du langage ?

Les mêmes mots ont encore un autre sens en hébreu ; cela signifie aussi « la difficulté d'apprendre une nouvelle langue ». La « clé du code » était-elle inscrite dans une langue autre que l'hébreu, une langue aujourd'hui ignorée par l'homme ?

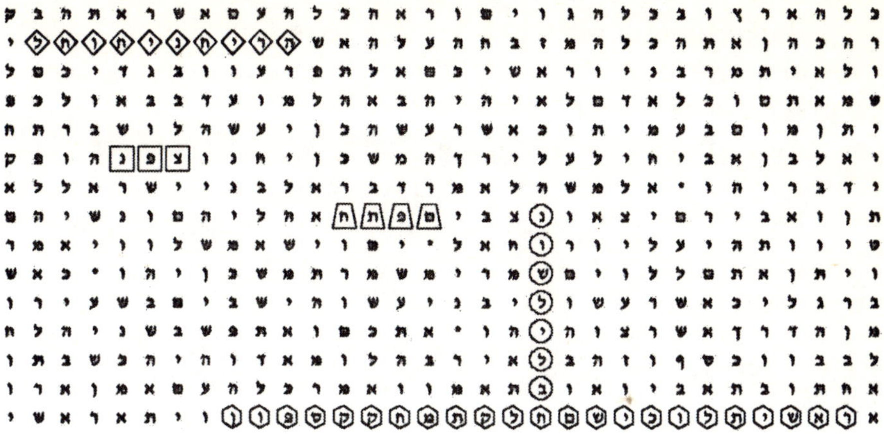

○ DOULEURS D'ENFANTEMENT DU LANGAGE ◇ SA TABLETTE A DONNÉ DE LA VITALITÉ À L'OBÉLISQUE
□ CODE □ CLÉ ○ SON ORIGINE, C'EST L'AIRE DES LETTRES GRAVÉES, CACHÉE

Enfin, à un niveau plus « terrestre », les mêmes mots ont un troisième sens : « les lignes de mesure de Lisan ». C'est une excellente description de la méthode que nous allions utiliser pour fouiller le site, celle qu'utilisent tous les archéologues : on tire des fils pour délimiter une grille.

Le texte caché barrant cette expression aux sens multiples paraissait les confirmer tous à la fois : « son code, il verra son origine, car c'est l'aire des lettres gravées ».

J'ai appelé Eliyahu Rips. Il était encore plus excité que moi.

« D'un simple point de vue technique ; tout cela est remarquable. C'est intentionnel, cela ne fait pas l'ombre d'un doute.

« Comme je le disais, a-t-il poursuivi, d'un simple point de vue technique il est extraordinaire que “code”, “obélisque” et “clé” soient tous au même endroit, et que “le Lisan” soit barré par “les douleurs d'enfantement du langage”, qui veut aussi dire “Lisan”. C'est de toute évidence un moyen par lequel le code nous confirme que tout cela est intentionnel. »

J'ai répété à Rips que j'avais le sentiment de participer à une chasse au trésor, comme si quelqu'un me donnait un indice après l'autre.

« C'est évident », a été sa réponse.

J'ai rétorqué à Rips que je refusais sa conclusion, qu'à aucun moment je n'avais eu le sentiment que mon implication dans cette histoire fût autre chose qu'accidentelle, même si à présent j'acceptais qu'une certaine intelligence eût la capacité de communiquer avec nous à travers le temps.

« Pourquoi rejetez-vous l'idée que cette intelligence puisse avoir un intérêt à se mettre en rapport avec vous ? » m'a-t-il demandé.

Je lui ai encore ajouté une nouvelle fois que, même si je croyais à l'existence d'un code de la Bible, je ne croyais pas pour autant en Dieu. Et que même si je parvenais à croire en un Dieu qui avait créé toutes les choses, y compris le code, je ne réussirais pas à me persuader qu'il avait un désir de communiquer *avec moi*.

Chaque fois, ai-je ajouté, que j'avais l'impression que le code s'adressait à moi, que « Dieu » me parlait personnellement, cela me mettait très mal à l'aise.

« Vous n'êtes pas la première personne à qui cela arrive, a été la réponse de Rips. Adam aussi était très mal à l'aise. »

Il y avait autre chose qui m'avait gêné.

En Jordanie, le ministre du Tourisme et des Antiquités, qui m'avait déjà délivré un permis de fouilles, s'est subitement opposé à l'expédition, sans explication.

Mais au même moment paraissait à la une d'un journal jordanien un article visiblement inspiré par le ministère, un ramassis de diatribes antijuives et de mensonges, prétendant qu'il existait une conspiration entre le gouvernement israélien et ma fondation, L'Arche.

« Quelle est la vérité sur les relations entre la fondation L'Arche et la région d'al-Lisan ? Pourquoi autoriser une fondation juive à rechercher des artefacts juifs sur le territoire jordanien ? »

J'ai appelé l'ambassadeur américain en Jordanie, William Burns, et celui-ci m'a assuré qu'il fallait prendre ces histoires au sérieux, parce qu'elles reflétaient la réalité de la situation en Jordanie.

« Il faut comprendre leur culture, m'a dit Burns.

– L'article a des relents racistes qu'aucun Américain ne doit tolérer, lui ai-je rétorqué.

– Ce sont des forces puissantes en Jordanie. Il existe une liste noire sur laquelle est inscrit quiconque entretient des relations avec des Juifs, et le courant d'opposition au traité de paix avec Israël est très actif. Aujourd'hui n'est pas un bon moment pour établir de nouveaux contacts. »

Ma réponse fut cinglante :

« Aucun responsable américain ne devrait tolérer ce type de chauvinisme. Dites de ma part au ministre que je suis certain que cet article ne traduit en rien ses opinions. Mais que, si c'était le cas, je saurais y faire face, tant ici qu'à Washington. »

Le jeune roi Abd Allah s'était prononcé publiquement contre la liste noire et il avait même fait arrêter certains opposants au traité de paix. Mais Burns m'a mis en garde contre toute tentative de m'adresser directement au roi.

« Il se trouve dans une position bien délicate. La majeure partie de la population est palestinienne. »

L'attente serait pénible. Je savais à quel point le temps pressait. Le code de la Bible y faisait allusion de manière répétée : la clé, l'obélisque, contenait des révélations importantes, précises, sur le danger ultime auquel nous devrions faire face. Cela confirmerait le code de la Bible, dont les avertissements atteignaient à présent une force telle qu'il était impossible de les ignorer plus longtemps.

Au moment même où la Terre sainte était à feu et à sang.

5

Arafat

Le 12 avril 2001, à minuit, alors que la nouvelle Intifada faisait rage depuis sept mois, on est venu chercher à mon hôtel, situé sur la ligne de partage entre Jérusalem Est et Jérusalem Ouest, la lettre que j'avais écrite à l'intention de Yasser Arafat.

« Selon une information dont je dispose, votre vie est peut-être menacée.

« La source de cette information est la même qui a prédit l'assassinat d'Yitzhak Rabin, un an avant le tragique événement.

« Il s'agit d'un code caché dans la Bible qui semble prédire l'avenir – mais qui nous avertit peut-être également de dangers auxquels nous allons être confrontés, pour que nous puissions les éviter. »

Je pensais qu'Arafat n'accepterait pas de m'accorder une entrevue, que le dirigeant palestinien n'aurait pas envie d'entendre parler d'un code caché dans le Livre sacré de ses ennemis, d'avertissements codés en hébreu dans l'Ancien Testament, surtout en ce moment.

Israël et les Palestiniens étaient à deux doigts d'entrer en guerre ouverte. Ariel Sharon, le nouveau Premier ministre, avait fait vœu d'écraser le soulèvement palestinien qui avait déjà fait plus de quatre cent cinquante morts.

Mais je savais qu'Arafat croyait aux prophéties. Cela faisait un an que je m'efforçais de le rencontrer, et tous ses plus proches collaborateurs me l'avaient confirmé.

Nabil Sha'ath, son ministre des Affaires étrangères, me l'avait dit :

« Il prendra ceci au sérieux. C'est un vrai croyant. »

Abou Ala ne m'avait pas dit autre chose lorsque je l'avais vu dans la foulée de l'échec de Camp David. Il m'avait paru résigné, et j'avais eu le sentiment qu'il pensait le sort d'Arafat scellé.

« Ainsi, c'est la volonté de Dieu », avait-il déclaré.

Cependant, il avait accepté de remettre ma lettre à Arafat et d'avertir le chef de la sécurité palestinienne.

En fait, ni Sha'ath ni Abou Ala n'avaient transmis mes lettres à Yasser Arafat. Les mois s'écoulaient, et ils promettaient de le faire, mais rien ne se produisait. C'est Sha'ath qui a fini par me donner une explication.

« Arafat vous croira, et cela l'effraiera. »

Un an plus tard, ma lettre avait enfin atteint son destinataire – à minuit passé, alors que je faisais mes bagages, car je devais prendre l'avion pour les États-Unis tôt le lendemain.

À 1 h 15, le téléphone m'a réveillé. Arafat m'accordait un rendez-vous pour lendemain.

« Le président a lu votre lettre, m'a confié son chef de cabinet, visiblement très nerveux. Pouvez-vous rester ? »

Je n'ai pas réussi à fermer l'œil. De toute évidence, Arafat avait décidé de me voir dès qu'il avait pris connaissance de ma lettre. Dans quelques heures, je pourrais lui dire, les yeux dans les yeux, qu'il courait le risque d'être assassiné. Et, subitement, je n'étais plus certain de vouloir assumer cette responsabilité.

Je suis journaliste ; je ne suis pas un prophète. Mais Arafat n'allait pas me recevoir en tant qu'ancien journaliste du *Washington Post* et du *Wall Street Journal*. Il n'avait pas accordé d'interview à un journaliste américain depuis dix ans.

Si Arafat avait accepté ma présence, c'est parce que, à ses yeux, j'étais un prophète.

J'avais joint à ma lettre la copie de celle, très semblable, que j'avais envoyée à son partenaire dans le processus de paix, Yitzhak Rabin, un an avant son assassinat le 4 novembre 1995.

Cette lettre disait : « Un mathématicien israélien a découvert un code caché dans la Bible qui semble révéler les détails d'évènements qui se sont produits des milliers d'années après que la Bible a été écrite.

« La raison pour laquelle je vous confie ceci, c'est que, la seule fois où votre nom apparaît intégralement, il est barré par les mots "l'assassin l'assassinera". »

Alors que je franchissais les postes de contrôle israéliens, tandis que la voiture dans laquelle je me trouvais empruntait une route où les attaques contre les automobilistes israéliens étaient monnaie courante, que j'arrivais à Ramallah, une ville où des dizaines de Palestiniens avaient été tués au cours des derniers mois, où deux soldats israéliens avaient été lynchés par la foule, je ne pouvais m'empêcher de penser à ce jour de septembre 1993 où Arafat et Rabin avaient échangé une poignée de main devant la Maison-Blanche, ce jour où la paix avait paru si proche.

Aujourd'hui, comme l'avait prédit le code, Rabin était mort. Et, si le texte caché de la Bible disait vrai, Arafat serait peut-être bientôt assassiné.

Le vendredi 13 avril 2001, à 9 heures du matin, je me suis donc présenté devant le quartier général barricadé du dirigeant palestinien. On m'a laissé franchir le grand portail métallique et on m'a conduit à travers des groupes d'hommes armés, tendus, jusqu'à une petite salle de réunion.

J'avais près d'une demi-heure d'avance, mais Arafat est arrivé presque sur-le-champ. Il savait pourquoi j'étais là.

Il s'est assis à moins d'un mètre de moi. Il portait son keffieh habituel et un uniforme vert olive.

Je lui ai montré de nouveau la lettre que j'avais envoyée à Rabin, et la grille codée où l'on pouvait voir la phrase « l'assassin l'assassinera » croiser « Yitzhak Rabin ».

○ YITZHAK RABIN □ L'ASSASSIN L'ASSASSINERA

« Pas un jour ne passe sans que je le pleure », m'a dit Arafat, s'adressant à moi directement en anglais.

La tristesse qui se lisait dans ses yeux m'a semblé très sincère.

Puis je lui ai présenté la grille codée où son nom – « Yasser Arafat » – apparaît en compagnie des mêmes mots tirés de la Bible, très exactement : « l'assassin l'assassinera ».

○ YASSER ARAFAT □ L'ASSASSIN L'ASSASSINERA

Arafat s'est penché dessus très attentivement, et sa lèvre inférieure s'est mise à trembler, ainsi que sa main, mais il n'a pas eu l'air surpris.

Bien sûr, il était déjà persuadé que sa vie était menacée, et il s'en était servi lors des négociations de Camp David. Quand Clinton l'avait incité à céder sur Jérusalem, il avait demandé au président américain : « Vous souhaitez assister à mes funérailles ? »

Ce n'est pourtant pas une mince affaire d'annoncer à un homme qu'il sera peut-être assassiné, surtout lorsqu'il est assis en face de vous. Et le fait qu'Arafat paraissait en être convaincu rendait la scène encore plus pénible.

« Votre nom est accompagné de trois avertissements clairs », lui ai-je dit, indiquant du doigt les différents endroits sur la grille, traduisant les mots hébreux en anglais, tandis que Saeb Erekat, son principal négociateur, traduisait ensuite en arabe.

Arafat me dévisageait pendant que je parlais.

« L'assassin l'assassinera », ai-je prononcé à haute voix les mots codés, et « le tireur embusqué le tuera », qui coupe « tireurs sur Yasser Arafat ».

○ TIREURS SUR YASSER ARAFAT ◇ LE TIREUR EMBUSQUÉ LE TUERA

Erekat traduisait en arabe. Arafat me fixait encore plus intensément. Ses yeux étaient grands ouverts.

« Quand ? a-t-il demandé.

– Je n'en ai aucune idée, ai-je répondu. Je n'arrive pas à trouver une date dans le code, et je ne suis qu'un journaliste. J'ignore de quoi demain sera fait, sauf ce qui est contenu dans le code. »

Arafat a plongé son regard dans le mien, comme pour deviner si je lui cachais quelque chose. Il semblait attendre autre chose de moi, comme si j'avais pu moi-même lire dans l'avenir.

« Je ne sais même pas si le danger est réel, lui ai-je dit. Pourtant, j'estime qu'on ne peut pas ignorer cet avertissement. Rabin a été tué au moment prédit par le code, et les assassinats de Sadate et de Kennedy sont aussi codés dans la Bible, avec une foule de détails.

« Je vais donc vous répéter ce que j'ai dit à Rabin : je pense que vous êtes en danger, mais je crois aussi que le danger peut être évité si nous parvenons à comprendre les détails de l'avertissement.

– Mais, si c'est écrit, que puis-je y faire ? m'a demandé Arafat.

– Selon moi, il s'agit d'une mise en garde, non d'une prédiction, lui ai-je répondu. Ce n'est pas gravé dans le marbre. »

Or je savais que je me heurtais là à une croyance fondamentale de l'islam, selon laquelle le destin d'un homme est scellé, sa vie entière dessinée à l'avance, avant même sa naissance.

C'était l'une des raisons pour lesquelles j'avais d'abord hésité à prendre contact avec Arafat. En fait, Nabil Sha'ath m'avait rapporté qu'Arafat lui avait déclaré à de nombreuses reprises : « Dieu fera de moi ce qu'il voudra. »

« Il pense que notre destin est tracé depuis toujours, m'avait-il confié. Nous n'avons pas un jour de plus ni de moins à vivre. »

Mais je venais de dire à Arafat qu'avec ce code informatique c'était différent, qu'il existait pour que nous puissions changer l'avenir.

« Le code de la Bible ne révèle pas un seul avenir, mais tous les avenirs possibles, ai-je ajouté. Ce que nous faisons décide du résultat final. »

Arafat a souri. Il ne m'a pas répondu. Son sourire signifiait-il un accord, ou simplement la certitude de savoir mieux que moi, qui avais beaucoup de choses à apprendre ?

Il y avait une autre raison pour laquelle j'avais hésité à rencontrer Arafat. Et j'ai osé le lui avouer :

« Certains de mes amis israéliens et américains ne me pardonneraient jamais s'ils apprenaient que je suis venu vous voir pour vous sauver la vie. »

Je suis juif. Et pour beaucoup de Juifs, sinon la plupart, Arafat demeure un terroriste et un meurtrier. D'ailleurs, le Premier ministre Ariel Sharon venait d'annoncer exactement cela, en public. Et le matin même, lorsque j'avais informé Eliyahu Rips de mon rendez-vous avec Arafat, il l'avait comparé à Hitler et à Saddam Hussein.

Cependant, je voyais les choses d'un autre œil. Même si j'admettais qu'Arafat pouvait représenter une menace pour Israël, je pensais que son assassinat signerait la fin des espoirs de paix. C'est pour cela que, en tout état de cause, je me sentais tenu de l'avertir, d'essayer d'éviter un nouveau meurtre.

« Je suis ici parce que je suis journaliste et je me dois de vous prévenir, comme je l'avais fait pour Rabin, ai-je dit à Arafat.

– Bien sûr, un journaliste ne doit pas prendre parti.

– Je considère aussi que votre assassinat serait une catastrophe non seulement pour votre peuple, mais encore pour Israël. Et je crois que nous pouvons l'empêcher de se produire. »

J'ai alors montré à Arafat une deuxième version de la même grille codée, dans laquelle le mot « terroriste » chevauché par « Hamas » traversait son nom et même, en fait, la phrase « tireurs sur Yasser Arafat ».

Cela semblait signifier clairement que le groupe extrémiste palestinien, opposé au processus de paix, qui revendiquait la plupart des attentats suicide, tenterait d'assassiner le dirigeant palestinien.

« Hamas », a répété Arafat en hochant affirmativement la tête.

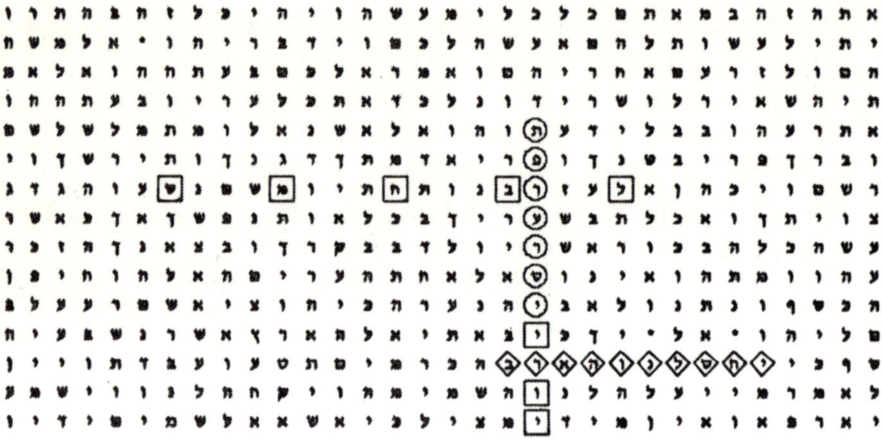

○ TIREURS SUR YASSER ARAFAT ☐ L'ASSASSIN L'ASSASSINERA
◇ LE TIREUR EMBUSQUÉ LE TUERA ☐ TERRORISTE/HAMAS

Je lui ai ensuite présenté une troisième grille que Rips avait découverte le matin même. La phrase « Ils ont tiré sur Arafat » croisait « ismaélites », le nom biblique des peuples arabes, les descendants d'Ismaël.

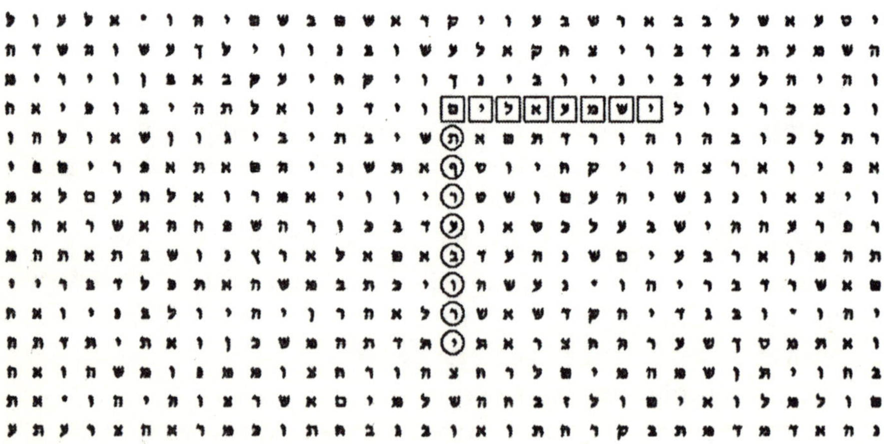

○ ILS ONT TIRÉ SUR ARAFAT ☐ ISMAELITES/ARABES

« Des Arabes, pas des Juifs », ai-je dit.

Arafat m'a d'abord regardé, puis s'est tourné vers son négociateur, Erekat, et son chef de cabinet, Abou Rudeinah ; ensuite, il a hoché la tête une nouvelle fois. Ils ont tous fait de même. Ils savaient que, si danger il y avait, il venait sans doute du côté de son peuple, que son meurtrier serait un Arabe. Tout comme celui de Rabin était juif.

« Les ayatollahs iraniens ont mis ma tête à prix pour avoir fait la paix avec Rabin », a ajouté Arafat.

Je redoutais qu'Arafat n'utilise cet avertissement comme prétexte supplémentaire pour ne pas se réconcilier avec Israël. Il savait certainement qu'il risquait d'autant plus d'être abattu s'il faisait la paix. Sadate avait été assassiné par des Égyptiens pour avoir conclu la paix avec Israël, et Rabin par un Israélien pour l'avoir faite avec Arafat.

« Si vous réussissez, vous serez en danger, mais, si vous échouez, alors c'est tout votre peuple qui le sera. »

C'était pour lui expliquer cela que j'avais voulu le rencontrer, pas simplement pour le prévenir que sa vie était en danger. Je tenais à lui répéter ce que j'avais déjà dit à Clinton et à Barak, ce que j'essayais à présent de dire à Sharon et à Bush : l'avertissement terrible du code de la Bible était que nous risquions *tous* d'être tués.

« Selon le code de la Bible, nous sommes entrés dans un temps de très graves dangers, ai-je dit à Arafat. Le danger peut-être le plus grave que le monde ait connu jusqu'ici, le moment prédit par les trois monothéismes. »

J'ai ouvert mon livre à la page où les deux expressions bibliques pour « la fin des jours » étaient codées ensemble, et j'ai montré la grille de lettres hébraïques à Arafat.

« Comment prononcez-vous ces mots ? » m'a-t-il demandé.

Il ne lisait pas l'hébreu et il voulait les entendre. Il n'a pas reconnu le premier, tiré du livre de Daniel. Mais, lorsque j'ai dit ceux de la Torah, il les a aussitôt identifiés.

« Ce sont les mêmes en arabe ! s'est-il exclamé avec étonnement, s'adressant de nouveau à moi en anglais. Ce sont les mêmes mots, exactement.

– Le jour du Jugement, a déclaré Rudeinah.
– La fin, a ajouté Erekat.
– La fin des jours », a renchéri Arafat.

C'est cela que je tenais à lui dire par-dessus tout, que nous étions entrés dans la fin des jours. Mais n'étais-je pas allé trop loin ? J'avais moins l'impression d'être un journaliste qu'un prophète tout droit sorti de l'Ancien Testament pour annoncer à un roi les menaces divines qui pesaient sur sa tête.

J'avais tort de me faire du souci. C'est précisément ainsi qu'Arafat a perçu l'avertissement. Je l'avais touché au plus profond de son être.

« Je sais que nous vivons des temps critiques, a-t-il dit. Selon le Prophète, nous avons mille ans devant nous, pas deux mille. »

Je comprenais ce qu'il sous-entendait. Selon le calendrier musulman, nous étions en 1422 : quatre siècles de trop par rapport aux mille ans dont le Prophète avait dit que nous ne les dépasserions pas.

J'ai alors montré à Arafat quelque chose qui ne se trouvait pas dans mon livre, quelque chose que j'ignorais trois ans plus tôt, lors de sa parution.

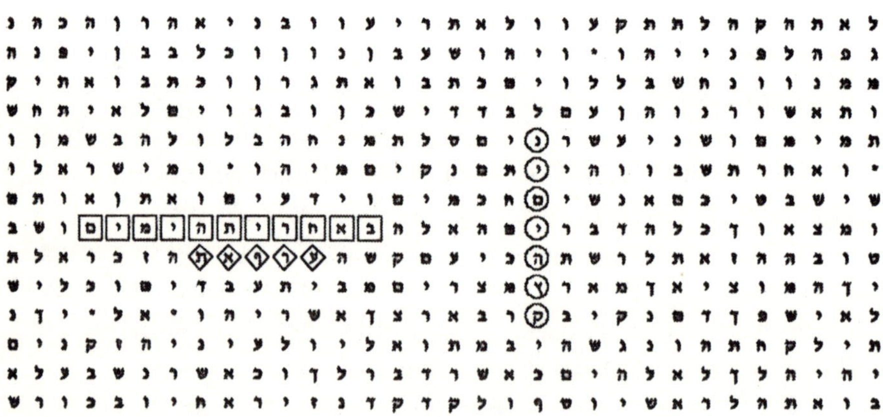

○ FIN DES JOURS □ À LA FIN DES JOURS ◇ ARAFAT

À l'aide d'un crayon, j'ai entouré les caractères hébreux qui apparaissaient juste en dessous de « la fin des jours », et qui épelaient : « a-r-a-f-a-t ».

Il a aussitôt reconnu son nom, qu'il devait avoir vu d'innombrables fois dans la presse israélienne. Il a pointé le doigt sur la page et a fait signe à Erekat et à Rudeinah de s'approcher pour regarder. Il ne semblait ni surpris ni ébranlé.

La plupart des gens, découvrant leur nom écrit en toutes lettres dans le texte caché de la Bible, là où il est question de l'Apocalypse, seraient ébranlés. Mais Arafat paraissait s'y attendre.

Puis j'ai entouré les caractères qui épelaient « E. Barak ». Ceux-ci traversaient la seconde occurrence de « la fin des jours ». Ensuite, j'ai entouré les caractères qui épelaient « Sharon » et « Bush ».

Arafat fixait intensément la grille codée. Il était visiblement secoué. Sa lèvre inférieure tremblait de manière incontrôlée. Il écarquillait les yeux. Il avait l'air bien plus atteint par ce que je venais de lui montrer que par la prédiction de son assassinat. Il régnait dans la pièce un silence pesant, pendant que chacun des présents se pénétrait de ce qui s'étalait sous leurs yeux. Le danger annoncé semblait immense, ce que soulignait l'occurrence des quatre noms au seul endroit où l'on trouvait les deux expressions de « la fin des jours » dans le texte biblique...

C'est Erekat qui a fini par parler.

« Et il y a de bonnes nouvelles ? » a-t-il demandé.

J'ai entouré les lettres qui épelaient « paix ».

« Selon le code de la Bible, ai-je expliqué à Arafat, qui me regardait droit dans les yeux, le choix n'est pas entre la paix et un soulèvement, pas même entre la guerre et la paix, mais entre la paix et l'anéantissement. »

J'ai montré au dirigeant palestinien deux autres grilles – « guerre mondiale » et « holocauste nucléaire » – codées à côté de « en 5766 ».

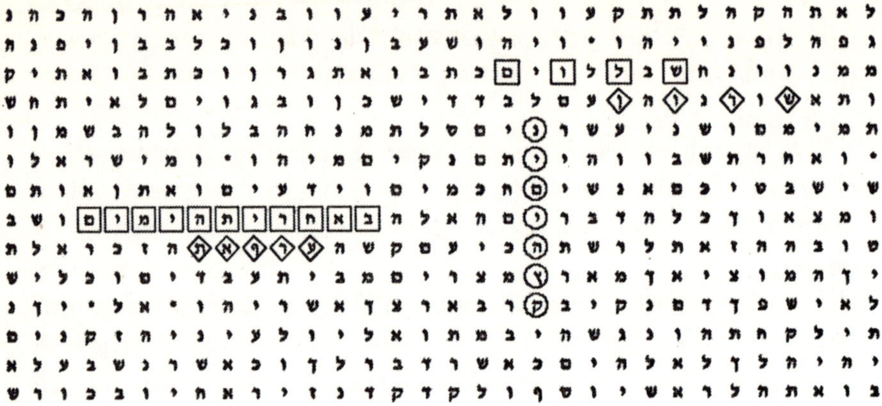

○ FIN DES JOURS □ À LA FIN DES JOURS ◇ ARAFAT □ PAIX ◇ SHARON

Cela correspond à 2006 dans le calendrier chrétien, ai-je précisé. Selon le code, il nous reste cinq ans.

À nouveau, le silence. J'ai dit à Arafat que j'avais vérifié chaque année du siècle à venir, et que seule l'année 2006 apparaissait à côté de « holocauste nucléaire » et « guerre mondiale ». Je lui ai expliqué qu'il y avait moins d'une chance sur cent mille que cela soit dû au hasard. J'ai ajouté que les probabilités pour que l'occurrence des noms des quatre dirigeants que je lui avais montrés soit fortuite étaient inférieures à un sur un million.

Cependant de toute évidence, Arafat se moquait des chiffres. Je lui ai dit que ces calculs avaient été effectués par un très grand scientifique, l'homme qui avait découvert le code de la Bible, mais il se fichait des explications scientifiques et des ordinateurs. Il m'écoutait, il me comprenait, le reste lui importait peu.

Je venais de lui présenter une preuve indiscutable, mathématique, et Arafat, qui jusque-là semblait totalement convaincu, ne bronchait pas.

« Croyez-vous à l'existence du code et estimez-vous que les dangers annoncés sont réels ?

– Bien sûr, m'a-t-il répliqué sans hésiter. Il y a des choses semblables dans le Coran. »

Arafat pensait que les prédictions du code de la Bible étaient exactes, non pas parce qu'elles étaient obtenues par ordinateur ou confirmées par les statistiques, mais parce que c'étaient des prophéties.

« Puisque c'est écrit, que pouvons-nous faire ? » m'a-t-il demandé à nouveau.

Je lui ai répondu que c'était comme si nous venions de détecter une comète qui allait percuter la Terre. Cinq ans avant l'impact, nous pourrions peut-être changer sa trajectoire, ou la détruire, et survivre. Une semaine avant l'impact, il n'y aurait rien à faire. Nous mourrions tous.

« Une semaine avant, elle serait grande et brillante comme la Lune, a dit Arafat. Ce serait trop tard.

– Selon moi, la raison d'être du code est de nous prévenir assez tôt, de nous donner assez de temps pour sauver notre vie. Mais nous ne pouvons pas attendre cinq ans, puis essayer de faire quelque chose au dernier moment. C'est ce que nous ferons aujourd'hui, ce que *vous* ferez aujourd'hui, qui déterminera ce qui se produira dans cinq ans. »

Arafat a acquiescé.

« Il faut agir maintenant. »

J'ai alors révélé à Arafat ce que j'avais écrit à Clinton peu de temps avant la fin de son mandat.

« Je ne pense pas qu'il y aura un traité de paix, ou une paix durable, tant que toutes les parties n'auront pas compris que les seules options, ce sont la paix ou l'anéantissement.

« La paix doit être suffisamment forte pour survivre au prochain attentat suicide, à la prochaine fusillade contre une mosquée ou une synagogue, au prochain acte de terreur, ai-je ajouté. Elle doit être assez forte pour survivre même au prochain assassinat d'un ministre israélien ou d'un dirigeant palestinien.

– Répéterez-vous cela à Sharon ? » m'a demandé Arafat.

Je lui ai confirmé que j'espérais rencontrer le nouveau Premier ministre, que je lui avais déjà écrit, et que je lui avais dit exactement la même chose – qu'il fallait, selon le code de la Bible, choisir la paix ou l'anéantissement.

Mais j'ai aussi déclaré à Arafat que le danger ne prendrait pas forcément fin même s'il faisait la paix avec Sharon.

« Selon moi, le code affirme que quelqu'un d'autre pourrait monter une attaque avec des armes de destruction massive, tuant à la fois des Israéliens et des Palestiniens.

– Qui ? s'est enquis Arafat.

– Lorsque vous aurez fait la paix avec Sharon, je reviendrai vous le révéler », ai-je répondu.

Il a ri.

« Revenez quand vous le voulez, en tant qu'ami », a-t-il dit.

Lorsque nous nous sommes levés, Arafat m'a pris la main, puis il m'a serré dans ses bras, m'embrassant sur les deux joues. Il a tenu ma main de nouveau. J'avais eu beau répéter que je n'étais qu'un journaliste, que je ne pouvais pas lire dans l'avenir, mais seulement voir ce qui était écrit dans le code de la Bible, Arafat continuait de me considérer comme un prophète.

Il ne m'a pas lâché la main tout le long du couloir, puis, tandis que les portes de l'ascenseur se refermaient, il m'a fait un geste aimable du bras.

Je savais qui il était. Je savais qu'il avait du sang sur les mains. Pourtant, j'étais certain qu'Arafat prenait au sérieux les avertissements du code de la Bible et qu'il était la seule chance, peut-être la meilleure chance, de la paix.

6

Arche d'acier

J'ai vu deux piliers colossaux, peut-être l'entrée d'un temple ou d'un palais ancien, ou bien les tours jumelles de quelque antique cité.

La vision s'est évanouie. J'étais de nouveau seul, au milieu du paysage désertique de la péninsule de Lisan, cernée par le mer Morte, à m'efforcer d'imaginer à quoi ressemblaient les « obélisques » qui s'élevaient là autrefois.

Mais, autour de moi, il n'y avait que la blancheur de la chaux et du sel, à perte de vue ; les falaises escarpées du cap qui laissaient deviner d'anciennes côtes, et l'épaisse couche de sel que la mer avait déposée en se retirant. Je foulais le sol du point le plus bas du monde, là où les eaux s'étaient évaporées, dénudant des terres qui avaient été cachées par la mer Morte durant plus de cinq mille ans, depuis l'aube de la civilisation.

Et je m'interrogeais. À supposer que les obélisques se soient dressés là autrefois, existaient-ils encore ? Ou bien avaient-ils été réduits en poussière par le temps et engloutis par l'eau salée ? N'étaient-ce que les fantômes d'un monde depuis longtemps disparu ? La « clé du code » était-elle toujours là ?

J'ai cherché les mots « clé aujourd'hui » dans le texte caché de la Bible. Et je les ai trouvés à côté du même verset de la Genèse qui jouxte « code de Bible » et « code sur obélisque », les mots qui m'avaient révélé pour la première fois le lieu : « la vallée de Siddim qui est la mer Morte ».

Non loin de « clé aujourd'hui », apparaissent aussi les noms des deux endroits qui existent encore actuellement : le village et la baie appelés « Mazra'a », situés à la pointe nord de la péninsule appelée « Lisan ».

Mais si je foulais bien le lieu précis où cela était enfoui, peut-être à la verticale de mes pieds, je n'avais aucune idée de la manière dont il fallait s'y prendre pour découvrir la « clé ».

Selon le code, il me fallait un « détecteur/capteur », quelque instrument de mesure sophistiqué qui pouvait me révéler ce que contenait le sous-sol. Or personne n'était capable de me renseigner sur le type d'instrument dont j'avais besoin si je ne connaissais pas le matériau dont était faite la « clé ». Quelle pierre ? Quel minerai ? Dans quoi ces « obélisques » étaient-ils taillés ?

J'ai scruté le livre de Daniel dont le texte caché m'avait déjà confirmé que « Lisan » était « Siddim », et désigné « Mazra'a » comme le site à marquer d'une croix sur ma « carte au trésor ». Le même passage parlait d'un « pilier dans le palais », sur lequel était inscrite « toute la sagesse » du monde ancien.

J'ai cherché et j'ai trouvé « clé aujourd'hui ». Mais ni avec « marbre », ni avec « granit » ni avec aucune autre pierre connue.

Perpendiculairement à « clé aujourd'hui », il y avait « fer ». Et le texte caché chevauchant « fer », là où le mot croisait « clé », disait : « Un secret qu'il n'avait pas deviné, je révélerai. »

Et, toujours dans le livre de Daniel, codé parallèlement à « clé aujourd'hui », avec la même séquence de sauts de lettres, on pouvait lire « arche d'acier ».

Au-dessus du mot « fer », là où le texte croisait « clé aujourd'hui », voici les paroles du Prophète : « Il donne la sagesse du sage, et la connaissance à ceux qui savent comprendre. »

Et Daniel ajoutait : « Il révèle les choses profondes et secrètes », avec des mots qui en hébreu peuvent aussi signifier « le contenant est profond, la cachette ». Et cela apparaissait juste au-dessus de « arche d'acier ».

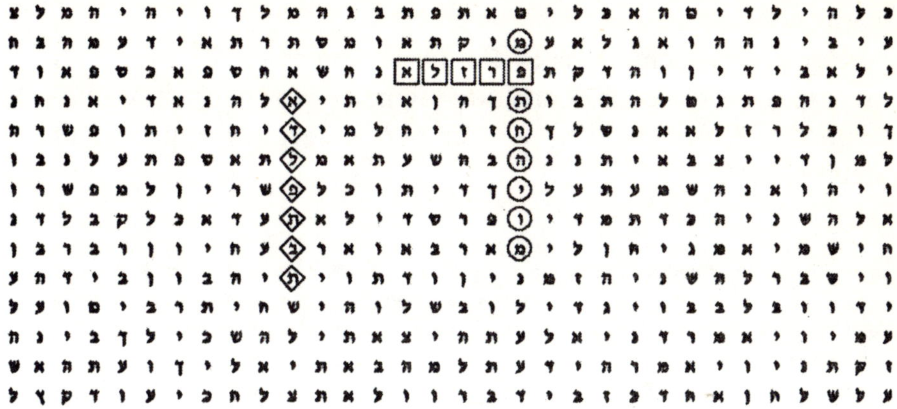

○ CLÉ AUJOURD'HUI □ FER ◇ ARCHE D'ACIER

Le texte même du livre de Daniel semblait confirmer la promesse de la clé du code, et le texte caché dévoilait un secret que je n'aurais pu imaginer : la clé était en « fer » ou préservée dans une « arche d'acier ».

J'ai cherché « clé du code » dans le livre de Daniel. De nouveau, j'ai trouvé « acier » codé exactement au même endroit, transversalement à « Lisan » et « pilier ». « Code » apparaissait encore deux fois, traversé par « soudé ».

○ CLÉ DU CODE □ LISAN □ LISAN ◇ ACIER □ CODE/CODE
◇ SOUDÉ

Et le texte même du livre de Daniel semblait confirmer *une nouvelle fois* la promesse du code : « À présent, je te dirai la vérité. »

Puis j'ai cherché dans la Torah, là où j'avais découvert au départ « clé du code » croisant deux occurrences de « obélisques ». À présent, j'ai pu voir que « acier » y apparaissait deux fois.

○ CLÉ DU CODE □ OBÉLISQUES ◇ ACIER ◇ ACIER

C'était difficile à croire.

C'est seulement il y a environ trois mille ans, à peu près à l'époque où Dieu a donné la Bible à Moïse sur le mont Sinaï, qu'un nouvel âge de l'humanité a commencé : l'âge de fer.

« Fourneau en acier » apparaît deux fois dans le texte de la Bible. Les archéologues ont découvert des objets en fer datant de cette période en Égypte et en Asie Mineure. Mais il s'agit d'objets de petite taille, des couteaux et des bijoux, fabriqués en chauffant du minerai de fer dans des fourneaux rudimentaires, de simples trous creusés dans le sol et remplis de charbon.

L'Antiquité connaissait aussi l'acier, que la Bible mentionne également : « l'acier brillait sur les chars ». Mais cela se trouve dans un des livres plus tardifs, sans doute écrit un millénaire après le temps de Moïse.

Il paraît donc peu probable a priori qu'une « arche en acier » ait pu être forgée avant le début de l'ère industrielle, au XVIIIe siècle. Selon les archéologues, aucun objet massif en « fer » ou en « acier » ne peut avoir existé il y a des milliers d'années.

Pourtant, l'expression « arche d'acier » est aussi codée dans la Torah, et « Lisan » apparaît au même endroit.

Les mots mêmes de la Bible qui chevauchent « Lisan » sont particulièrement éclairants : « Ceci est la solution ».

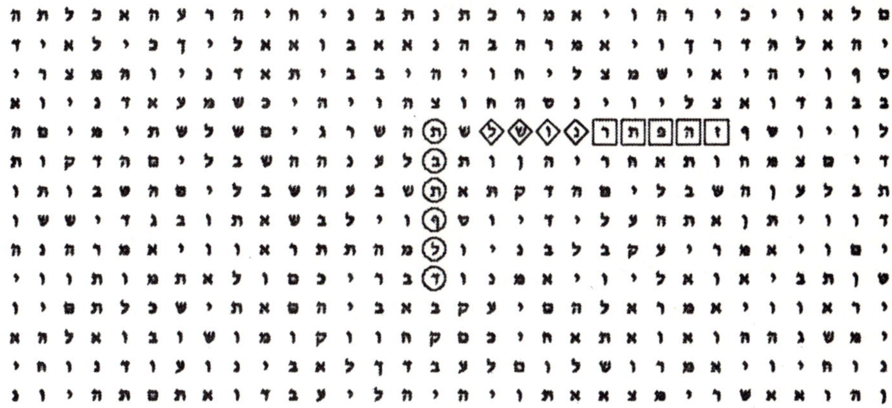

○ ARCHE D'ACIER ◇ LISAN □ CECI EST LA SOLUTION

Si la « clé du code » – les « obélisques » – se cache bien dans une « arche d'acier », alors c'est la solution.

Un objet métallique, en fer ou en acier, serait détectable. C'est d'ailleurs sans doute la seule chose que l'on pourrait déceler dans le sous-sol de la péninsule de Lisan, le plus grand réservoir naturel de sel au monde, le seul endroit sur terre où un radar ne soit d'aucun secours.

Or un objet métallique a des propriétés magnétiques. Un magnétomètre devrait donc être capable de le détecter, même loin de la surface du sol. Les ondes du magnétomètre s'enfonceraient dans le sous-sol salé de Lisan, ou sous les eaux de la mer Morte. Et quel autre objet métallique pourrait se trouver là, dans ce lieu qui est inhabité depuis les temps les plus reculés ?

La présence dans ce lieu d'un objet métallique de grande taille datant de plusieurs milliers d'années serait difficile à expliquer. Même s'il ne portait pas gravée sur ses flancs la clé du code, même s'il n'était pas le produit d'une connaissance plus avancée que la nôtre, sa simple réalité soulèverait des questions ardues.

Comme le code prophétique lui-même, comme les obélisques dont la légende disait qu'ils avaient une origine céleste, un objet ancien en acier pourrait-il avoir une provenance autre qu'étrangère à notre monde ?

Mais s'il existait, il devait être possible de le découvrir.

Je suis retourné consulter Eliyahu Rips. Je lui ai annoncé que la « clé du code » se trouvait dans une « arche d'acier ».

Pour tester cette découverte remarquable mais incroyable, Rips a suggéré d'étendre notre recherche à « arche de fer ». L'expression était codée dans la Torah. Et ce que nous avons vu alors tous les deux était à proprement parler extraordinaire.

Les mêmes mots exactement qui traversaient « arche d'acier » traversaient « arche de fer » ; le nom de la péninsule, « Lisan », chevauchait la phrase « ceci est la solution ».

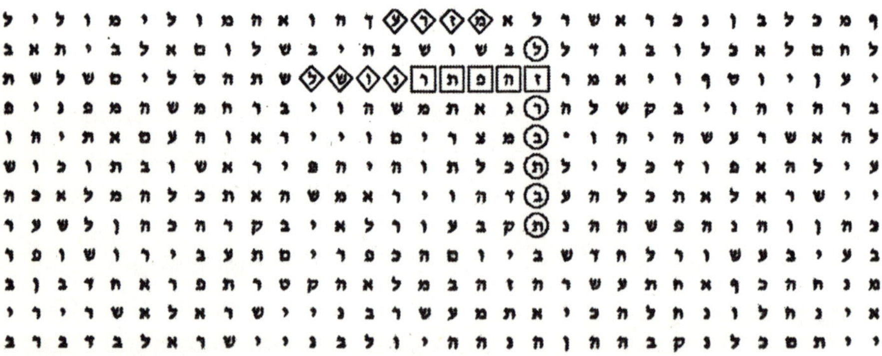

○ ARCHE DE FER ◇ LISAN □ CECI EST LA SOLUTION ◇ MAZRA

Juste sous « Lisan », voici « Mazra'a ». Cela ne faisait pas de doute : le texte caché de la Bible affirmait qu'un réceptacle en « fer » ou en « acier » se trouvait à l'endroit précis où je recherchais les « obélisques », la « clé du code ».

Jusque-là, Rips s'était montré sceptique. Mais, à présent, il était forcé d'admettre que l'occurrence de la même expression unique de la Bible, des mêmes noms de lieux avec « arche de fer » ainsi qu'avec « arche d'acier », était quelque chose de très surprenant.

« Cela a un nom en mathématiques, a déclaré Rips. C'est ce qu'on appelle une "recombinaison". Vous prenez un certain vocabulaire, vous le combinez de toutes les manières possibles, et vous obtenez un degré de corrélation inhabituel entre les mots ainsi obtenus. C'est une bonne expérience. »

Et il a ajouté :

« C'est remarquable. C'est indéniablement intentionnel – bien évidemment –, mais comment l'expliquer ? Qu'est-ce que cela signifie ? Honnêtement, je n'en sais rien. Je ne peux que constater cette cohérence ; mathématiquement, il est exclu que cela soit le seul fruit du hasard.

– Pourquoi le code m'indiquerait-il de manière si répétée, si cohérente, si intentionnelle, de m'intéresser à cet endroit ? Pourquoi le code placerait-il là une croix sur la carte au trésor s'il n'y avait rien ? » ai-je demandé à Rips.

Comme d'habitude, il se refusait à se livrer à des spéculations :

« Je suis incapable de dire si ce que nous révèle le code de la Bible reflète ou prédit ce que nous découvrirons dans le monde réel, mais, que l'on découvre un obélisque ou non, cela n'enlève rien à la cohérence, à l'intérêt, à la signification du codage. »

Le mathématicien se contenterait peut-être de cela, de même que le croyant. Or, moi, j'avais besoin de preuves matérielles. Et j'avais le sentiment que j'avais fait un grand pas dans la bonne direction.

« Ceci est la solution ». J'étais certain que ces mots ne pouvaient se trouver là par hasard, chevauchant « Lisan » à l'endroit précis où « arche d'acier » et « arche de fer » étaient codés.

« Arche ». En hébreu comme en anglais et en français, une « arche » est un coffre, qui peut contenir quelque objet sacré, mais qui est tout de même une simple boîte. La plus connue est l'arche de Noé. Et c'était un bateau, un véhicule.

J'ai cherché dans le texte caché de la Bible les mots « véhicule d'acier ». Et je les ai trouvés : ils apparaissent transversalement à un verset de la Bible qui dit : « Il a lancé son véhicule dans la mer. »

○ VÉHICULE D'ACIER □ IL A LANCÉ SON VÉHICULE DANS LA MER ◇ ACIER/ACIER

Ces mots proviennent du passage célèbre de l'Exode qui relate comment Dieu a sauvé les Hébreux en écartant les flots de la mer Rouge, puis en y noyant les Égyptiens qui s'étaient précipités à leur poursuite.

Je me suis demandé si cela ne se rapportait pas également à quelque véhicule ancien présentement enfoui sous la mer Morte, cette « arche d'acier » que je recherchais.

Il y a deux autres occurrences du mot « acier », et à nouveau le texte biblique qui les traverse semble raconter deux histoires différentes.

La traduction habituelle évoque la construction du tabernacle, le temple transportable que les Hébreux ont utilisé durant l'Exode et leur errance dans le désert.

« Il l'a rempli avec l'esprit de Dieu, et la sagesse, et la compréhension, et le savoir, affirme ce verset de l'Exode au sujet de l'artisan qui a fabriqué le tabernacle, pour faire toute sorte de travail artistique. »

Mais, là où ces mots croisent « véhicule de fer », les mêmes caractères hébreux peuvent aussi vouloir dire : « fer forgé, tout le travail de l'ordinateur ».

« Lisan » apparaît dans le texte caché juste au-dessus de l'expression « véhicule de fer », et les mots « cap, soudé » recoupent « fer ».

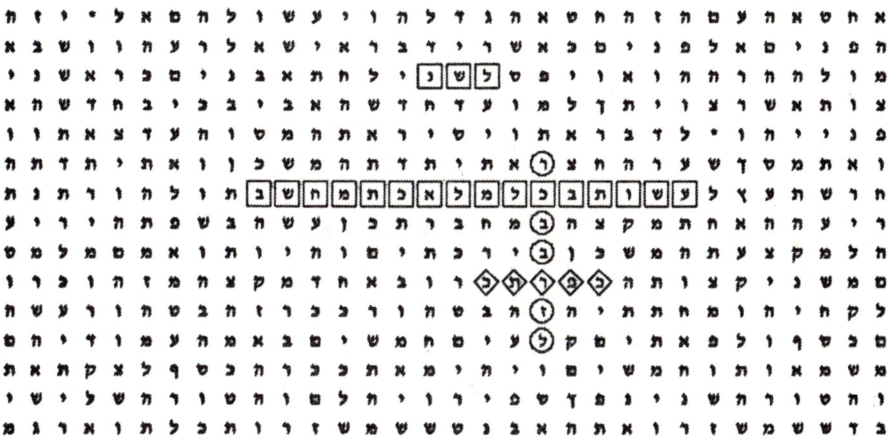

○ VÉHICULE DE FER ◻ FER FORGÉ, TOUT LE TRAVAIL DE L'ORDINATEUR
◇ CAP, SOUDÉ ◻ LISAN

« Véhicule de fer » apparaît également deux fois dans Josué. Ici aussi, les mots anciens ont deux interprétations très différentes.

« Tous les Cananéens qui habitent la vallée ont des chars de fer » : telle est la traduction traditionnelle de ce texte qui décrit la puissance des gens vivant en Terre promise.

Josué, le chef des Hébreux, assure à son peuple : « Vous chasserez les Cananéens, même s'ils ont des chars de fer. »

Mais, les deux fois où « véhicule de fer » apparaît dans Josué, il est codé avec l'expression « *tell* des obélisques ». Or, un *tell* est un site archéologique, un tumulus recouvrant d'anciennes ruines.

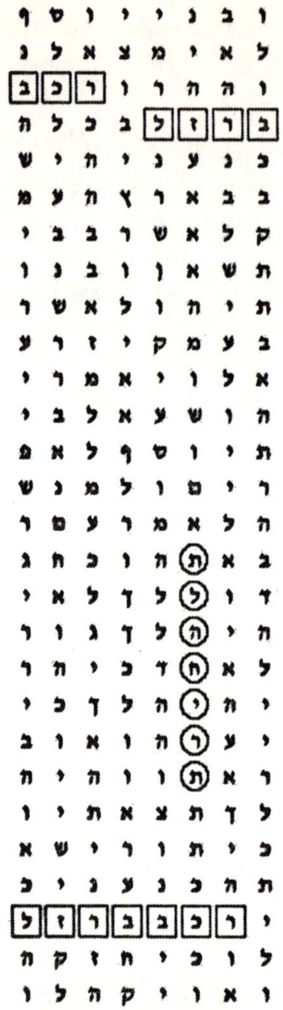

○ TELL DES OBÉLISQUES
□ VÉHICULE DE FER
□ VÉHICULE DE FER

« Il a trouvé l'endroit exact, Lisan » est codé là où précisément le livre de Josué donne le nom du site, la seule fois où celui-ci est mentionné dans la Bible : « Lisan, langue de mer ».

Le véhicule en métal que je recherchais était-il un objet fabriqué par l'homme aux temps bibliques ? Mais je ne comprenais pas comment un objet de la taille d'un chariot pouvait contenir un obélisque.

Si un « véhicule » vieux de plusieurs milliers d'années était effectivement enfoui sous la péninsule de Lisan, alors comment pourrait-il être d'origine terrestre ?

Qu'était cette « arche d'acier » ? D'où venait-elle ? Et, surtout, existait-elle encore ?

Un objet ancien en fer ou en métal aurait-il pu survivre durant des millénaires ?

J'ai à nouveau consulté la grille codée confirmant que je cherchais au bon endroit, là où « code de la Bible » apparaît avec « cela existe à Lisan ».

Et j'ai vu à ce moment que le texte caché traversant « code de la Bible » disait aussi « dans un véhicule, là, à ce jour ».

Dans le même verset était codé le mot « acier ». Et, si le code avait raison, le « véhicule » était toujours enterré dans la péninsule.

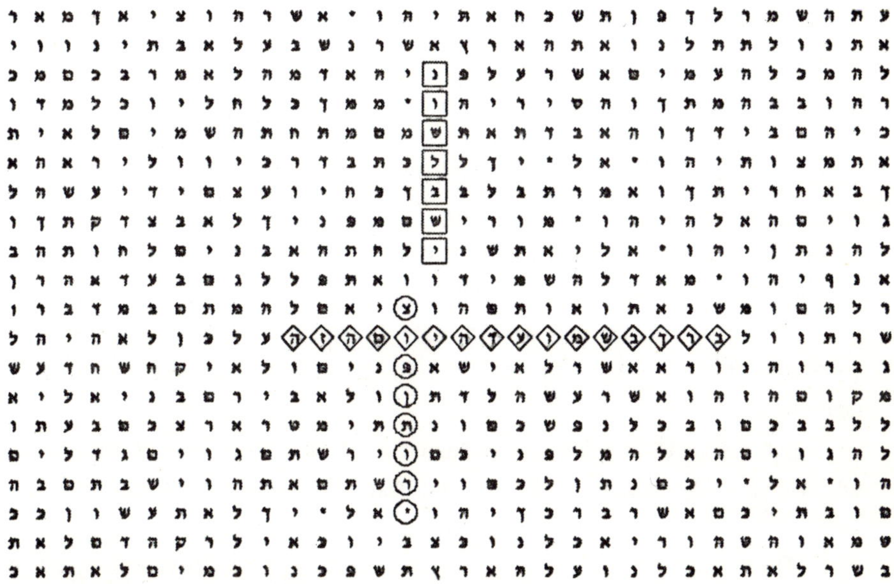

○ CODE DE LA BIBLE ☐ CELA EXISTE À LISAN ◇ DANS UN VÉHICULE, LÀ, À CE JOUR

Lorsque je suis retourné à Lisan, accompagné par un archéologue du département jordanien des Antiquités, celui-ci m'a fait part de son scepticisme : il doutait fort qu'un objet en métal ait pu traverser les millénaires dans ce sous-sol gorgé de sel et, a fortiori, dans la mer Morte.

J'ai consulté un géophysicien israélien, un expert de la détection du fer. Il m'a expliqué que, au cas où il resterait des vestiges de l'objet, ils ne seraient pas décelables par un magnétomètre s'ils étaient rouillés.

Soudain, toute l'entreprise était remise en cause. Si « l'arche d'acier » se trouvait sous l'eau, elle serait évidemment rouillée. S'agissant d'eau salée, la corrosion serait d'autant plus terrible.

Même enfoui dans le sol, cette terre gorgée de sel aurait sans doute réduit à néant tout objet en métal depuis bien longtemps.

Or le sous-sol de la péninsule de Lisan bat les records mondiaux de teneur en sel : c'est un dôme de roche salée épais de plusieurs kilomètres, entouré par une mer salée dans laquelle rien ne peut survivre, raison pour laquelle on l'appelle la mer Morte, précisément.

Je me suis adressé à tous les experts que j'ai pu trouver. L'un après l'autre, ils m'ont assuré qu'un objet métallique aurait sûrement été réduit à néant il y a des milliers d'années.

Les archéologues, les métallurgistes, les conservateurs de musée m'ont tous affirmé que la très grande majorité des objets en fer anciens mis au jour étaient rongés par la corrosion, et que celle-ci serait fortement aggravée par le sel. Dans de telles conditions, la plupart des objets en fer disparaissent en quelques années. Aucun n'aurait pu subsister pendant des siècles.

J'étais effondré. J'avais le sentiment que ma quête venait de prendre fin brutalement. Je refusais pourtant de baisser les bras. J'ai passé un dernier coup de fil.

Ronald Latanison est le plus grand expert en corrosion du Massachusetts Institute of Technology (MIT) ; c'est une autorité pour tout ce qui concerne la durée de vie du fer et de l'acier. Je lui ai donc demandé si un objet métallique pourrait se conserver sous l'eau durant des millénaires.

« Cela dépend de la teneur en sel », a été sa réponse.

Je n'osais pas lui avouer qu'il s'agissait de la mer Morte, l'endroit le plus salé de la planète. Mais je n'avais pas le choix.

« Alors, il est peut-être toujours là », m'a dit Latanison.

Dans l'environnement exceptionnel de Lisan, de la mer Morte, toutes les règles étaient inversées. C'était la seule exception à tout ce que l'on m'avait affirmé jusque-là.

« Il est vrai que le fer rouille dans l'eau, et le sel accélère le processus, m'a expliqué Latanison. Or, au-delà d'une certaine concentration, cela empêche en fait la corrosion. Quand l'eau contient plus de 35 % de sel, la teneur en oxygène chute très rapidement. Sans oxygène, pas de rouille. »

J'ai appelé David Neev en Israël. J'ai demandé à cet expert international de la mer Morte si la concentration de sel y dépassait les 35 %.

« Bien sûr. C'est même le seul endroit sur terre où c'est le cas. »

Et Neev m'a confirmé ce que m'avait dit Latanison : un objet en fer aurait très certainement subsisté au fond de la mer Morte, car cette eau ne contient pas une trace d'oxygène.

Et si l'objet était enfoui dans le sol ? J'ai posé la question à Latanison et à Neev.

Un objet en fer enterré dans le sous-sol de la péninsule de Lisan serait sans doute aussi intact, parce que le sol y est pratiquement imperméable à l'air. Latanison me l'a certifié : un objet métallique enterré dans la roche saline qui se trouve sous la péninsule de Lisan ne serait pas attaqué par la rouille.

« Une grotte salée absorberait l'humidité, m'a assuré le professeur du MIT. Or, sans humidité, pas de rouille. Et, sans oxygène, pas de rouille non plus. Une grotte un tant soit peu hermétique préserverait indéfiniment un objet métallique. »

Et l'endroit auquel je m'intéressais était le seul au monde où une « arche d'acier » aurait pu rester intacte des millénaires durant.

Je me suis tourné une nouvelle fois vers le code de la Bible pour obtenir une confirmation finale. La phrase « l'acier n'a pas rouillé » apparaît une fois. « Préservé » et « détection, révélation » figurent au même endroit.

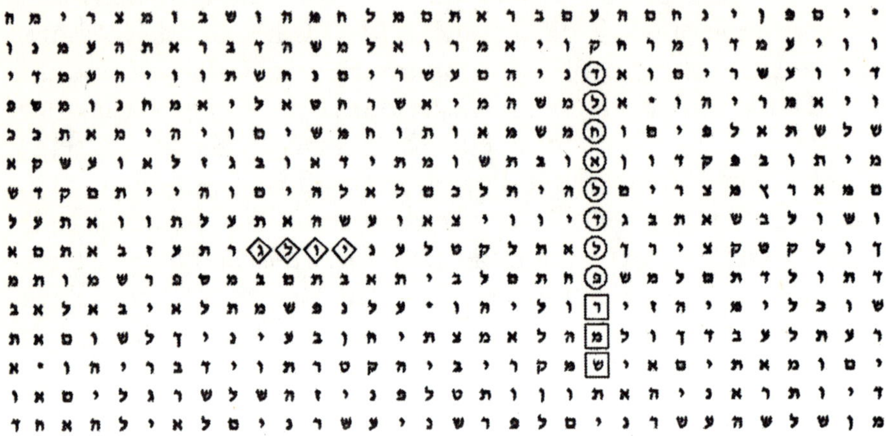

○ L'ACIER N'A PAS ROUILLÉ □ IL A ÉTÉ PRÉSERVÉ ◇ DÉTECTION, RÉVÉLATION

Mais le texte caché semblait suggérer quelque chose de manière répétée : je n'aurais peut-être pas besoin de mettre sur pied une expédition, d'envoyer sur place une équipe de géophysiciens armés de magnétomètres pour trouver les obélisques.

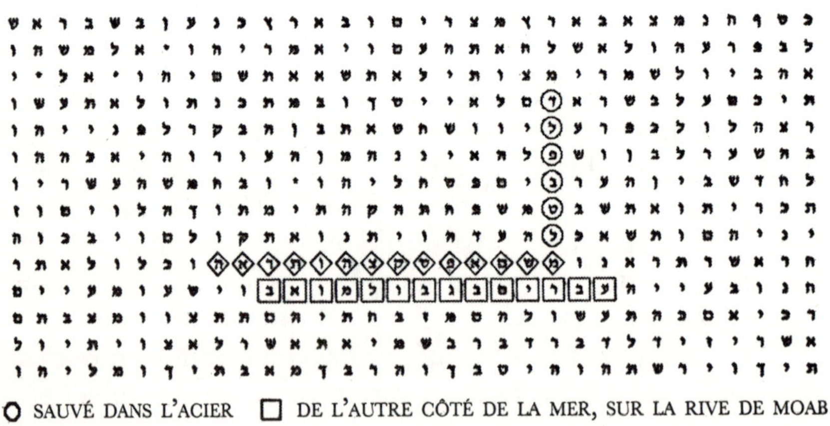

○ SAUVÉ DANS L'ACIER □ DE L'AUTRE CÔTÉ DE LA MER, SUR LA RIVE DE MOAB (JORDANIE)

◇ TU L'APERCEVRAS DE LÀ, UNE PETITE EXTRÉMITÉ

« Sauvé dans l'acier » est également codé avec le nom du site, « de l'autre côté de la mer, sur la frontière de Moab », le nom biblique de la Jordanie. Et, à cet endroit précis, le texte caché dit : « tu l'apercevras de là, une petite extrémité ».

Cela semblait signifier que l'on pourrait déceler facilement, voire accidentellement, la clé du code, que la pointe de l'obélisque jaillissait peut-être du sol.

« L'obélisque pointe, évident » est aussi codé avec « Mazra » et « Lisan ».

« De Lisan, il pointe » apparaît à côté des mots de la Bible qui recoupent aussi « arche d'acier » et « arche de fer » : « ceci est la solution », chevauchant « Lisan ».

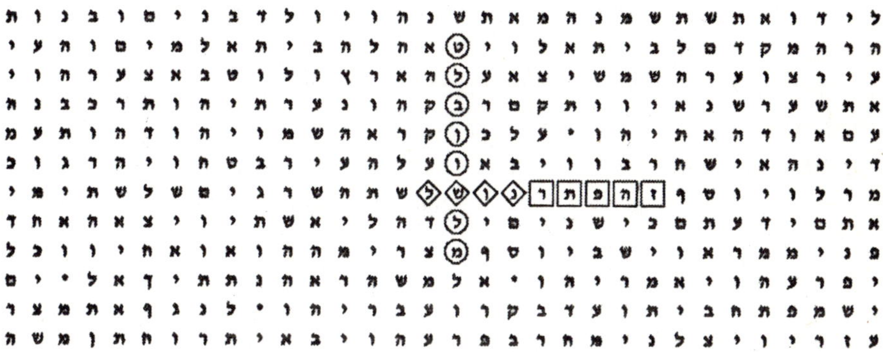

○ DE LISAN, IL POINTE ◇ LISAN □ CECI EST LA SOLUTION

Et la géographie exceptionnelle de la péninsule faisait que tout cela était plausible. Je cherchais la clé du code sur une terre qui avait été sous l'eau pendant cinq mille ans. La mer Morte se trouvait à son plus bas niveau depuis l'aube de la civilisation, et elle baissait encore rapidement. Un géologue israélien venait même de rendre public un rapport intitulé « Le point le plus bas de la planète baisse encore ».

Il était tout à fait possible qu'un objet enfoui depuis des millénaires refasse surface tout seul.

Mais il y avait un hic. Un tel objet en fer ou en acier, préservé de toute corrosion durant des milliers d'années, se désintégrerait à l'instant où il serait exposé à l'air. L'oxygène ambiant le ferait disparaître en quelques jours ou même en quelques heures.

Subitement, ma quête était devenue encore plus pressante.

Le 5 octobre 2000, je m'envolais pour Amman, en Jordanie, où j'avais rendez-vous avec l'ambassadeur des États-Unis, William Burns. Celui-ci avait promis d'entreprendre des démarches auprès de dirigeants jordaniens, voire auprès du roi Abd Allah en personne, pour obtenir qu'ils autorisent notre expédition archéologique dans les meilleurs délais.

Mais, à mon arrivée, l'ambassade américaine était assiégée par vingt mille manifestants en colère qui clamaient des slogans anti-israéliens et anti-américains.

De l'autre côté de la frontière, en Israël, près de cent Palestiniens avaient été tués en une semaine, depuis que la nouvelle Intifada avait éclaté. Les chars et les hélicoptères israéliens bombardaient les territoires autonomes et la bande de Gaza. Beaucoup des manifestants devant l'ambassade américaine brandissaient le portrait d'un gamin palestinien de douze ans qui avait été abattu par des soldats israéliens.

Les émeutes se sont propagées aux camps de réfugiés qui entourent Amman et aux universités, et elles menaçaient de faire tomber le gouvernement.

À l'intérieur de l'ambassade, William Burns était visiblement secoué. Il voyait mal, étant donné les circonstances, comment les Jordaniens se laisseraient convaincre d'autoriser mon expédition à Lisan.

« Ce n'est même pas la peine de soulever la question », a-t-il précisé.

Mais, trois jours plus tard, j'avais un rendez-vous avec le ministre du Tourisme et des Antiquités, ainsi qu'avec le vice-Premier ministre, et tous deux m'ont assuré que mon expédition pourrait avoir lieu.

Le nouveau soulèvement risquait de nous empêcher de trouver la clé du code au moment même où les avertissements du texte caché de la Bible commençaient à se réaliser, à l'instant précis où le Proche-Orient semblait être sur le point de s'embraser – et de sonner peut-être le déclenchement de la troisième guerre mondiale.

7

Sharon

« J'ai plus de succès avec les Arabes qu'avec les Juifs », ai-je dit à Omri Sharon.

Il a ri. Je venais de rencontrer Yasser Arafat, qui avait accepté sans discussion l'existence d'un code caché dans la Bible, mais j'avais toutes les peines du monde à organiser une rencontre avec le père d'Omri, le nouveau Premier ministre israélien, Ariel Sharon.

Nous étions le mardi 17 avril, 2001. La veille, des chars israéliens étaient entrés dans Gaza, pénétrant pour la première fois, depuis les accords d'Oslo de 1993, dans un territoire autonome palestinien. J'avais été surpris qu'Omri accepte de me rencontrer dans ce contexte de crise.

Je l'avais immédiatement reconnu. Sa photo venait de faire la une de tous les journaux israéliens, lorsque ceux-ci avaient révélé que son père se servait de lui en tant qu'émissaire officieux auprès d'Arafat. La gauche fulminait, parce que Sharon contournait son ministre des Affaires étrangères, Shimon Peres. La droite était furieuse, parce que Sharon avait juré qu'il ne négocierait pas sous la menace des armes.

Omri était le principal confident de son père, son conseiller le plus proche. Certains disaient qu'il était l'homme le plus puissant d'Israël après son père. En tout cas, c'était certainement la personne qu'il écoutait le plus.

Nous étions assis dans le patio du King David Hotel surplombant la Vieille Ville, la Jérusalem biblique entourée de murailles qui était l'un des principaux champs de bataille du conflit israélo-palestinien.

La nouvelle Intifada avait commencé sept mois plus tôt. Elle avait déjà fait plus de cinq cents morts, et, avec l'envoi de chars à Gaza, Israël semblait sur le point de lancer une offensive totale.

C'est Sharon lui-même qui était accusé d'avoir déclenché la nouvelle Intifada en se rendant sur l'esplanade des Mosquées – site sacré pour les Arabes comme pour les Juifs –, escorté par mille soldats et policiers anti-émeutes lourdement armés, après l'échec de Camp David.

À présent, le général de droite dont l'acte avait conduit au bain de sang actuel était devenu Premier ministre du pays. Personne, pas même Sharon, n'avait cru que cela serait possible.

Mais tout était prédit dans le texte caché de la Bible.

« À un moment où nul ne pensait que votre père serait candidat, le code a prédit qu'il deviendrait Premier ministre », ai-je dit à Omri en lui montrant la grille codée qui annonçait les élections du 6 février 2001.

« Sharon » était codé avec la date du « 13 shevat », et « Premier ministre Sharon » était codé avec l'année juive « 5761 ». C'est-à-dire le 6 février 2001.

○ 13 SHEVAT 5761 (6 FÉVRIER 2001) □ SHARON

Omri a examiné la grille d'un air sceptique.

« Je n'ajoute aucune foi à ces histoires. Vous pouvez trouver n'importe quoi comme ça.

– Le problème, c'est que nous l'avons découvert deux mois à l'avance, ai-je répondu. Ces choses ne cessent de se vérifier. Le code de la Bible a prédit le résultat des trois dernières élections, alors qu'aucun institut de sondage n'y est parvenu. »

Cela n'a pas eu l'air de l'impressionner.

« Comme on dit chez nous, si je ne peux pas y mordre, je ne peux pas y croire. Mon père est du même avis que moi. »

Ariel Sharon est non seulement quelqu'un de très terre à terre, il est littéralement... terrien. Il a grandi dans une ferme. Il n'y a pas moins religieux que lui. Il n'a pas un sou de mysticisme dans l'âme. À la différence d'un Peres, ce n'est pas un intellectuel. À la différence d'un Barak, il n'est pas fasciné par les idées abstraites. Et, à la différence d'Arafat, il n'est absolument pas croyant.

Peu de gens au monde le comprennent, mais Israël n'est pas une théocratie. La moitié au moins de sa population est athée, et aucun religieux n'a jamais été Premier ministre.

La seule religion de Sharon, c'est la défense de la terre d'Israël par tous les moyens. Il est persuadé que les Arabes détestent les Juifs, et que cela ne changera jamais. À un moment où Sharon lui-même ne croyait pas qu'il deviendrait jamais Premier ministre, à un moment où *personne* ne l'imaginait, il a donné très clairement son opinion sur le processus de paix : « Vous savez ce que je pense. On ne peut y parvenir. »

Dans cette même interview préélectorale, il ajoutait : « Les Arabes ne veulent pas des Juifs ici. C'est le fond de toute cette histoire. Ils tiennent à prendre cette terre par la violence. Je défendrai la vie des citoyens israéliens. Et je n'ai pas besoin de m'étendre. Les Arabes me connaissent. Et je les connais aussi. »

Telle est la religion de Sharon.

Je me doutais bien que j'aurais du mal à le convaincre de l'existence d'un code dans la Bible. Et je savais aussi qu'Omri était le meilleur moyen d'approcher le Premier ministre ; on disait de lui qu'il s'était opposé à son père lorsque celui-ci avait décidé de se rendre sur l'esplanade des Mosquées ; on disait de lui qu'il entretenait des liens avec les responsables arabes de sa génération ; on disait de lui qu'il voulait la paix.

J'ai remis à Omri une copie de la lettre que j'avais fait parvenir à Yitzhak Rabin un an avant son assassinat. Pour la première fois depuis le début de notre conversation, il a eu l'air intéressé.

« Faites-moi voir ça », a-t-il dit en pointant le doigt sur l'endroit de ma lettre où je disais à Rabin : « Le seul endroit où votre nom – Yitzhak Rabin – est codé en entier dans la Bible, il est barré par les mots "l'assassin l'assassinera". »

Je lui ai remis un exemplaire de mon livre, dont la couverture reproduit cette grille codée.

« Vous dites avoir envoyé cette lettre à Rabin en 1994 ? Un an avant son assassinat ?

– Oui. Le code a prédit non seulement que Rabin serait assassiné, mais l'année aussi, et ensuite nous avons trouvé le nom de son assassin codé au même endroit. Rabin a lu la lettre, mais il a ignoré l'avertissement. »

Omri est resté silencieux un moment. Il a examiné la grille codée.

« Donc, pourquoi vouliez-vous me rencontrer ? »

Je lui ai alors désigné la même grille que j'avais montrée à Arafat, là où les deux occurrences de « la fin des jours » apparaissent simultanément, et « Arafat » et « Bush » avec « Sharon ».

« Les chances que cela soit un pur hasard sont inférieures à une sur un million, ai-je ajouté.

– Les statistiques, les statistiques..., a-t-il répliqué. On peut leur faire dire n'importe quoi, aux statistiques.

– Même si vous ne croyez pas à l'existence d'un code de la Bible qui prédit l'avenir, ni même votre père, il est néanmoins important que je le rencontre, parce que Arafat y croit dur comme fer », ai-je dit à Omri.

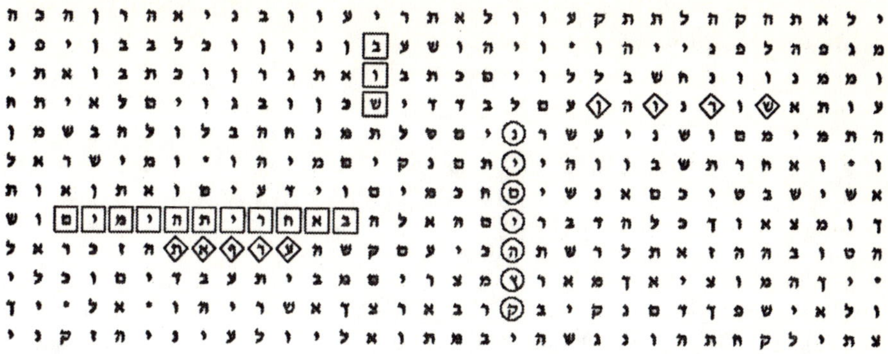

○ FIN DES JOURS □ À LA FIN DES JOURS ◇ ARAFAT □ BUSH ◇ SHARON

Il savait que j'avais vu Arafat quelques jours après son propre rendez-vous secret avec le vieux leader.

« Au risque de vous offenser, je pense qu'Arafat prend le code bien plus au sérieux que tout ce que vous lui avez dit, parce qu'il a foi dans les prophéties. Cela le touche au plus profond de lui-même.

– Je sais parler aux Arabes, m'a-t-il répondu.

– Arafat n'est pas un Occidental.

– Moi non plus. Je suis d'ici, et je sais comment pense quelqu'un comme lui.

– À l'inverse de Barak ou de Clinton.

– C'est vrai. »

J'ai remis à Omri une lettre que j'avais écrite pour son père, et j'ai ajouté :

« Votre père sera peut-être plus sensible que vous à tout ceci, parce qu'il a un sens profond de sa propre destinée.

– Parfois, je préférerais qu'il l'ait un peu moins, a rétorqué Omri. Il se rendrait la vie plus simple. »

Il a lu une nouvelle fois, très lentement et très attentivement, ma lettre, puis m'a posé une question :

« Je ne vois que des périls. Y a-t-il une solution ?

– Le code de la Bible ne fournit que des informations, lui ai-je répondu. Il ne dit pas ce qu'il faut faire. Mais il semble indiquer que votre père peut faire la paix. »

Je lui ai montré l'endroit où « Sharon » était codé avec « la fin des jours », et aussi avec « paix ».

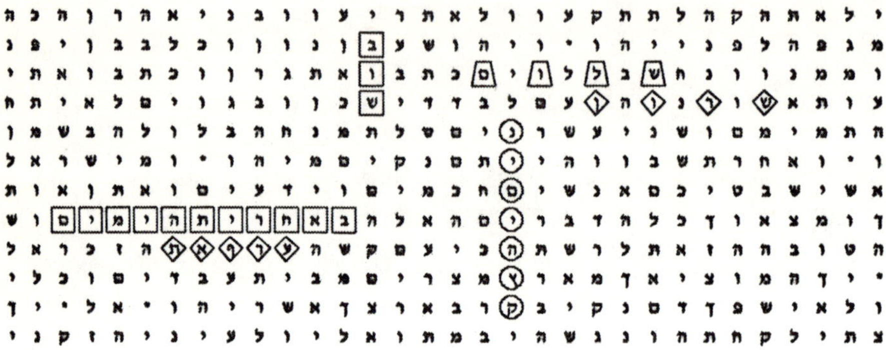

○ FIN DES JOURS □ À LA FIN DES JOURS ◇ ARAFAT □ BUSH
◇ SHARON □ PAIX

Et je lui ai également montré que, là où l'on trouve « Sharon » et « holocauste nucléaire », il y a aussi « traité de paix ».

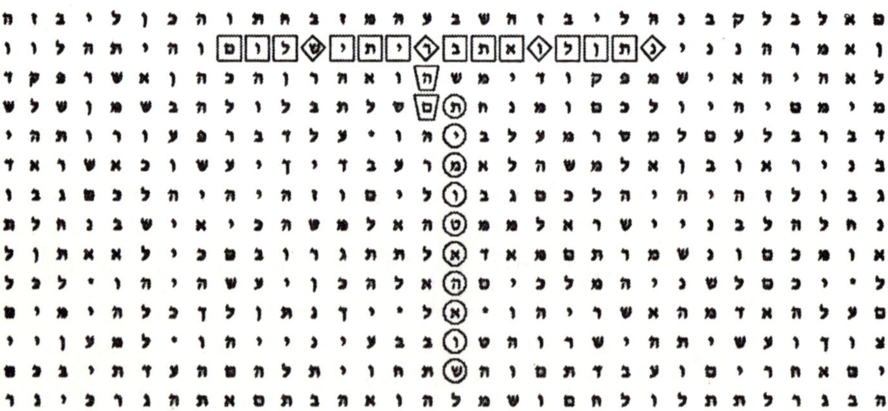

○ HOLOCAUSTE NUCLÉAIRE □ IL LUI A DONNÉ MON TRAITÉ DE PAIX
□ PREMIER MINISTRE ◇ SHARON

Omri a parcouru une nouvelle fois ma lettre et, lorsqu'il a eu fini, il m'a dit qu'il la donnerait à son père le jour même.

Voici ce que j'y disais :

«J'ai demandé à votre fils Omri de vous remettre cette lettre et de m'aider à vous rencontrer, car le code de la Bible nous avertit qu'Israël va peut-être être confronté à de graves périls, peut-être ultimes.

« Ce moment critique de l'histoire de votre pays a été clairement prédit.

« "Sharon", "Arafat" et "Bush" sont codés ensemble, nommément, dans la Torah, accompagnant les expressions bibliques qui désignent le moment de danger final, "la fin des jours".

« Bien qu'il existe de nombreuses interprétations du sens de "la fin des jours", tous les spécialistes s'accordent pour affirmer que cela suggère un péril au moins aussi grave que celui que décrit explicitement le livre de Daniel : "Et viendra alors un temps de troubles comme il n'en a jamais existé depuis qu'il y a une nation." »

« S'agissant d'Israël, cela peut signifier beaucoup de choses », a conclu Omri en se levant pour partir.

Selon moi, le problème n'est pas que Sharon refuse de croire au code de la Bible, c'est qu'il ne veut pas de la paix.

Ce qui m'en a persuadé, ce n'est pas mon entrevue avec son fils, mais une discussion avec une vieille connaissance, le général Isaac Ben Israël, directeur scientifique du ministère israélien de la Défense.

Je connais Isaac depuis dix ans. Je l'avais averti que le code de la Bible prédisait que Rabin serait assassiné, au moment même où je prévenais également Rabin. J'avais emmené le professeur Rips au Kirya, le quartier général de l'armée à Tel-Aviv, pour qu'il puisse le rencontrer. Isaac est physicien, et c'est lui qui décide quelles armes Israël doit fabriquer ou acheter. C'était le seul haut responsable israélien dont les compétences scientifiques lui permettraient de saisir le code de la Bible au niveau auquel Rips pouvait l'expliquer.

Parce qu'il en comprenait les bases scientifiques, parce qu'il avait vu la prédiction à propos de Rabin se réaliser,

Isaac n'avait jamais eu peur d'informer qui de droit des mises en garde que je lui communiquais. Il les adressait aussi bien à des généraux qu'à des responsables du renseignement ; il en a même fait part un jour à un Premier ministre.

Mais, lorsque j'ai rencontré Isaac à Tel-Aviv en avril 2001, il m'a effrayé. La politique n'avait jamais vraiment fait partie de nos sujets de conversation. Je supposais qu'il devait être de gauche, comme Rabin, Peres et Barak.

Las, ce jour-là, j'ai découvert que le général Ben Israël semblait avoir fait siennes les positions du gouvernement Sharon.

Je savais qu'il s'entretenait chaque semaine avec les principaux responsables militaires du pays, y compris, parfois, le Premier ministre. Et j'ai constaté avec effarement que son point de vue s'était durci.

Je lui ai montré les mêmes grilles codées que j'avais montrées à Omri Sharon, et que j'espérais pouvoir soumettre au Premier ministre en personne. J'ai insisté en particulier sur la grille où « Arafat », « Sharon » et « Bush » étaient codés avec « la fin des jours ». J'ai répété ce que je disais à tout le monde, que, selon le code, le seul choix possible paraissait être la paix ou l'anéantissement.

« Que peut faire Arafat contre nous ? Rien de grave.

– Bien sûr, vous pouvez le vaincre militairement. Cependant, si vous faites cela, le monde entier vous condamnera, et les fanatiques islamistes, qui disposent de missiles et d'armes de destruction massive, vous attaqueront.

– Je ne pense pas que le monde nous condamnera, a rétorqué Ben Israël. Pas si cela fait suite à un attentat terroriste majeur.

– Qu'est-ce que vous considérez comme "majeur" ?

– Pas trois morts, trois cents, m'a répondu Isaac. Nous avons évité cela à plusieurs reprises. Ils ont essayé de faire sauter un immeuble de bureaux à Tel-Aviv. Ce genre de chose.

– Que ferait alors Israël ?

– La réplique serait dévastatrice. »

De toute évidence, il n'était pas disposé à me donner davantage de détails. Mais il était parfaitement clair qu'il faisait allusion à des plans établis pour la circonstance au plus haut niveau.

C'est à ce moment-là que j'ai su que Sharon n'attendait qu'un prétexte pour entreprendre quelque chose de radical contre les Palestiniens. Tout était prévu d'avance.

J'ai confié mes craintes à Isaac : ce serait un désastre pour Israël, cela provoquerait très exactement le type de réaction contre lequel le code de la Bible nous mettait en garde : le danger ultime auquel le code affirmait qu'Israël ferait face avant cinq ans.

« Nous survivrons à une attaque chimique, m'a dit Ben Israël. Nous y avons déjà pensé. Il y aura peut-être une dizaine de milliers de morts. Ce serait tragique, mais pas fatal. »

Je lui ai alors montré une autre grille codée. « Arafat » était barré par « peste », à un endroit où le texte biblique dit : « et les morts de la peste étaient 14 700 ».

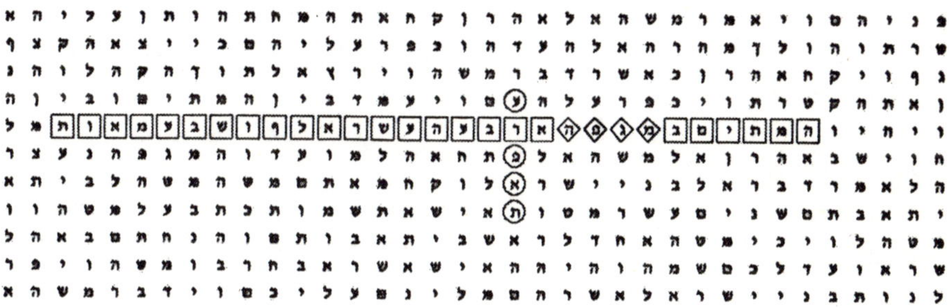

○ ARAFAT ◇ PESTE □ ET LES MORTS DE LA PESTE ÉTAIENT 14 700

« Et une attaque nucléaire ?

– Ça, ça pourrait être fatal. »

Cette discussion m'a secoué plus que toutes celles que j'avais déjà pu avoir avec de hauts responsables. Et les événements des jours suivants – le bombardement d'une station de radar syrienne au Liban, l'incursion dans la bande de Gaza – semblaient indiquer que Sharon attendait le moment opportun pour accomplir son destin : l'occasion ou il pourrait frapper les Palestiniens avec toute la puissance militaire d'Israël.

Jamais ce qui était codé dans la Bible ne m'avait paru aussi réel. Le fait qu'Arafat accepte les avertissements du code n'était pas suffisant. J'avais aussi besoin d'atteindre Sharon. Je devais essayer de lui faire peur, comme j'avais fait peur à Arafat.

Je devais le convaincre que « la fin des jours » était déjà là.

En disant au revoir à mon ami Isaac, je lui ai demandé qui, selon lui, pouvait m'aider à rencontrer Sharon.

Il m'a suggéré de m'adresser à un général à la retraite que le Premier ministre avait l'intention de nommer à la tête du Mossad.

« On me dit que vous serez le prochain chef du Mossad, ai-je dit au général Meïr Dagan lorsque je l'ai enfin vu à Rosh Pina, la ville du nord d'Israël où il habitait.

– On m'a rapporté ces rumeurs », m'a-t-il répondu.

Selon ce qu'on m'avait dit, le général était le conseiller le plus écouté du Premier ministre après son fils Omri. Mais ses opinions politiques avaient de quoi donner froid dans le dos. Il avait pris la parole lors d'une « marche contre la paix » et lancé à la foule assemblée : « Nous devons répliquer à la guerre par la guerre. Le moment est venu de renvoyer Arafat en Tunisie. »

Tel était l'homme que je devais persuader que la seule alternative qui s'offrait à Israël était la paix ou l'anéantissement.

Je lui ai montré les mêmes grilles codées que j'avais montrées à Omri Sharon, là où « Arafat » et « Sharon » sont codés avec « la fin des jours », là où apparaissent aussi les mises en garde contre « l'holocauste nucléaire » et la « guerre mondiale ».

« Et qu'est-ce que cela veut dire ? s'est-il enquis. Qu'est-ce qu'on peut y faire ?

– Je pense que cela signifie qu'Israël est confronté à un péril final, et que vous avez cinq ans pour trouver un moyen de survivre. Mais je suis certain que le futur peut être changé. C'est pour vous expliquer cela que je suis venu vous voir. »

Je savais que Dagan n'était pas croyant. Je lui ai demandé s'il était capable de prendre le code au sérieux.

« Oui, parce que, si le danger est réel, ce n'est pas quelque chose que nous pouvons ignorer. »

Lors du précédent gouvernement de droite en Israël, celui de Benyamin Netanyahou, Dagan avait été en charge du contre-terrorisme. J'avais eu l'occasion de remarquer que les gens ayant une expérience du renseignement étaient souvent plus ouverts à l'idée du code, même lorsqu'ils n'étaient pas religieux. Je le lui ai dit.

« Vous avez raison, a-t-il répondu. Nous n'avons pas le choix. Nous ne pouvons négliger aucun avertissement. »

Mais il y avait autre chose, quelque chose que Dagan m'a seulement révélé lorsque nous nous sommes revus, des mois plus tard.

C'était en décembre 2001. Sharon venait de le nommer à la tête de la délégation israélienne chargée de négocier un cessez-le-feu avec les Palestiniens, sous l'égide du médiateur américain, le général Anthony Zinni.

Tout le monde savait que Sharon avait choisi Dagan pour être certain qu'il n'y aurait pas de trêve. Dagan m'a une nouvelle fois surpris par son désir affiché de convaincre le Premier ministre de me rencontrer pour discuter des avertissements du code de la Bible.

Je lui ai montré les grilles codées qui prédisaient le 11 septembre, « Twin Towers » codé avec « avion », et je lui ai dit que le code semblait contenir une mise en garde qu'Israël aussi courait le risque d'attentats d'une tout autre ampleur.

« J'en parlerai au Premier ministre, et j'en parlerai également à Omri, a rétorqué Dagan. Mais Sharon refusera certainement de vous voir maintenant. »

La crise s'était encore aggravée. Trois attentats suicide avaient fait vingt-cinq morts en quelques jours, et à présent l'aviation israélienne bombardait Gaza et la Cisjordanie.

« Je comprends le moment que vous vivez, ai-je ajouté. Cependant, ce qui se passe actuellement n'est en fait qu'un détail. Vingt-cinq morts, c'est une tragédie ; toutefois, à côté de ce qui vous attend peut-être, ce n'est rien. Si le code dit vrai, les véritables périls sont devant nous, des milliers de gens mourront, et à la fin votre pays pourrait être anéanti. »

Dagan est demeuré silencieux. Je savais que c'était un soldat, mais peut-être étais-je allé trop loin.

« Je suis navré de devoir vous l'annoncer si brutalement, ai-je ajouté. Si nous avions plus de temps, je m'y prendrais avec plus de tact, or cela fait des mois que j'essaie de parler au Premier ministre, et je veux que vous lui disiez que c'est une question de survie.

– J'ai promis d'en parler à Sharon, et je le ferai. Je ne suis pas croyant, mais je suppose qu'il existe des forces surnaturelles qui influent sur ce qui est en train de se passer ici. »

J'ai été surpris. Jusque-là, il avait été d'une grande ouverture d'esprit. À présent, je savais pourquoi.

« Cette certitude provient d'une expérience personnelle ?

– Oui », a-t-il répondu, sans aller plus loin.

Je n'ai pas insisté. Néanmoins, je m'interrogeais : qu'avait donc pu vivre ce militaire de carrière pour qu'il croie en l'existence de forces surnaturelles et, donc, qu'il accepte la matérialité du code de la Bible ?

« Je pense qu'il peut exister des choses comme celle-ci, je pense que cela peut être vrai », a dit Dagan.

Je n'avais pas besoin d'en savoir plus.

Mon but était de me retrouver assis en face d'Ariel Sharon, comme avec Yasser Arafat.

J'ai informé Dagan que je rencontrerais peut-être à nouveau Arafat.

« N'y allez pas dans les jours qui viennent, m'a-t-il lancé.

– Je n'ai pas peur.

– N'y allez pas en ce moment. »

Quelques jours plus tard, un nouvel attentat suicide ensanglantait Israël. Des hélicoptères israéliens attaquaient le quartier général d'Arafat à Ramallah, et des chars israéliens l'encerclaient.

Le dirigeant palestinien allait y rester prisonnier pendant de longs mois.

En septembre 2001, Meïr Dagan était nommé chef du Mossad par Ariel Sharon, son vieil ami.

La photo suspendue au mur était comme une machine à voyager dans le temps. Yasser Arafat serrait la main de Yitzhak Rabin sur la pelouse de la Maison-Blanche, sous l'œil attentif de Bill Clinton. Shimon Peres se tenait à côté de Rabin.

Je venais de pénétrer dans les bureaux de Peres à Tel-Aviv. Cependant, la paix dont il avait été le champion incontestable semblait être un souvenir, triste, lointain.

On m'a aussitôt conduit à lui.

C'était ma dernière chance, mais il m'a paru vieilli, fatigué et déprimé. La perte paraissait être plus accablante pour lui que pour tout autre. Peut-être était-ce parce qu'il avait contribué plus que quiconque à créer le moment immortalisé par la photo.

La dernière fois que j'avais vu Peres, il était Premier ministre. C'était à la fin de 1996, quelques mois après l'assassinat de Rabin. Aujourd'hui, il représentait le contrepoids de gauche du gouvernement d'union nationale conduit par Sharon.

Je lui ai montré les mêmes grilles codées que j'avais montrées à Omri Sharon et à Dagan, celles où l'on voyait « la fin des jours », « guerre mondiale » et « holocauste nucléaire » avec la date « 2006 ».

« Lors de notre première rencontre, m'a dit Peres, vous m'avez annoncé que le danger était pour dans dix ans. Maintenant, il ne reste plus que cinq ans, et il ne me semble pas que le risque ait diminué. »

Après l'échec de Camp David, sept mois après le début de la nouvelle Intifada, après l'élection de Sharon, ces choses que j'avais eu tant de mal à avouer à Peres autrefois tant elles paraissaient apocalyptiques faisaient à présent partie du sens commun. Je lui ai dit qu'il y avait peut-être des raisons d'espérer.

«Je viens de rencontrer Arafat, et il a eu l'air d'admettre sans discussion les mises en garde du code. »

Peres voulait connaître tous les détails :

« Que lui avez-vous déclaré, et comment a-t-il réagi ?

– Je lui ai dit que, selon le code, il devait choisir non pas entre la paix et les émeutes, ni même entre la paix et la guerre, mais entre la paix et l'anéantissement. Visiblement, il a accepté cela entièrement. »

Une nouvelle fois, j'ai ouvert l'exemplaire de mon livre à la page où l'on voyait les deux expressions « la fin des jours » et j'ai entouré les lettres qui épelaient « Arafat »

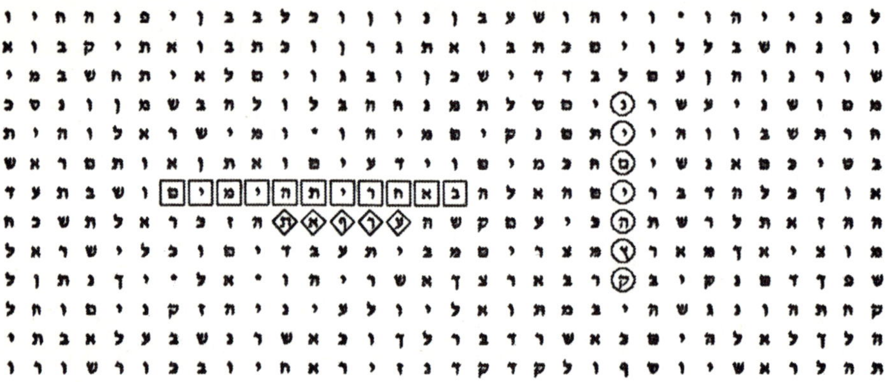

○ LA FIN DES JOURS ☐ À LA FIN DES JOURS ◇ ARAFAT

« Quelle a été sa réaction ? m'a demandé Peres.

– Il n'a pas eu l'air surpris. Il m'a répondu qu'il croyait déjà que nous vivions des temps critiques, mais, lorsqu'il a réalisé que l'expression était la même en hébreu et en arabe – que l'on prononce « la fin des jours » de la même manière dans les deux langues –, cela l'a ébranlé. Il l'a répété à tous ses conseillers, et ils avaient tous l'air secoués.

– Puisque c'est prédit, qu'est-ce qu'on peut y faire ? »

Il m'avait posé la même question cinq ans plus tôt, et je lui avais montré que « holocauste nucléaire » était codé avec « 2006 ».

« Arafat m'a posé la même question. Sauf que lui a dit : "Puisque c'est *écrit*, qu'est-ce qu'on peut y faire ?"

– C'est ce que proclament les Arabes : "puisque c'est écrit". Ils pensent que tout est écrit à l'avance.

– J'ai tenté de le convaincre que le futur peut être changé, que le code de la Bible ne contient que des avertissements, pas des prédictions. Ce que nous faisons, ce que vous ferez, ce que lui fera, c'est cela qui, en dernière instance, déterminera ce qui se réalisera. »

J'ai ajouté à Peres que j'avais rencontré Omri Sharon et que j'essayais d'obtenir un entretien avec son père par son entremise, mais que, selon moi, le Premier ministre ne voulait pas la paix.

Peres n'a pas protesté. Il n'a pas défendu Sharon. Il s'est contenté de dire :

« Je suis déjà convaincu que nous n'avons pas d'autre choix que la paix, alors pourquoi me racontez-vous cela ?

– Parce que la croyance d'Arafat dans le code de la Bible, son acceptation de ses avertissements, représente peut-être une ouverture entièrement nouvelle – même si l'on nie l'existence d'un code qui prédise le futur.

– Arafat et moi appartenons à des mondes étrangers. Arafat est issu d'une culture fondamentalement agricole. Je viens d'une culture scientifique, démocratique. Nous sommes si différents. La communication entre nous est vraiment difficile. »

Peres s'est tu pendant un moment. Sa tristesse était palpable. Il était pour moi, sans l'ombre d'un doute, l'homme politique le plus intelligent que j'eusse rencontré en Israël. Tout le monde disait de lui que c'était un rêveur, et que Sharon était un réaliste. J'étais de l'avis exactement contraire. Pour moi, le rêveur c'était Sharon. Sharon s'imaginait qu'il pouvait gagner militairement, tout régler à coups de chars et de canons. Peres était le réaliste. Il savait que le code disait vrai, que les ennemis d'Israël auraient bientôt des armes nucléaires, que son pays disposait de cinq ans pour assurer sa survie.

8

Code de la vie

Toute la vie sur terre est le produit d'un code. C'est celui qui est inscrit sur une longue molécule : l'ADN. Mais personne ne connaît l'origine de ce code lui-même.

Au début de ma quête de la clé du code, je suis peut-être tombé par hasard sur la clé du code de la vie.

Le secret du code génétique est révélé dans la Genèse, lorsque Dieu dit à Abraham : «Je te donnerai de grandes bénédictions, et je ferai que ta semence se multiplie et soit aussi nombreuse que les étoiles au firmament, et que le sable des plages; et dans ta semence toutes les nations du monde seront bénies.»

La véritable histoire de notre création se trouve cachée dans ces mots célèbres. Selon le code de la Bible, notre ADN a été amené « dans un véhicule ».

○ ADN DANS UN VÉHICULE □ TA SEMENCE ◇ TA SEMENCE DANS UN VÉHICULE

L'expression « ta semence » coupe les mots codés « ADN dans un véhicule ». « Dans un véhicule, ta semence, tous les peuples de la terre » est répété une nouvelle fois dans le texte caché de la Bible, à l'endroit où Dieu dit : « Dans ta semence toutes les nations du monde seront bénies. »

Lorsque j'ai trouvé ces mots codés dans la Bible, j'ai refusé d'y croire. C'était de la science-fiction. L'ADN, la molécule de la vie, apporté sur terre par un vaisseau spatial ?

Je me suis demandé quel scientifique au monde pourrait prendre au sérieux une telle idée.

Je me suis adressé à une autorité internationale en matière d'ADN, le professeur Francis Crick, l'un des deux hommes qui ont élucidé la « double hélice », la structure en spirale de l'ADN, ce pour quoi ils ont reçu le prix Nobel. Cette découverte scientifique est l'une des plus importantes de tous les temps. Crick lui-même se serait exclamé, à cet instant : « Nous venons de découvrir le secret de la vie ! »

J'ai joint Crick au téléphone. Il était à l'autre bout des États-Unis, au Salk Institute de San Diego, en Californie.

« Est-il possible que notre ADN vienne d'une autre planète ?

– J'ai publié un article défendant cette théorie il y a vingt-cinq ans, m'a-t-il répondu. C'est ce que j'appelle la théorie de la "panspermie dirigée".

– Vous pensez qu'il a été apporté par une météorite ou une comète ?

– Non. Quelque chose de vivant n'aurait jamais survécu à un voyage dans l'espace.

– Vous voulez dire que l'ADN a été apporté sur terre par un véhicule ?

– Je ne vois pas d'autre possibilité », m'a-t-il répondu.

Crick venait de confirmer l'affirmation codée de la Bible sur l'origine de la vie sur terre. Mais je ne lui avais pas parlé du code. Crick est un athée convaincu. En revanche, je lui ai demandé de m'expliquer sa théorie de la genèse de l'ADN.

Selon lui, la molécule d'ADN est bien trop complexe pour avoir pu évoluer spontanément sur terre au cours du bref intervalle de temps qui sépare la formation de notre planète il y a 4 milliards d'années et l'apparition de la vie il y a 3,8 milliards d'années.

« Mais il est peu probable, a-t-il ajouté, que des organismes vivants aient pu atteindre la Terre sous forme de spores à partir d'une autre planète, ou incrustés dans une météorite. »

Il ne restait donc, selon lui, qu'une seule éventualité :

« Une forme primitive de vie a été amenée sur terre par une civilisation avancée – de manière délibérée. »

C'était incroyable. Crick me répétait exactement ce qu'assurait le code de la Bible : « l'ADN a été apporté par un véhicule ».

Selon Crick, notre ADN aurait été déposé sur terre par un « vaisseau spatial » et « toute la vie sur terre est un clone dérivé d'un organisme extraterrestre unique ». C'est l'idée qu'il avait défendue publiquement dès 1973.

Je lui ai demandé s'il croyait toujours à la panspermie dirigée.

« On ne connaît pas grand-chose sur l'origine de la vie, m'a-t-il répondu. Mais toutes les découvertes scientifiques récentes sont compatibles avec ma théorie, et aucune ne la réfute. La seule nouveauté de taille depuis que j'ai publié ma théorie, a-t-il ajouté, est que nous sommes dorénavant certains qu'il existe d'autres étoiles entourées de planètes. Il est donc tout à fait possible qu'une civilisation technologiquement avancée ait évolué ailleurs dans notre galaxie avant même la formation de la Terre. »

Crick était plus catégorique que jamais :

« L'ADN a été apporté par un vaisseau spatial. Par des extraterrestres. »

Ce n'était pas exactement le récit que relatait la Genèse. Mais c'était ce qu'affirmait le code de la Bible.

J'étais curieux de savoir ce qu'Eliyahu Rips penserait de cette théorie sur nos véritables origines. Entrerait-elle en conflit avec ses convictions religieuses, avec sa croyance littérale au texte de la Bible, selon lequel Dieu a créé le monde et toutes ses créatures ?

En novembre 1998, lorsque je suis revenu au Proche-Orient pour entreprendre de rechercher les obélisques, la clé cachée du code, j'ai montré à Rips ce que le code disait à propos de celui de la vie, que l'ADN avait été « apporté par un véhicule ».

« C'est une correspondance extraordinaire ! s'est-il exclamé. “L'ADN dans un véhicule” avec “ta semence dans un véhicule”... c'est parfait, c'est autoréférentiel. »

J'ai raconté à Rips les explications de Crick, sa théorie publiée vingt-cinq ans plus tôt.

« Cela diffère de la théorie de la Création en un point seulement : on donne un autre nom à l'agent intelligent, a été sa réaction. L'évolution de l'ADN sur terre n'est pas réaliste, donc un agent extérieur l'a apporté. Le professeur Crick évite simplement d'appeler le héros de l'histoire par son vrai nom. »

Rips, qui ne perçoit jamais de conflits entre la science et la foi, qui pense qu'il s'agit de deux quêtes pour des vérités éternelles qui se rejoindront inéluctablement, était très excité par cette découverte.

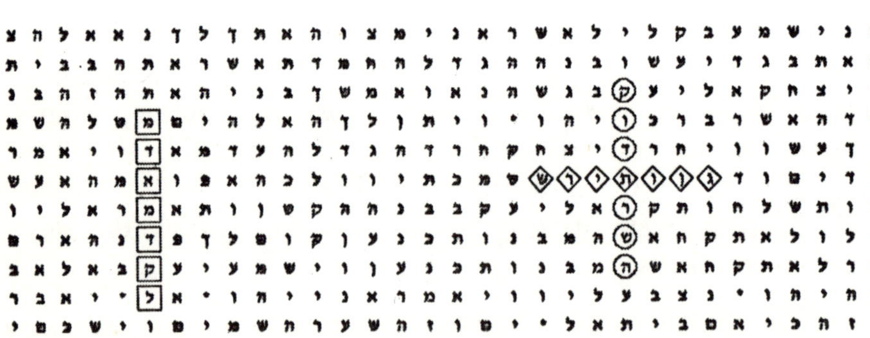

○ CODE GÉNÉTIQUE ◇ SON GÈNE TU HÉRITERAS □ POUR FAIRE AVANCER L'HOMME

Encouragé, je lui ai montré d'autres codages. « Code génétique » apparaît dans la Bible avec « son gène tu hériteras ».

Au même endroit, Rips a trouvé « pour faire avancer l'homme ».

« Spirale d'ADN » est aussi codé dans la Bible, et le texte caché qui recoupe ces mots dit : « en Adam le modèle, le moule ». « Tiré d'un code » apparaît dans la même grille.

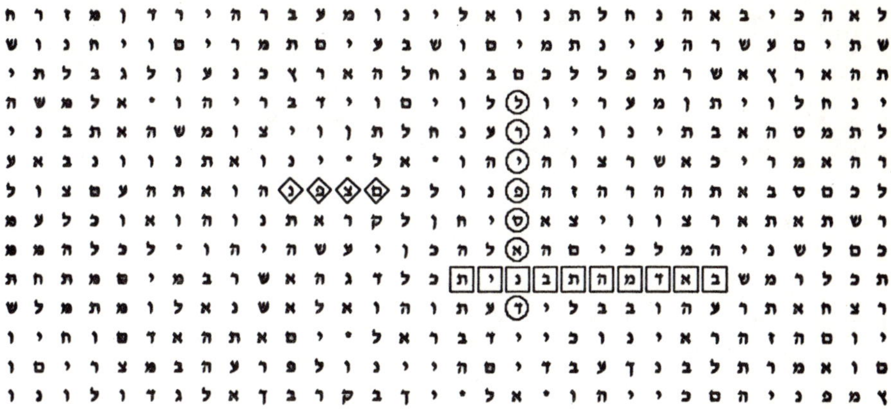

○ SPIRALE D'ADN □ CHEZ ADAM LE MODÈLE, LE MOULE ◇ TIRÉ D'UN CODE

« C'est une très bonne correspondance avec un énoncé clair et simple du sens du texte codé, a dit Rips. Et les chances d'avoir "spirale d'ADN" par hasard sont de l'ordre de trois cents contre un. »

Je lui ai demandé s'il était possible, selon lui, que le code de la Bible et celui de l'ADN possèdent la même structure en double hélice, s'il pouvait s'agir de deux spirales enchevêtrées d'un même code universel.

Puis je lui ai signalé que les deux codes – « code d'ADN » et « code de la Bible » – apparaissent conjointement avec une très faible probabilité de cooccurrence, que tous deux figurent au même endroit dans la Bible.

Rips ne tenait plus en place. Il s'est éclipsé quelques instants et est revenu de son bureau avec une grille codée imprimée sur un transparent. On pouvait y lire « jugement de Dieu » et « pitié de Dieu » codés au même endroit. Il a pris le transparent et a formé un cylindre, joignant bout à bout les deux bords.

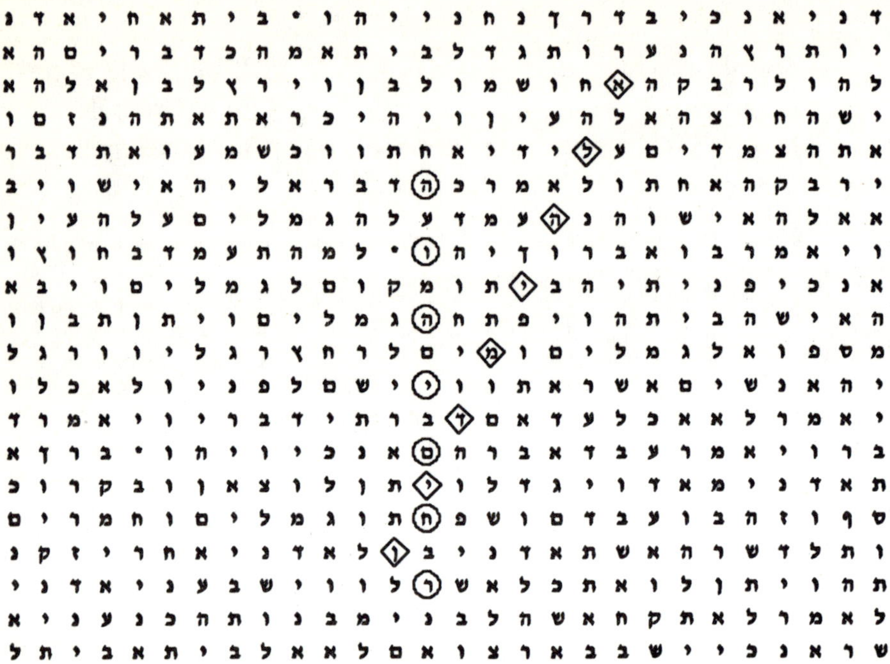

○ PITIÉ DE DIEU ◇ JUGEMENT DE DIEU

Les deux séquences « jugement » et « pitié » s'enroulaient l'une autour de l'autre.

« Nous avons sous les yeux depuis toujours un cylindre en trois dimensions, m'a-t-il exposé. Nous le déroulons simplement pour pouvoir lire le code sur un écran d'ordinateur en deux dimensions, un peu comme si l'on aplatit un globe terrestre pour faire une carte. Mais voyez ce qui se passe lorsqu'on le retransforme en cylindre. »

« Pitié de Dieu » s'enroulait autour de « jugement de Dieu », les deux visages du Tout-Puissant étaient présentés exactement sous la même forme que les deux filaments de la molécule d'ADN.

« C'est une double hélice, a dit Rips. Les deux codes, celui de la vie et celui de la Torah, ont peut-être la même structure. Et, en vérité, aucun des deux n'est d'origine terrestre. »

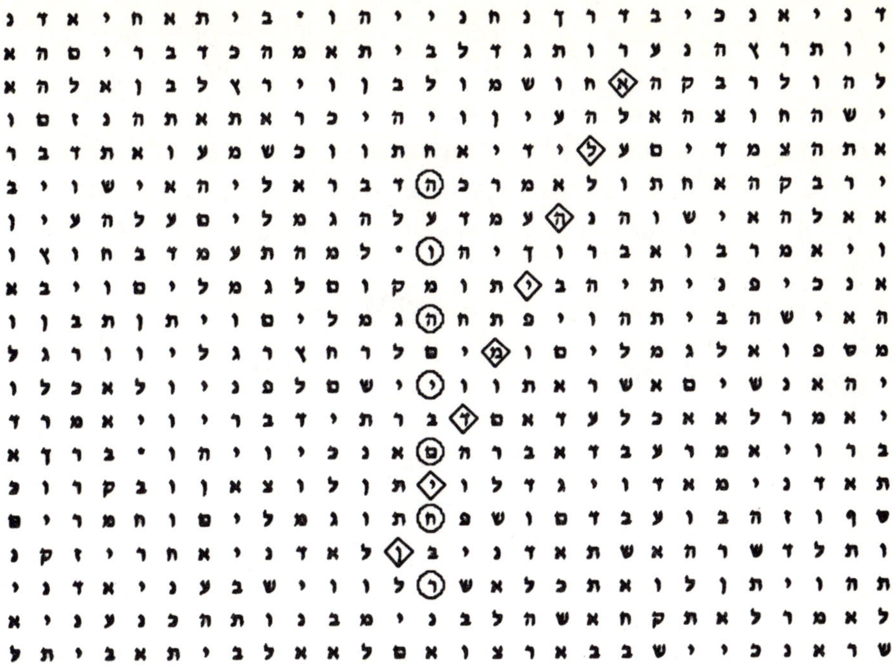

○ PITIÉ DE DIEU ◇ JUGEMENT DE DIEU

« Les racines de notre forme de vie pointent vers un autre endroit de l'Univers, très certainement vers une autre planète, écrivait Crick en expliquant sa théorie de la panspermie dirigée.

« Celle-ci avait atteint un stade très avancé avant même que quoi que ce soit ait démarré sur terre. Et la vie ici a été ensemencée par des micro-organismes apportés dans quelque engin spatial par une civilisation évoluée. »

Crick propose deux faits en faveur de sa théorie : 1) « le code génétique est identique chez tous les êtres vivants » ; 2) « les organismes les plus anciens apparaissent subitement, sans qu'on puisse déceler la trace de précurseurs plus simples sur terre ».

« Nous postulerons que sur une planète éloignée, il y a environ quatre milliards d'années, des créatures intelligentes avaient évolué, qui, comme nous, avaient découvert la science et la technologie, et les avaient développées bien au-delà de tout ce que nous avons accompli, écrivait Crick.

« Ces créatures savaient-elles que leur civilisation était condamnée à long terme, ou avaient-elles des raisons de croire qu'elles ne survivraient pas non plus à court terme ? Quoi qu'il en soit, elles ont dû prévoir de coloniser des planètes voisines.

« Lorsqu'on considère la taille et la nature de notre galaxie, il est intolérable d'ignorer si nous en sommes les seuls habitants, ajoutait Crick. C'est peut-être même dangereux. »

Et Crick finissait par poser une question qui nous hante encore : « Les descendants de ces créatures sont-ils encore vivants ? Ou bien les aléas accumulés au cours de quatre milliards d'années ont-ils eu raison d'eux ? »

L'ADN est un langage. Un langage constitué de quatre lettres.

« Le filament d'ADN est de l'information, un message composé dans un code chimique, avec un composant chimique pour chaque lettre », explique Matt Ridley dans son livre *Génome*.

« C'est presque trop beau pour être vrai, remarque Ridley, mais il s'avère que le code est écrit de telle manière que nous pouvons le comprendre. Tout comme l'anglais, le code génétique est un langage linéaire, figurant sur une ligne droite. »

C'est cette même découverte étonnante que Rips a faite à propos du code de la Bible : le code nous est destiné, il est rédigé dans une langue compréhensible. Le code lui-même ne dit pas autre chose – là où est écrit « clé du code », on peut lire : « entre nos mains pour [le] résoudre ».

Le code de l'ADN, comme celui de la Bible, « existe dans le langage de l'homme ».

Se pourrait-il que la quête pour la « clé du code » conduise à quelque code universel, celui de la vie, celui de toute la Création ?

J'ai découvert que la grille originelle, celle à cause de laquelle je m'étais lancé dans cette entreprise, celle où « bouche des obélisques » croise « clé du code », contenait une autre révélation extraordinaire.

Codés au même endroit, on trouve les mots « arbre familial [arbre généalogique] à Lisan ». On peut aussi traduire cela comme suit : « il retracera l'origine des ancêtres à Lisan ».

○ CLÉ DU CODE □ BOUCHE DES OBÉLISQUES □ SEIGNEUR DU CODE
◇ ARBRE FAMILIAL/IL TRACERA L'ORIGINE DES ANCÊTRES À LISAN

Ainsi, le code de la Bible et le code génétique étaient clairement associés, et les deux étaient reliés au même endroit. Cela ne suggérait-il pas que le « seigneur du code » n'était pas simplement le codeur, mais aussi notre créateur ?

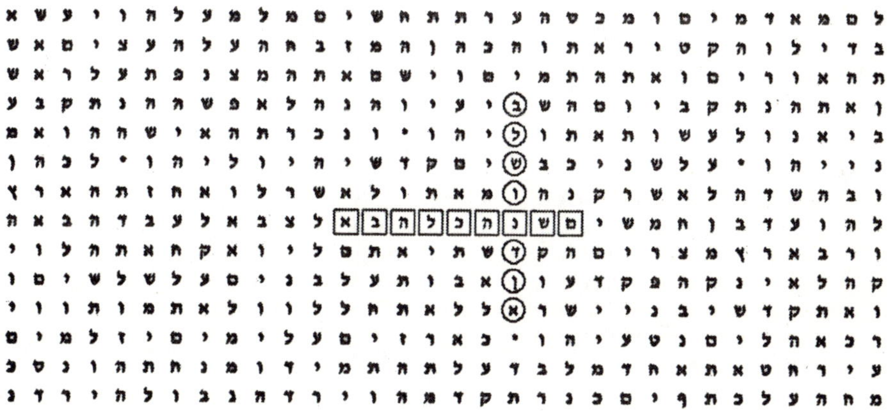

○ ADN À LISAN/DANS LE LANGAGE DE L'ADN
□ UNE COPIE DE TOUT A ÉTÉ APPORTÉE

« ADN à Lisan » est aussi codé dans la Bible. Comme nous l'avons vu, en hébreu, « Lisan » veut également dire « langage ». Les mêmes mots peuvent être lus comme signifiant « dans le langage de l'ADN ». Et c'étaient ces mots qui recoupent la phrase : « une copie de tout a été apportée ».

C'est une sorte d'arche de Noé high-tech, chaque forme de vie étant préservée par un codage de l'ADN. « ADN à Lisan » apparaît une deuxième fois, et l'on trouve « Mazra'a » au même endroit.

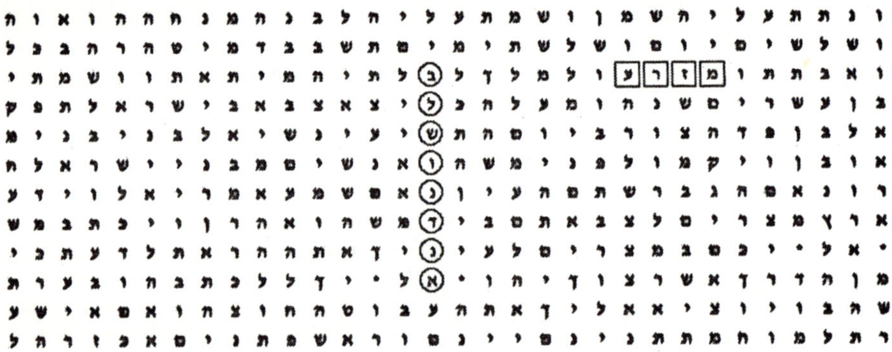

○ ADN À LISAN □ MAZRA/ENSEMENCÉ

Comme nous l'avons vu, en hébreu, « mazra'a » veut également dire « ensemencé », une autre description précise de la manière dont Crick et le code de la Bible affirment que la vie est arrivée sur notre planète.

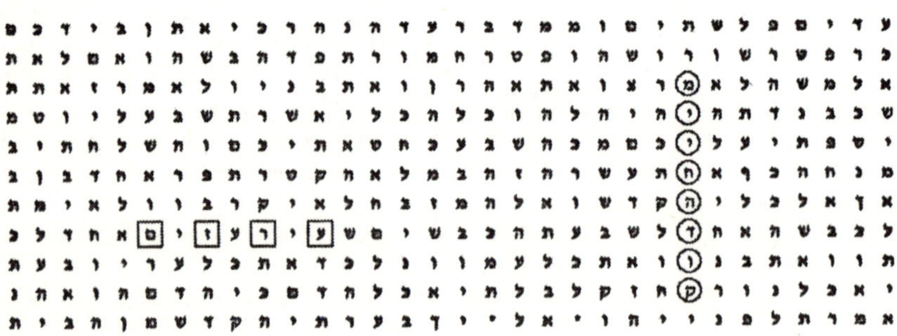

○ CODE DE LA VIE
□ MAZRA/ENSEMENCÉ

Et au même endroit on trouve le même verset de la Genèse qui apparaît également avec « l'ADN a été apporté dans un véhicule », à savoir la promesse faite par Dieu à Abraham : « Je ferai se multiplier grandement ta descendance, comme les étoiles au firmament. »

Les mots « code de la vie » apparaissent aussi une nouvelle fois en compagnie de « Mazra'a », « ensemencé ».

De manière inlassablement réitérée, les sites marqués par une croix sur notre carte au trésor, « Mazra'a » et « Lisan », apparaissent avec « ADN », de même que ces deux noms de lieux sont constamment répétés avec tout ce qui a trait au « code de la Bible ».

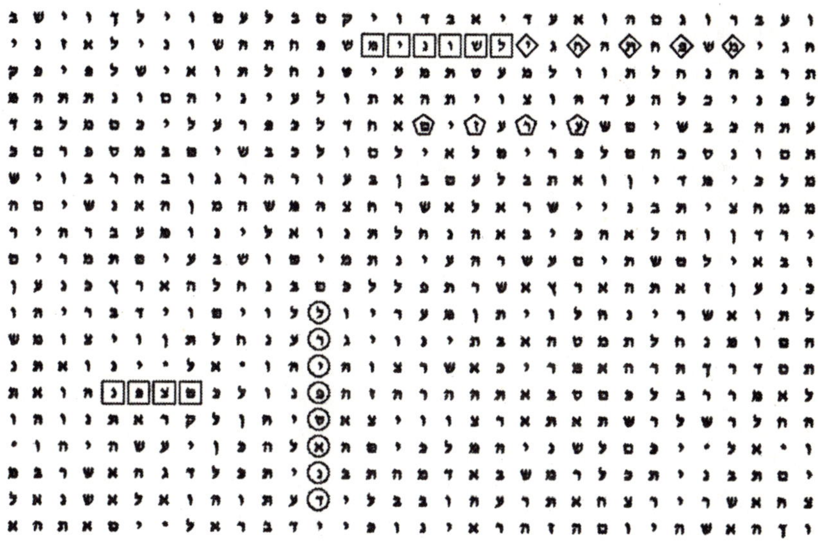

○ SPIRALE D'ADN □ À PARTIR D'UN CODE ◇ CLÉ ANTIQUE □ LISAN, LANGUE DE MER ⬠ MAZRA

En réalité, « spirale d'ADN » est codé avec « Mazra'a » et « Lisan, langue de mer ».

Et le code redit clairement que le code génétique se trouve aussi sur un « obélisque ». En fait, « sur un obélisque » recoupe « code d'ADN ».

○ CODE D'ADN □ SUR OBÉLISQUE ◇ DANS L'ADN, LE MOULE, MODÈLE

« ADN humain » apparaît aussi avec « obélisque », et le texte caché affirme : « copie sur un pilier ».

○ ADN HUMAIN ◇ OBÉLISQUE □ COPIE SUR UN PILIER

« Création de l'homme » est codé à deux reprises, une première fois avec « Lisan » et une seconde avec « Mazra'a ». Au même endroit, le texte biblique : « ceci est la solution », chevauche « Lisan » là exactement où ce nom de lieu est codé avec « création de l'homme ».

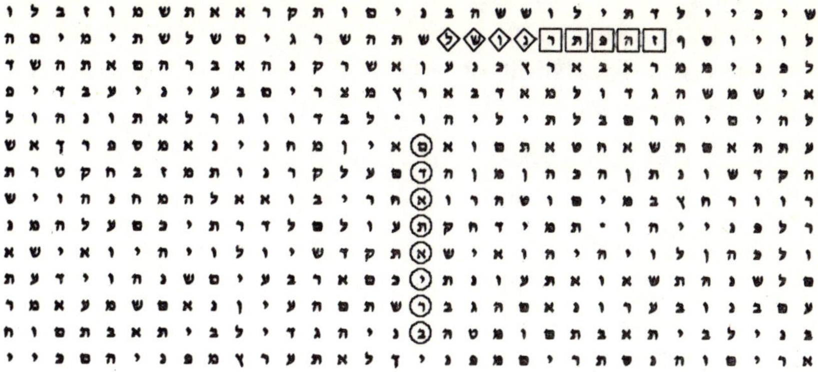

○ CRÉATION DE L'HOMME ◇ LISAN □ CECI EST LA SOLUTION

« Je vous l'ai donné en héritage, je suis Dieu » sont les mots de la Bible à l'endroit où le texte codé dit « création de l'homme » à côté de « Mazra'a ».

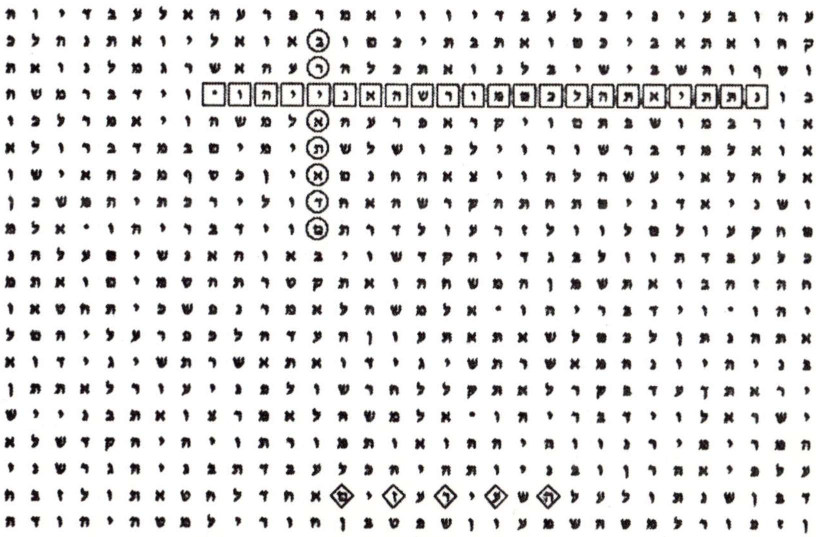

○ CRÉATION DE L'HOMME ◇ MAZRA/ENSEMENCÉ
□ JE VOUS L'AI DONNÉ EN HÉRITAGE, JE SUIS DIEU

Peut-on dire plus clairement que la clé du code de la vie ainsi que le code de la Bible se trouvent enfouis dans la péninsule dont le nom signifie aussi « langage », à l'endroit où il existe une baie dont le nom a le sens d'« ensemencé » ?

Que le code de la Bible et le code génétique ont une source commune – que les mêmes extraterrestres les ont déposés sur terre ?

9

Invasion

Chaque fois que je retournais au Proche-Orient, cela ressemblait de plus en plus à la fin des jours.

Le 29 mars 2002, le Vendredi saint des chrétiens et le vendredi de la Pâque juive tombaient le même jour. C'est ce moment-là qu'Ariel Sharon a choisi pour donner l'ordre à soixante chars, deux cents transports blindés et deux mille cinq cents soldats d'encercler le quartier général de Yasser Arafat à Ramallah, en représailles après une semaine ponctuée par une succession d'attentats suicide.

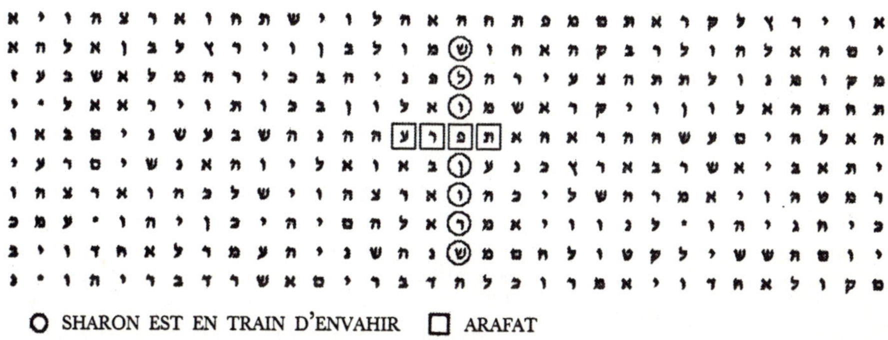

○ SHARON EST EN TRAIN D'ENVAHIR ☐ ARAFAT

Des bulldozers de l'armée ont enfoncé les murs d'enceinte de la Mouqataa, et les troupes israéliennes ont occupé l'ensemble des bâtiments, excepté quelques pièces, faisant d'Arafat un prisonnier à l'endroit même où je l'avais rencontré un an plus tôt.

En même temps, au cours de ce qui était la plus grande offensive depuis la guerre des Six-Jours en 1967, Israël envahissait les principales villes de Cisjordanie.

Tout cela était prédit : dans le texte caché de la Bible, « Sharon envahit » apparaît transversalement à « Arafat ».

J'avais découvert cette prédiction un an plus tôt, et même le moment était annoncé. « Sharon envahit » recoupe « Pessah [Pâque] ».

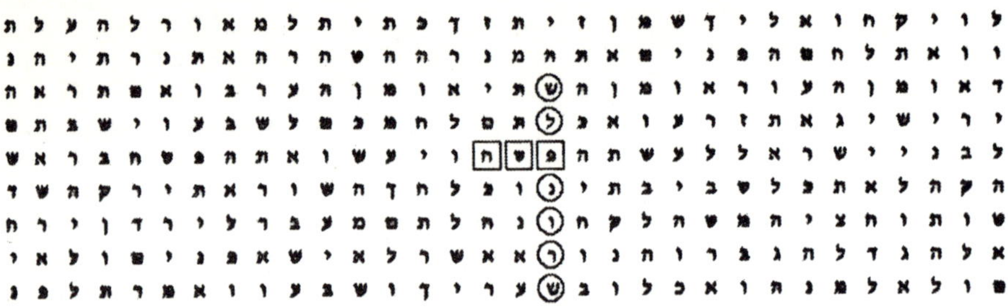

○ SHARON ENVAHIT ☐ PESSAH (PÂQUE)

Mais le plus inquiétant était que « Sharon envahit » croisait « guerre » et « la fin des jours ».

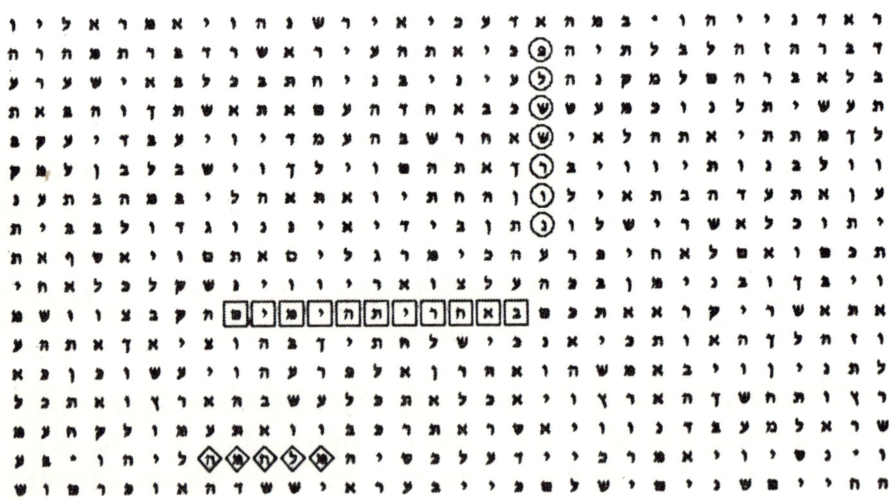

○ SHARON ENVAHIT ☐ À LA FIN DES JOURS ◇ GUERRE

À présent, tout s'était réalisé.

Arafat et Sharon accomplissaient l'un et l'autre leurs destins respectifs. Arafat avait permis à Sharon d'accéder au pouvoir en refusant le plan de paix proposé par Barak et Clinton à Camp David. Maintenant, Sharon, en réoccupant les territoires autonomes palestiniens et en encerclant le QG d'Arafat à Ramallah, avait fait de celui-ci un martyr, un héros du monde arabe.

Tandis que la bataille faisait rage en Cisjordanie, je rendais visite à Eliyahu Rips chez lui, à Jérusalem. Ensemble, nous avons consulté le code.

Rips a tapé le nom de l'opération militaire israélienne, « Mur de protection ». Il apparaissait une fois et croisait le nom du camp palestinien où se déroulaient les combats les plus violents, « Jénine ». Juste en dessous, on pouvait lire aussi « casbah ». C'est le nom de la vieille ville de Naplouse, où une autre bataille féroce avait lieu.

Au même endroit, le texte biblique parlait du « renversement des cités ». Et au-dessus était codé « combats ». Le texte même de la Bible décrivait on ne peut mieux la situation : « ils se détestaient et ne pouvaient parler de paix ».

○ MUR DE PROTECTION ◇ JÉNINE □ CASBAH □ LE RENVERSEMENT DES CITÉS

C'était aussi détaillé qu'un flash d'informations sur CNN, aussi précis qu'un titre en une du *Jerusalem Post* ou du *New York Times*. Mais c'était codé dans un texte vieux de plus de trois mille ans.

Rips a calculé les probabilités. Les chances que la seule coïncidence entre les noms des villes et le nom de l'opération militaire soit due au hasard étaient inférieures à un sur plusieurs centaines de milliers. Je me souviens d'avoir lancé à Rips :

« On dirait les nouvelles que j'ai entendues hier à la télévision. Où cela va-t-il finir ?

– Je pense qu'Israël va une nouvelle fois se trouver le dos à la mer, comme les anciens Hébreux sur les rives de la mer Rouge. »

Rips faisait allusion à l'épisode de l'Exode, où, le lendemain de la Pâque, il y a plus de trois mille ans, les Hébreux fuyant l'Égypte avaient été coincés entre les troupes du pharaon et les flots de la mer Rouge.

« Il faudra aussi une intervention divine », a ajouté Rips.

Il savait que, même si Israël était pour l'instant en position de force, la bataille ne faisait que commencer. Je craignais qu'il n'ait raison, mais je voyais mal comment les flots pourraient se fendre cette fois-ci.

Si un miracle devait se produire, peut-être serait-ce celui dont nous étions les témoins, l'annonce détaillée d'événements contemporains dans un texte antique, et une mise en garde sur les épreuves à venir ?

« Tout ce qui se passe actuellement n'est qu'accessoire », avais-je déclaré au général Meïr Dagan, l'homme que beaucoup considéraient comme étant l'éminence grise de Sharon, l'ex-patron du contre-espionnage que le Premier ministre voulait nommer à la tête du Mossad.

J'ai montré à Dagan la prédiction remarquablement précise des opérations militaires en cours et je lui ai dit qu'il devait prévenir Sharon que le code annonçait très littéralement « la fin des jours » et qu'Israël risquait l'anéantissement.

« J'ai déjà donné votre lettre au Premier ministre, m'a-t-il répondu, mais je ne sais pas s'il l'a lue.

– Vous devez lui répéter que les prédictions ne cessent de se réaliser, ai-je insisté.

– Vous me faites penser à un personnage d'Homère, m'a dit Dagan, ou bien à Cassandre, qui était condamnée à lire dans l'avenir et à ne jamais être crue. »

Je lui ai remis une nouvelle lettre pour Sharon. J'y répétais le message que j'essayais de faire passer depuis un an :

« Cette période critique de l'histoire de votre pays a été prédite de manière indiscutable. "Sharon", "Arafat" et "Bush" apparaissent ensemble, en toutes lettres, dans la Torah, à côté de l'expression qui désigne le moment de danger ultime, "la fin des jours". »

Mais j'ajoutais une nouvelle mise en garde :

« Si le code dit vrai, les événements en cours sont seulement quelque chose d'accessoire. Le véritable danger est devant nous. D'abord, une "peste", une attaque chimique ou biologique, au cours de laquelle des dizaines de milliers de personnes vont peut-être périr. Puis un "holocauste nucléaire". »

Dagan m'a promis encore une fois de transmettre ma lettre au Premier ministre, par l'intermédiaire de son directeur de cabinet, Uri Shani.

« C'est la personne la plus proche de Sharon, ils se voient quotidiennement, même plus proche qu'Omri », m'a-t-il assuré.

Quelques jours plus tard, le directeur de cabinet de Sharon acceptait de me voir mais seulement lorsque le Premier ministre aurait terminé ses consultations avec le secrétaire d'État américain, Colin Powell, qui venait d'arriver en Israël pour tenter d'obtenir un cessez-le-feu.

En attendant, j'ai donc rencontré le seul leader palestinien qui n'était pas prisonnier de Tsahal, dans l'unique ville autonome qui n'avait pas été occupée, la plus vieille du monde, Jéricho.

Saeb Erekat, le négociateur en chef des Palestiniens, n'avait pas oublié notre entrevue un an plus tôt. Il avait fait office de traducteur entre Arafat et moi dans le QG de Ramallah où celui-ci était à présent retenu prisonnier.

J'ai remis à Erekat une nouvelle lettre destinée à Arafat, mais, avant même qu'il ait pu l'ouvrir, le vieux leader l'appelait au téléphone pour lui faire part de leur situation. Ils avaient froid, ils commençaient à manquer de nourriture, de carburant, de médicaments ; et il pensait que Powell refuserait de le rencontrer parce qu'un nouvel attentat suicide venait d'être commis à Jérusalem.

Après avoir passé un rapide coup de fil à l'ambassade américaine, Erekat s'est plongé dans ma lettre. Voici le début :

« Je suis à présent de retour au Proche-Orient pour vous mettre en garde, vous et les Israéliens, que nous sommes entrés dans le moment décrit par les trois grands monothéismes comme "la fin des jours", un temps de dangers encore plus terribles que tout ce que le monde a connu jusqu'ici.

« C'est peut-être la dernière chance qui vous est offerte de vous réconcilier et d'éviter les horreurs à venir. Si vous ne faites pas la paix, vous affronterez ensemble "la fin des jours". Vous devez agir maintenant. L'instant est venu. »

Erekat a lu attentivement ma lettre et il m'a dit qu'il la remettrait à Arafat lorsque celui-ci rencontrerait Colin Powell.

« Quand commence "la fin des jours", m'a demandé Erekat. Maintenant ?

– En ce moment. Ça a commencé.

– Ce que font les Israéliens risque-t-il de précipiter la fin du monde ?

– Ce que vous vous faites tous les uns aux autres. »

Je lui ai montré les mêmes grilles que j'avais montrées à Dagan, là où « Sharon envahit » croise « Arafat » et apparaît une nouvelle fois avec « la fin des jours ».

Je lui ai aussi montré une autre grille, où « guerre mondiale » est codé avec « terrorisme ». Au même endroit apparaît le mot arabe qui désigne les kamikazes palestiniens, *shahid.*

« C'est "shahid" le mot qui se trouve écrit là ? » m'a demandé Erekat, qui scrutait à présent de près les caractères hébreux.

Je lui ai montré le mot et je lui ai répété un passage de ma lettre à Arafat en disant :

« Voilà pourquoi je lui ai écrit ceci : "Vous devez vous élever au-dessus de votre conflit avec Sharon. Les terroristes sont vos ennemis mutuels et, si on leur en laisse les moyens, ils vous tueront tous les deux, ils détruiront vos deux peuples et, au bout du compte, toute la civilisation des hommes." »

Erekat a réitéré sa promesse de lui remettre ma lettre et d'organiser une nouvelle rencontre – si Powell parvenait toutefois à convaincre les Israéliens de lever leur siège.

Sur le chemin de retour, alors que je franchissais les différents barrages israéliens, je ne pouvais m'empêcher de me demander si je n'étais pas allé trop loin. Erekat me prenait très au sérieux, de même qu'Arafat, et Dagan cherchait vraiment à alerter Sharon sur l'Apocalypse annoncée par le code de la Bible.

Tout me semblait encore irréel. Et, pourtant, l'avertissement que je m'évertuais à communiquer aux dirigeants mondiaux depuis des années, cet avertissement auquel j'avais du mal à croire moi-même, faisait à présent partie des choses admises par tous.

Avant la vague d'attentats suicide, avant même que Sharon lance sa guerre à outrance contre les Palestiniens, l'éditorialiste du *New York Times*, Thomas Friedman, avait écrit dans son journal ce que j'essayais de dire à chaque Premier ministre israélien depuis que Rabin avait été assassiné, ce que je tentais de dire à la Maison-Blanche depuis Camp David, à savoir que le conflit au Proche-Orient « commençait à ressembler au détonateur d'une guerre des civilisations bien plus vaste ».

Il mettait en garde, comme je m'étais efforcé de mettre en garde Sharon, que « des armes de destruction massive », aux mains de terroristes ou d'États arabes extrémistes, pouvaient « rayer Israël de la carte ».

La dissémination des armes nucléaires et biologiques, la montée de Ben Laden, les liens de plus en plus forts entre les fanatiques religieux et les terroristes avaient fini par transformer ce que, quelques années plus tôt, on aurait taxé de délire paranoïaque et apocalyptique en une analyse sérieuse de la situation présente.

Le monde avait rattrapé le code de la Bible.

Et, jamais depuis l'effondrement des tours jumelles dont j'avais été le témoin, je n'avais éprouvé un sentiment d'urgence comparable à celui qui m'étreignait le cœur au moment même où je franchissais le dernier barrage militaire à la sortie de Jéricho.

Je l'avais vu venir depuis l'assassinat de Rabin. Là où son nom était barré par « l'assassin l'assassinera », juste au-dessus de ces mots fatidiques, il y avait un autre avertissement : « tout son peuple à la guerre ».

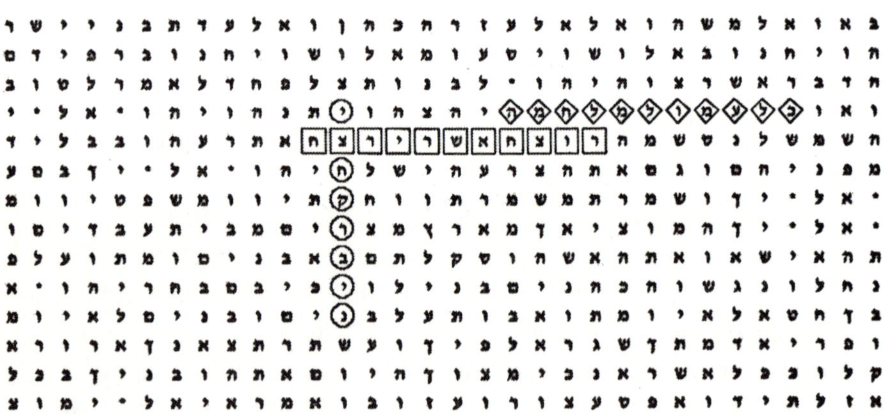

○ YITZHAK RABIN □ L'ASSASSIN L'ASSASSINERA ◇ TOUT SON PEUPLE À LA GUERRE

L'assassinat du Premier ministre qui avait fait la paix avec Arafat avait représenté un tournant décisif non seulement pour Israël, mais pour le monde.

Ce n'était pas la première fois que je voyais Dalia Rabin, la fille du Premier ministre martyr; je l'avais déjà rencontrée lors de mon dernier voyage en Israël.

« C'est déjà commencé, sont les premiers mots qu'elle m'a dits lorsque nous nous sommes retrouvés à la Knesset, le Parlement israélien. J'ai essayé de l'empêcher, mais personne n'a voulu m'écouter. Il est en train de le faire. »

Je ne comprenais pas de quoi elle pouvait bien parler.

« Sharon. L'offensive a démarré. »

Sharon avait lancé ses F-16, ses hélicoptères et ses chars à l'assaut des territoires autonomes, c'était le début de la plus grande offensive dans les territoires depuis que Rabin et Arafat avaient échangé leur poignée de main en 1993.

Dalia savait à cet instant que la paix tant souhaitée par son père était morte. Vice-ministre de la Défense dans le gouvernement Sharon, elle sortait d'une réunion du cabinet.

« J'ai essayé de l'empêcher, a-t-elle répété, mais personne n'a voulu m'écouter. »

Je lui ai remis un double de la lettre que j'avais envoyée à son père plus d'un an avant son assassinat. Elle l'a lue en silence. Elle semblait profondément affectée.

Le souvenir de ce moment épouvantable, combiné avec l'horreur de ce qui était en train de se produire, se lisait si clairement sur son visage que je n'osais aller plus loin.

Or elle n'était pas simplement la fille de Rabin. C'était aussi un membre influent du gouvernement, et je voulais qu'elle comprenne les dangers bien plus terribles qu'Israël devrait encore affronter.

« Si le code dit vrai, ce qui s'est passé et ce qui se passe maintenant n'est qu'un commencement », lui ai-je déclaré.

La scène se déroulait quatre mois avant que Sharon envahisse véritablement les territoires autonomes palestiniens, une invasion dont je savais qu'elle était prédite par le code de la Bible.

Mais je songeais aux mises en garde plus graves, l'annonce d'une « peste » codée avec l'année 2005, et les avertissements répétés d'une « guerre mondiale » et d'un « holocauste nucléaire » codés avec l'année 2006.

« Je crois que ces périls sont évidents, quelle que soit la réalité du code, m'a dit Dalia. J'essaie de retenir Sharon, et nous nous préparons à faire face à des attaques chimiques, biologiques et nucléaires. »

Elle s'est tue quelques instants.

« Puisque c'est prédit, qu'est-ce qu'on peut y faire ? a-t-elle demandé.

– Peres et Arafat ont dit exactement la même chose. À mon avis, il ne s'agit pas d'une prédiction à proprement parler : c'est une mise en garde ; c'est ce que nous ferons qui décidera du cours des événements. »

D'un geste de la main, elle a balayé mon livre, posé sur la table devant nous, dont la couverture reproduit la prédiction de l'assassinat de son père, puis le double de ma lettre à son père, qui se trouvait à côté.

« Vous n'avez pas réussi à empêcher cela.

– Nous aurions pu le faire. Votre père a reçu l'avertissement, mais il n'y croyait pas. »

Elle est à nouveau restée silencieuse. Elle avait l'air si triste.

« En ce moment même, ils sont en train de bombarder Gaza. Que pouvons-nous faire ?

– Je vais vous répéter ce que j'ai dit à Arafat et que j'essaie de dire à Sharon : nous n'aurons pas la paix tant que les deux parties ne comprendront pas qu'elles n'ont d'autre choix que la paix ou l'anéantissement. Je pense qu'Arafat en est conscient, mais je n'ai pas pu m'asseoir en face de Sharon pour le lui dire.

– Il ne vous écoutera pas. Il ne veut rien savoir. Peut-être faut-il que les choses empirent terriblement pour vous faire entendre. »

En attendant un éventuel rendez-vous avec Sharon, en attendant qu'il m'autorise à revoir son prisonnier Arafat, j'ai rencontré un homme qui occupe une position clé dans les services israéliens de renseignements.

Le général Yossi Kooperwasser est le principal responsable de l'exploitation du renseignement. Toutes les informations recueillies par les services secrets israéliens, par n'importe quel moyen, ou transmises par ceux des États-Unis et de l'Europe, arrivent sur son bureau.

Le lundi 15 avril 2002, j'avais rendez-vous avec lui au Kirya, le très sévèrement gardé quartier général de l'armée qui se trouve en plein cœur de Tel-Aviv.

« Vous vous êtes rasé la barbe », m'a-t-il lancé quand je suis entré dans son bureau.

Je ne comprenais pas de quoi il voulait parler. Puis je me suis souvenu que je l'avais déjà rencontré lors de mon tout premier voyage en Israël, en 1992, lorsque j'avais fait une interview du chef du Mossad.

À l'époque, Kooperwasser était le jeune adjoint du général en question. Je me rappelais seulement son prénom, Yossi, et je n'avais pas fait le rapprochement. La boucle était à présent bouclée. C'est en sortant de ce fameux entretien dix ans plus tôt que j'avais entendu évoquer pour la première fois, par le plus grand des hasards, le code de la Bible.

Kooperwasser n'avait pas besoin d'être convaincu. Il n'était pas croyant, mais cela ne l'empêchait de prendre le code très au sérieux.

« Il y a quelque temps, j'étais à l'aéroport et, en cherchant quelque chose à lire, je suis tombé sur votre livre. Nous sommes obligés de prêter attention à toute information concernant notre sécurité. »

Notre ami mutuel, le général Isaac Ben Israël, avait déjà informé Kooperwasser des nouvelles mises en garde découvertes dans le code de la Bible.

Je lui ai montré les grilles.

« Vous voyez, "variole" est codé avec l'année 2005. »

Il regardait la grille, là où apparaissait l'année, et il a vu que le texte de la Bible disait : « les morts de la peste étaient 14 700 ».

Il avait l'air surpris.

« Mais c'est ce que dit le propre texte de la Torah ? C'est très proche de notre estimation du nombre de victimes.

○ VARIOLE □ EN 5765 (2005) □ LES MORTS DE LA PESTE ÉTAIENT 14 700

– Regardez encore : “Jérusalem” et “Tel-Aviv” sont également codés avec “variole”, ainsi qu’avec “à la fin des jours”. »

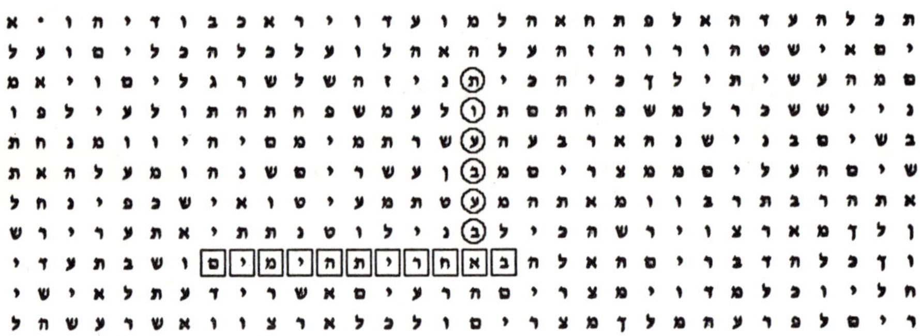

○ VARIOLE □ À LA FIN DES JOURS

Le général Kooperwasser m’a affirmé qu’il ne prenait pas moins au sérieux la menace d’un « holocauste nucléaire » en 2006 :

« Cela coïncide avec notre propre analyse du moment où l’un de nos voisins pourrait obtenir l’arme atomique. Les Américains sont obsédés par l’Irak. Nous, c’est plutôt l’Iran qui nous préoccupe.

– Peut-être devriez-vous vous intéresser aussi à la Libye. Le texte caché suggère à de nombreuses reprises que la Libye sera la source d’une arme, même si l’attaque est réalisée par des terroristes. »

Des mois plus tard, le 4 septembre 2002, le premier ministre Sharon a déclaré à la télévision israélienne : « La Libye devient peut-être un pays plus dangereux que nous ne le pensions. La Libye est peut-être le premier pays arabe à disposer d'armes de destruction massive. »

Je ne sais pas si mon avertissement au général Kooperwasser a finalement remonté jusqu'à Sharon, mais bien des mises en garde du code que j'ai communiquées à des responsables israéliens sont apparues ensuite dans la presse comme provenant des services de renseignements.

J'ai montré à Kooperwasser le lieu cité par le code où se trouvait peut-être une base terroriste au Yémen ou en Iran. Son nom apparaît dans le texte caché chaque fois qu'est citée une des grandes menaces qui pèsent sur Israël : « variole », « holocauste nucléaire » et « Ben Laden ».

Or il y a deux endroits portant ce nom : l'un au Yémen, l'autre en Iran.

« Isaac m'a transmis ces informations. Nous avons procédé à des vérifications. Au Yémen, il n'y a rien. En Iran, nous avons constaté une activité, mais rien de concluant. Peut-être est-ce encore trop tôt. Peut-être devrons-nous le vérifier encore en 2005 et 2006. Nous le ferons. Nous continuerons à suivre cela de près. »

De toute évidence, Kooperwasser prenait le code de la Bible très à cœur. Je lui ai demandé s'il pouvait m'obtenir une entrevue avec Arafat, qui était à présent isolé dans son quartier général de Ramallah.

« J'ai vu Arafat il y a à peu près un an. Il croit au code de la Bible. En fait, il semble penser que je suis une sorte de prophète. Je lui ai dit que, selon le code, la seule alternative est la paix ou l'anéantissement.

– Peut-être a-t-il confiance en vous, mais cela ne signifie pas qu'il voie les choses comme vous. Peut-être choisira-t-il l'anéantissement. »

Je savais que Kooperwasser ne portait pas Arafat dans son cœur. En fait, il revenait de Washington, où il s'était rendu en mission pour Sharon afin de persuader la Maison-

Blanche qu'Arafat était un terroriste et qu'il ne changerait jamais.

Quoi qu'il en soit, Kooperwasser m'a expliqué qu'il ne pouvait rien faire pour m'aider à franchir le barrage des chars israéliens autour d'Arafat.

« Seul le Premier ministre peut l'autoriser. »

Le jour de commémoration de la Shoah, j'ai rencontré à Jérusalem Dan Meridor, le ministre chargé de préparer le pays à des attentats chimiques, biologiques et nucléaires, et à leur prévention.

J'ai montré à Meridor les deux dernières mises en garde tirées du code. D'abord, qu'Israël serait frappé par une « peste moderne », la « variole », en 5765 (2005). Puis l'avertissement ultime, selon lequel Israël devrait faire face à un « holocauste nucléaire » une année plus tard, en 2006.

« Nous savons déjà que c'est une possibilité. Et nous savons que ces deux années sont des dates probables. »

Meridor disait cela comme si de rien n'était. Il ne manifestait aucune émotion particulière. Il ressemblait à un comptable qui, après avoir vérifié les comptes, confirmait que ceux-ci étaient bons.

Le fait qu'il s'agissait de deux événements potentiellement catastrophiques, que nous étions assis en plein cœur de la cible, et que tout cela était prédit par un texte codé contenu dans un livre vieux de trois mille ans qui jusque-là avait vu juste, ne semblait lui faire ni chaud ni froid.

Mais, de mon point de vue, cela représentait une confirmation remarquable de la part d'un des rares hommes en Israël à connaître la réalité des chiffres.

De manière indépendante, la CIA et le Mossad étaient arrivés à la même conclusion : le risque d'un attentat terroriste serait maximal entre 2005 et 2007.

D'ailleurs, Benyamin Ben Eliezer, le ministre israélien de la Défense, venait de déclarer :

« Vers 2005, l'Iran disposera de capacités nucléaires inquiétantes, pour nous, pour la région, pour le monde. »

Et, peu de temps après le 11 septembre 2001, Meridor lui-même avait présidé une réunion du Conseil national de sécurité qui avait mis en garde le Premier ministre Ariel Sharon contre le péril le plus dangereux : la variole.

En fait, le 11 septembre, Meridor sortait d'une conférence sur la menace imminente du « terrorisme non conventionnel » au Collège national de sécurité israélien, lorsque les premières nouvelles de l'attentat de New York lui étaient parvenues. Il avait fait le commentaire suivant :

« Hélas, ce n'est qu'un début. »

Toutefois, alors même que les avertissements du code de la Bible rejoignaient les estimations des services de renseignements israéliens et confirmaient les conclusions des services de son ministère, Meridor a dit, comme voulant nier la prédiction :

« Nous savons déjà tout cela. Nous n'avons pas besoin d'un code caché dans la Bible.

– Peut-être, mais le code a prédit ces périls pour les mêmes dates que vos propres services des années avant que vous aboutissiez à ces estimations. Et cela dans un texte vieux de trois mille ans.

– Je suis un être rationnel. Je ne crois pas à ces choses.

– Pourtant, cela ne cesse de se vérifier. Demandez à Shimon Peres. Il vous racontera comment je l'ai prévenu en 1996, quand il était Premier ministre, qu'un "holocauste nucléaire" était possible en 2006. Et, bien sûr, j'ai averti Rabin qu'il risquait d'être assassiné un an avant que cela se produise. »

J'ai remis à Meridor un double de ma lettre à Rabin. Il l'a lu en masquant à peine son impatience.

« Admettons que ce soit vrai. Que peut-on y faire ? »

C'était exactement ce que m'avait répondu Omri Sharon lors de notre dernière conversation. C'était plus ou moins ce que chacun de mes interlocuteurs me disait, qu'il croie ou non à l'existence du code. Et je ne connaissais pas la réponse.

« Prenez ces dates au sérieux.

– C'est déjà le cas. »

Je n'avais pas de solution à proposer, à part la mise en garde que j'avais déjà communiquée à Arafat et à Clinton, que j'essayais de transmettre à Sharon et à Bush : le véritable choix n'est pas la paix ou la guerre, mais la paix ou l'anéantissement, et aucune paix ne durerait longtemps si personne n'en était véritablement persuadé.

Il fallait que je voie Sharon. En fait, depuis que j'étais en Israël, je ne cessais de me répéter mentalement : « Sharon est la clé. Tu dois lui faire peur, comme tu as fait peur à Arafat. » Pour qu'il y ait la paix, ces deux vieux adversaires devaient être persuadés qu'il n'y avait pas d'alternative – mis à part l'anéantissement.

Trois militaires israéliens de haut rang, les généraux Kooperwasser, Ben Israël et Dagan, tous versés dans les secrets du renseignement, prenaient au sérieux les avertissements du code de la Bible. L'analyste en chef du renseignement, le directeur scientifique du ministère de la Défense et l'ex-patron du contre-espionnage estimaient tous possible qu'un texte vieux de trois mille ans prédise l'avenir.

Mais je ne parvenais pas à en convaincre les dirigeants politiques du pays, ni à aborder le seul homme dont les décisions, en ce moment, étaient capitales.

Le Premier ministre Ariel Sharon ne voulait pas me voir. Le jour où je devais rencontrer son directeur de cabinet, celui-ci a démissionné, et je n'avais personne d'autre vers qui me tourner. J'avais épuisé toutes les voies d'approche.

Avant de quitter Israël, je suis retourné chez Eliyahu Rips. Nous avons de nouveau scruté la grille sur laquelle, des années plus tôt, tout de suite après l'assassinat de Rabin, nous avions découvert les mots : « holocauste d'Israël ».

Ce jour-là, j'ai montré à Rips que « Sharon » était codé au même endroit.

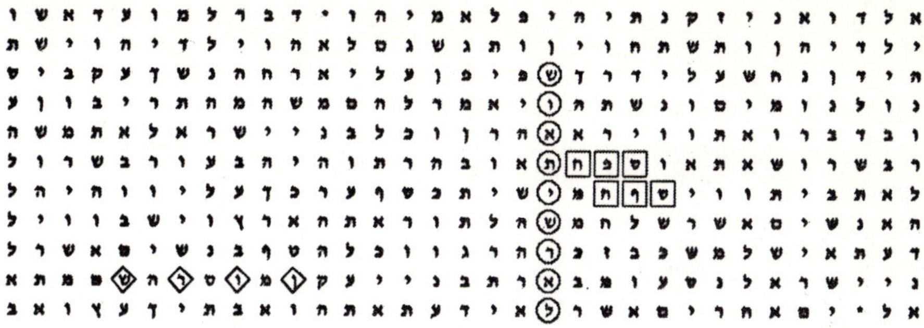

○ HOLOCAUSTE D'ISRAËL ◇ SHARON □ ANNEXÉ □ ANNEXÉ

Et, sur la même grille, il y avait deux occurrences du mot « annexé ». L'avertissement était clair : les victoires militaires israéliennes et la réoccupation des territoires autonomes pouvaient conduire à un nouvel holocauste.

Je me suis souvenu alors de ce que le Premier ministre israélien au moment de guerre des Six-Jours, Levi Eshkol, avait dit au jeune Ariel Sharon après la victoire stupéfiante qui avait permis à Israël d'occuper le désert du Sinaï, la Cisjordanie et la bande de Gaza :

« Une victoire militaire ne réglera rien. Les Arabes seront toujours là. »

Trente-cinq ans plus tard, le même Sharon avait envahi la Cisjordanie et gardait Yasser Arafat prisonnier dans son propre quartier général. Et Sharon avait laissé entendre que la nouvelle occupation israélienne pourrait durer des années.

C'est ainsi qu'à l'été 2002, tandis que les chars israéliens pénétraient à nouveau dans les territoires autonomes, la menace de l' « holocauste » codée dans la Bible ne m'a jamais paru aussi réelle.

10

Extraterrestre

Dans notre imaginaire, une soucoupe volante arrive sur terre et il en sort un extraterrestre.

Mais les scientifiques qui recherchent une forme de vie intelligente ailleurs dans l'Univers ne pensent pas que cela se passera ainsi. Les distances énormes que devrait franchir tout voyageur interstellaire – des centaines, des milliers, voire des millions d'années-lumière – font que c'est hautement improbable.

C'est pour cela que le programme SETI (recherche d'intelligence extraterrestre) observe depuis dix ans les signaux radios provenant de cinq cents étoiles proches de nous semblables au Soleil. Un ensemble géant de vingt-sept antennes disposées en forme de « Y » sur près de trente-cinq kilomètres carrés scrute le ciel depuis le désert du Nouveau-Mexique. Pour l'instant, elles n'ont détecté que du silence.

Au moment où je montais l'expédition à Lisan pour retrouver les « obélisques », la « clé du code », la NASA annonçait qu'elle projetait de lancer dans le cosmos une nouvelle génération de vaisseaux spatiaux non habités pour rechercher des formes de vie intelligente.

Or notre galaxie à elle seule, la Voie lactée, compte cent milliards d'étoiles, et il y a plusieurs milliards de galaxies...

Il existe, toutefois, une autre possibilité.

C'est cette forme de contact que les scientifiques estiment la plus probable : la découverte sur terre ou dans les environs d'un objet extraterrestre.

Mais pourquoi un tel contact ne se serait-il pas déjà produit il y a longtemps ? Et si le code de la Bible était, en fait, le signe de ce contact ?

Depuis le tout début de mon entreprise, je savais que le code avait quelque chose qui n'était « pas de ce monde ». Quel être humain aurait pu sonder l'avenir il y a trois mille ans et en coder les détails dans la Bible ?

En fait, l'existence même d'une « clé du code » ancienne donne à penser que quelqu'un sur terre disposait d'une connaissance scientifique plus avancée que la nôtre il y a des milliers d'années.

Dans son livre *Sommes-nous seuls ?*, l'astrophysicien Paul Davies imagine un objet laissé sur place par des extraterrestres, « programmé pour se manifester seulement lorsque la civilisation terrestre aura atteint un certain stade d'avancement. Un tel dispositif serait une sorte de "capsule temporelle" d'origine extraterrestre et pourrait contenir des masses d'informations vitales pour nous ».

N'est-ce pas une description parfaite de ce que pourrait être la « clé du code » ?

L'astrophysicien Carl Sagan a déclaré un jour que, s'il existait des formes de vie intelligente ailleurs que sur terre, il y en aurait forcément qui auraient émergé bien avant la nôtre, et qu'elles auraient donc des centaines, des milliers, voire des millions d'années d'avance technologique par rapport à nous.

« Ce qui peut nous sembler difficile ou impossible d'un point de vue technologique, expliquait Sagan, voire magique, pourrait pour ces extraterrestres être trivialement facile. »

Et si une « clé du code » magique existait vraiment ? Et si les « obélisques » avaient été ensevelis par une civilisation avancée inconnue ? Et s'ils venaient réellement d'une autre planète ?

Et si le commentaire ancien disait la vérité : « Ils n'étaient pas de la main de l'homme, mais l'œuvre du ciel » ?

Ne serait-ce pas là la preuve que nous ne sommes pas seuls ? Je ne pouvais m'empêcher d'imaginer le moment où nous déterrerions le monolithe, ce monolithe d'origine manifestement extraterrestre, ici, sur terre. Nous connaîtrions enfin la réponse à la grande question que l'homme se pose depuis l'aube des temps : il y a de la vie ailleurs dans l'Univers, et elle est venue autrefois sur terre.

Cependant, au fond de moi-même, je restais sceptique. Plus la découverte potentielle était incroyable, moins j'y croyais.

Le code de la Bible avait beau affirmer de manière répétée que les obélisques, bien qu'âgés de plusieurs millénaires, étaient conservés dans une « arche en métal » – ce qui paraissait impliquer une civilisation évoluée –, cela ne parvenait pas à me convaincre.

C'est lorsque Francis Crick, le prix Nobel qui a découvert la structure de l'ADN, a confirmé ce que disait le code – à savoir que « l'ADN a été amené dans un véhicule », c'est-à-dire dans un « vaisseau spatial » – que j'ai fini par y rechercher le mot que j'avais jusque-là soigneusement évité : « extraterrestre ».

○ EXTRATERRESTRE DE LISAN □ AU NORD DE LA BAIE, À LISAN

« Extraterrestre de Lisan » est codé dans le livre de Josué, le seul de la Bible qui évoque le lieu où devaient se dérouler les fouilles.

En fait, le verset en question est perpendiculaire à « extraterrestre de Lisan ». Il parle de cette péninsule qui, avançant dans la mer Morte, forme une petite langue de terre, « au nord de la baie, à Lisan ».

« Extraterrestre de Lisan » est aussi codé dans la Torah, et traverse le texte biblique à l'endroit où est mentionné le nom biblique de la Jordanie, « un champ de Moab, au sommet de la colline ».

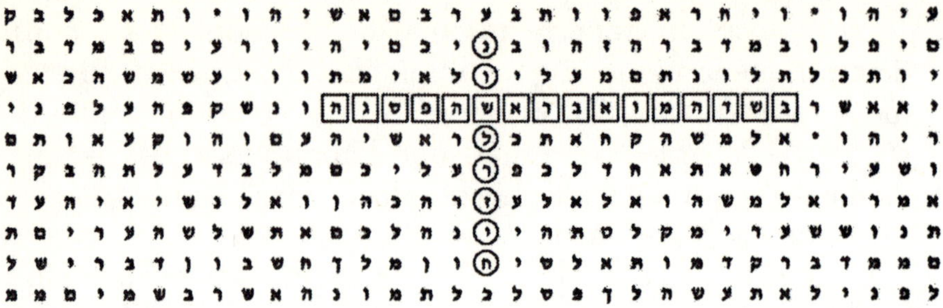

○ EXTRATERRESTRE DE LISAN □ DANS UN CHAMP DE MOAB, AU SOMMET DE LA COLLINE

Cela désigne clairement un point précis de la péninsule de Lisan, les falaises à son extrémité nord. En fait, « cap » est codé précisément au même endroit.

Et, immédiatement en dessous, le texte biblique dit : « Il a fait pour vous une sculpture de toutes les formes qui sont aux cieux. »

Et bien d'autres indices dans le code de la Bible semblent confirmer que la clé du code a été réellement apportée d'une autre planète.

« Code extraterrestre » apparaît au même emplacement que « Mazra ». Ainsi que « détecteur », « obélisque » et « clé ».

○ CODE EXTRATERRESTRE ◇ MAZRA ⬠ DÉTECTEUR ⏢ CLÉ □ OBÉLISQUE

« Code de l'extraterrestre » est codé à côté de « fournaise en fer » et « de Lisan ».

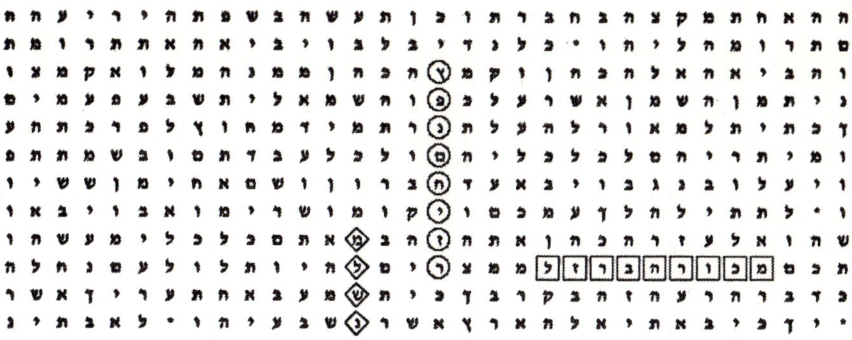

○ CODE DE L'EXTRATERRESTRE □ D'UNE FOURNAISE EN FER ◇ DE LISAN

« Extraterrestre de Lisan », ce qui en hébreu signifie aussi « langage extraterrestre », est aussi codé et croise « Mazra'a ».

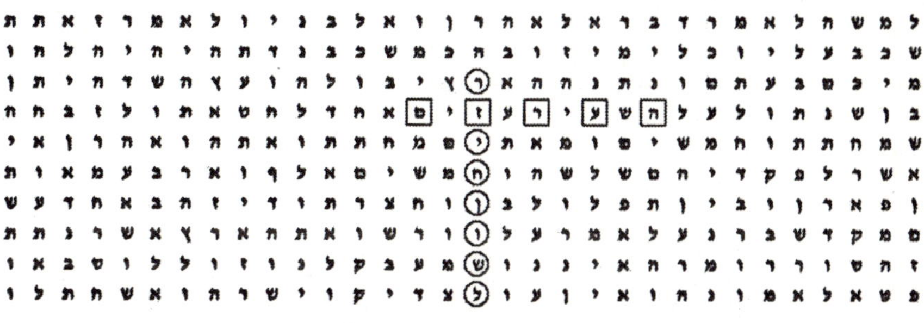

○ EXTRATERRESTRE DE LISAN/LANGAGE EXTRATERRESTRE
□ MAZRA ENSEMENCÉ

En hébreu, « Mazra'a » a le sens de « région ensemencée », et juste au-dessus de ces mots est codé « ADN », ce qui laisse penser une nouvelle fois que le code de la vie et celui de la Bible sont une « langue extraterrestre ».

Crick a-t-il raison ? Le code génétique et le code de la Bible ont-ils été tous deux apportés sur terre dans un « véhicule » ?

J'ai de nouveau étudié la grille où « véhicule d'acier » apparaît à la fois avec « Mazra'a » et « Lisan ». Et j'ai vu que juste au-dessus de « véhicule d'acier » le texte caché dit « forcé d'atterrir, intercepté ».

En hébreu, ce mot n'a qu'un seul sens : l'interception d'un engin aérien.

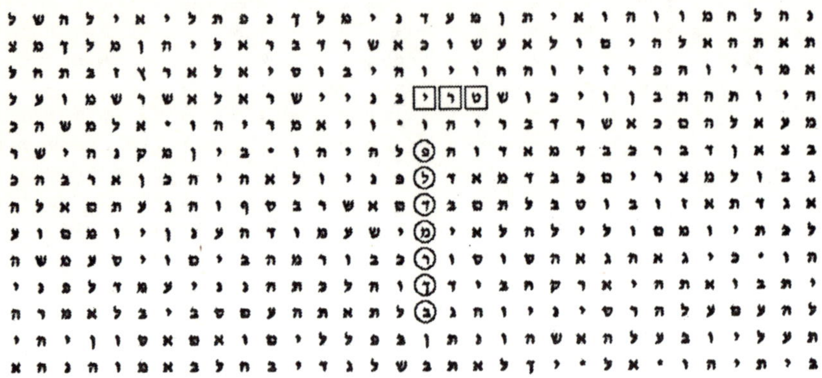

○ VÉHICULE D'ACIER □ FORCÉ D'ATTERRIR, INTERCEPTÉ

C'était de la science-fiction. Cela ne pouvait être vrai. Comment un engin spatial avait-il pu exister en des temps si reculés ? Il ne pouvait venir que d'une autre planète.

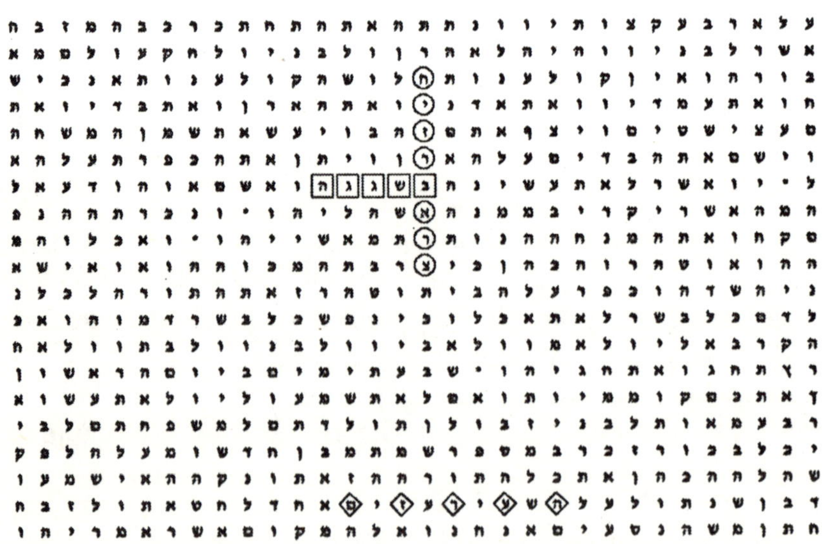

○ EXTRATERRESTRE SUR TERRE ◇ MAZRA □ PAR ERREUR

« Extraterrestre sur terre » est codé à une reprise dans la Bible et ce, de manière surprenante, une nouvelle fois avec « Mazra'a ». Et on retrouve encore la suggestion que l'arrivée sur terre était accidentelle : les mots « par erreur » croisent « extraterrestre sur terre ».

Dans la Bible, ce qui semble le plus clairement être un vaisseau extraterrestre est décrit dans le livre d'Ézéchiel. On l'appelle « la vision du char » :

« Et j'ai vu qu'une tempête arrivait du nord, un immense nuage et un feu de flammes entouré d'un halo de lumière ; et en son sein il y avait comme la couleur de l'électrique au milieu du feu. Et en son sein il y avait l'image de quatre êtres humains, et telle était leur apparence : c'était l'apparence de l'homme. »

Or, au même endroit du livre d'Ézéchiel sont codés les mots « extraterrestre humain ».

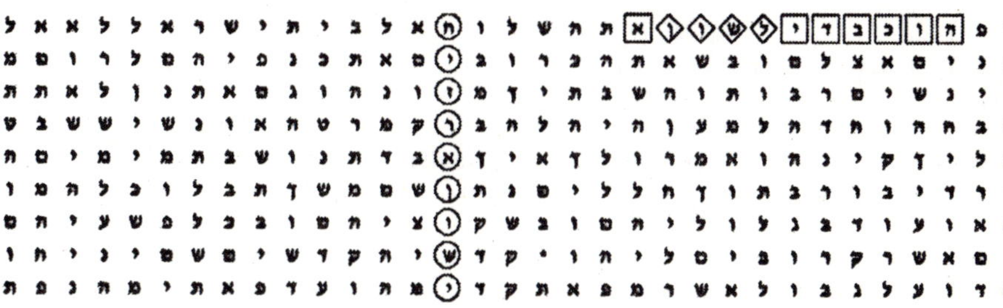

○ EXTRATERRESTRE HUMAIN □ HUMAIN PRÈS DE CRYPTE ◇ LISAN

Et exactement au même endroit on trouve « Lisan », épelé sans sauts de lettres, et chevauchant ce mot, à l'envers, on peut lire : « humain près de là dans une crypte ».

Un autre codage dans la Torah semble confirmer qu'une créature d'apparence humaine est venue sur terre il y a longtemps et nous a légué le code de la Bible.

« L'extraterrestre est un homme » figure une seule fois dans la Bible.

Au même endroit, dans le texte même de la Bible, apparaissent les deux expressions que j'avais trouvées au départ avec « clé du code » : « bouche des obélisques » et « seigneur du code ».

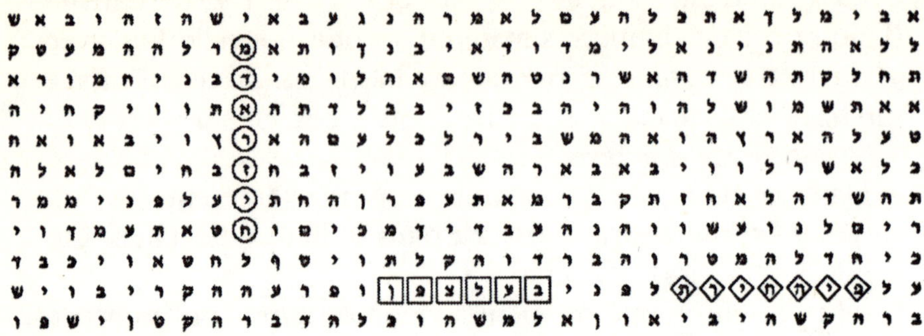

○ L'EXTRATERRESTRE EST UN HOMME □ SEIGNEUR DU CODE ◇ BOUCHE DES OBÉLISQUES

Cela suggérait de manière assez transparente que le codeur était un humain, mais pas un des nôtres. Et, une nouvelle fois, au même endroit, le code disait : « il a été intercepté, obligé de descendre ».

Qui, ou quoi, aurait pu forcer le vaisseau spatial à atterrir ? Le code ne disait rien sur le sujet.

Par contre, l'affirmation était sans doute que le code avait été apporté sur terre par un vaisseau spatial.

Le vaisseau spatial était-il une « arche en acier » ?

Pourtant, plus les preuves s'accumulaient, plus je doutais de tout.

Je voulais bien croire que la clé du code de la Bible était gravée sur un obélisque, que l'obélisque était enfoui dans une péninsule désertique qui n'avait pas été habitée depuis les temps bibliques. Mais je ne parvenais pas à croire qu'il avait été amené là par un vaisseau spatial.

Or Crick, qui a découvert la structure de l'ADN, assure que l'ADN a été apporté sur terre par des extraterrestres. Si c'est vrai pour le code génétique, pourquoi ne le serait-ce pas pour celui de la Bible ?

L'existence même d'un code qui nous révèle l'avenir prouve que nous ne sommes pas seuls. Puisque aucun de nous ne peut lire l'avenir, une intelligence extraterrestre a dû intervenir autrefois sur terre, au moins à l'époque où la Bible a été écrite.

C'est d'ailleurs une croyance commune à toutes les religions. On pourrait dire que la Bible est l'histoire d'une « rencontre du troisième type ». On n'y voit peut-être pas l'extraterrestre, mais on l' « entend » souvent. Dans les mythes de toutes les religions, on trouve des histoires de vaisseaux qui arrivent du ciel, de visiteurs effrayants venus d'ailleurs, de « vaisseaux du ciel ». Même lorsque Yahvé descend sur le mont Sinaï, sa présence s'accompagne de fumée et de feu.

Le problème, c'est que je ne crois pas en Dieu. Et tous les scientifiques ont beau affirmer que la vie existe ailleurs dans l'Univers, je ne croirai aux petits hommes verts que lorsqu'ils débarqueront chez nous.

Je suis journaliste. J'ai besoin de faits solides et précis.

Le jour de Shavuot, la fête qui célèbre le don de la Torah fait par Yahvé à Moïse sur le mont Sinaï, j'ai trouvé dans le code de la Bible la preuve que la « clé du code » est bien gravée sur des piliers dans un réceptacle en acier.

Et, au même endroit, j'ai trouvé « Dieu ».

« Dans l'acier, les obélisques » est codé dans la Bible, transversalement à un verset de la Genèse qui raconte la création du genre humain :

« Il l'a fait à Son image. Mâle et femelle Il les a faits. »

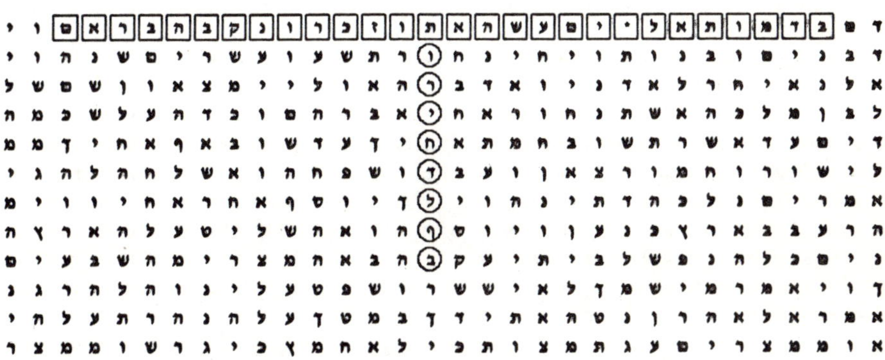

○ DANS DES OBÉLISQUES D'ACIER
□ IL L'A FAIT À L'IMAGE DE DIEU, MÂLE ET FEMELLE IL LES A FAITS

Ainsi, les « obélisques » étaient bien contenus dans une « arche en acier ».

Les mots de la Genèse semblaient aussi corroborer le seul commentaire ancien connu sur les « obélisques », l'affirmation du Midrash selon laquelle ils ont une forme humaine, qu'ils sont « mâle et femelle ».

Mieux encore, cela paraissait relier les obélisques à notre création, à notre créateur.

« Ceci est le livre de l'histoire de l'homme le jour où Dieu a créé l'homme à Son image. »

Le verset complet de la Genèse 5.1, qui recoupe « dans l'acier, les obélisques » confirme clairement que les obélisques sont la « clé du code », qu'ils révèlent notre passé caché et tout notre avenir.

L'idée est que notre futur était connu le jour de notre création, que l'histoire de toute l'humanité est écrite depuis le premier jour – de sorte que, si nous devions la lire à présent, nous verrions à la fois tout ce qui s'est déjà produit et tout ce qui doit encore nous arriver.

Et la même grille codée confirme aussi l'emplacement des « obélisques ». « Pilier Lisan, langue de mer » apparaît exactement au même endroit.

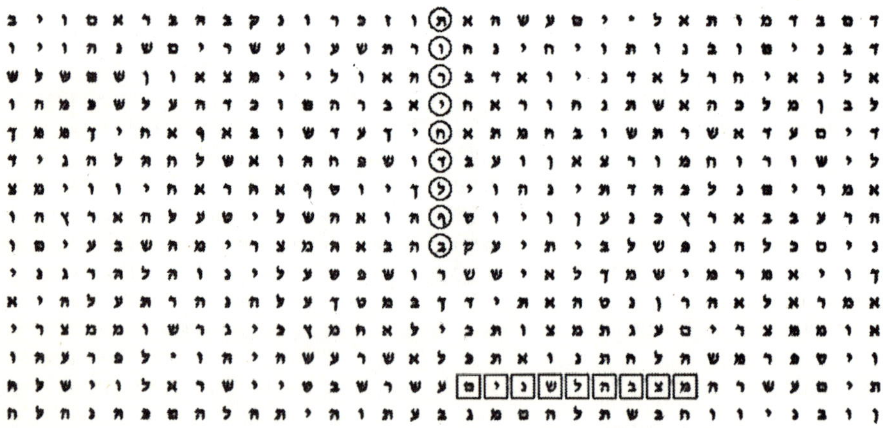

○ DANS DES OBÉLISQUES D'ACIER ☐ PILIER LISAN, LANGUE DE MER

Non seulement nous trouverons les « obélisques dans l'acier », mais aussi nos véritables origines. La grille affirme : « Seigneur, propriétaire, sera rcconnu dans l'acier, obélisques ».

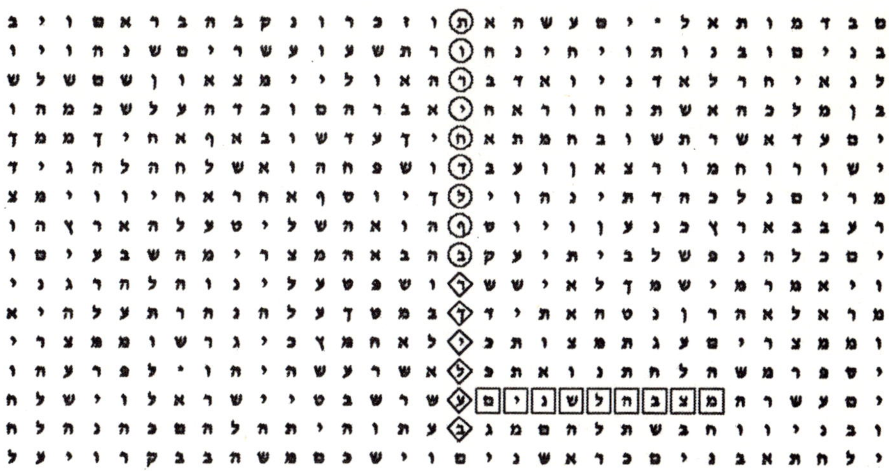

○ DANS DES OBÉLISQUES D'ACIER □ PILIER LISAN, LANGUE DE MER
◇ SEIGNEUR, PROPRIÉTAIRE, SERA RECONNU DANS L'ACIER, OBÉLISQUES

Cela semble suggérer que les obélisques sont faits à l'image de leur créateur, qui est peut-être aussi *notre* créateur.

Au moment où je préparais mon expédition à Lisan, j'écrivais dans mon journal : « Je suis donc obligé de conclure que outre un "obélisque" qui est la "clé du code", je recherche également l'"extraterrestre" qui l'a créé ou, du moins, qui l'a apporté, et le "véhicule" dans lequel il est venu. »

11

Bush

Le 3 août 2001, j'écrivais au président George W. Bush une lettre qui disait : « Le code de la Bible nous lance un avertissement : le monde devra peut-être affronter un très grave danger – une guerre nucléaire mondiale ayant pour point de départ le Proche-Orient – et ce, durant votre mandat. »

Ma lettre est arrivée sur le bureau de son directeur de cabinet, Andrew Card, à la Maison-Blanche au moment où Bush partait pour un mois de vacances dans son ranch du Texas.

Card a transmis ma lettre à la conseillère du président pour les affaires de sécurité nationale, Condoleezza Rice. Mais elle n'a jamais atteint son destinataire.

Le 10 septembre, alors que le président Bush était de retour à Washington, j'ai appelé le bureau de Card à la Maison-Blanche. J'étais désolé de devoir insister, mais il fallait remettre ma lettre au président, il fallait organiser une rencontre.

« M. Card a remis votre lettre à Mme Rice, m'a dit son principal adjoint. Elle a été lue par les deux membres les plus importants de son équipe. Ce sont eux qui ont pris la décision de ne pas la remettre au président. »

Le lendemain, c'était le 11 septembre. La Maison-Blanche a échappé à l'attaque, parce que les passagers du quatrième avion l'avaient contraint à s'écraser avant qu'il atteigne Washington.

La lettre que j'avais envoyée un mois plus tôt n'était pas la seule occasion manquée. Par la suite, on a su que la CIA avait averti le président dès le 6 août que les hommes de Ben Laden pouvaient détourner des avions de ligne. Et un rapport du FBI, qui n'a jamais été remis à Bush, signalait que Ben Laden pourrait envoyer des hommes dans des écoles de pilotage aux États-Unis pour préparer un attentat.

D'ailleurs, à la mi-août, un homme, dont on estime aujourd'hui qu'il était le vingtième terroriste, avait été arrêté. Mais le FBI n'avait pas vu l'indice crucial qui se trouvait dans son ordinateur portable, un nom qui aurait pu les conduire au chef de l'attaque du 11 septembre, Mohammed Atta. Et le 10 septembre 2001, la NSA interceptait un message en arabe : « Demain est l'heure H. » Mais ce message crucial n'a été traduit que le 12 septembre.

Je savais qu'il était inutile de chercher à voir le président tout de suite après les attentats. Mais, dès le 1er octobre, je remettais à Andrew Card et à Condoleezza Rice une autre lettre à son intention.

Voici ce que je leur écrivais dans ma lettre d'accompagnement :

« Si vous relisez mon précédent courrier à la lumière du 11 septembre, je pense que vous transmettrez celui-ci au président. S'il le lit lui-même, je suppose qu'il souhaitera me rencontrer.

« Vous pouvez annoncer au président que l'attaque contre New York, à laquelle j'ai assisté de mes propres yeux, a été codée dans la Bible il y a trois mille ans. »

Ma lettre du 1er octobre au président Bush disait :

« Je ne suis pas croyant, et je suis donc incapable d'expliquer comment il est possible de prédire l'avenir ni pourquoi cela est codé dans la Bible.

« Mais, dans le texte codé, "Twin Towers" apparaît avec "avion", et au même endroit on peut lire "cela causera leur chute". "Pentagone" est codé avec "endommagé". "Ben Laden" est codé avec "la ville et la tour". »

J'expliquais au président que le danger n'était pas écarté : « Le code de la Bible dit clairement quel est le plus grave danger, en termes modernes – “holocauste nucléaire” et “guerre mondiale” sont tous deux codés dans la Bible. Et tous deux pour la même année : 2006. »

Je concluais en m'excusant :

« Je suis désolé de n'avoir pu vous prévenir à l'avance des attaques à venir. Ces attentats ont été codés dans la Bible il y a plus de trois mille ans. Or nous n'avons pas su le voir avant le 11 septembre.

« Si le code de la Bible dit vrai, ce n'est pas la fin du danger, mais le commencement. Nous ne pouvons pas déceler à l'avance tous les dangers, mais nous pouvons éviter ceux que nous parvenons à voir.

« Il est important que je puisse vous rencontrer, car il est fort probable que le danger ultime est bien réel : nous devrons peut-être faire face à une guerre nucléaire mondiale d'ici à cinq ans. »

« Président Bush » est codé dans la Bible avec « le second »; nous avons découvert cela avec Rips des mois avant les élections de novembre 2000.

○ PRÉSIDENT BUSH □ LE SECOND

Le code de la Bible a correctement prédit le résultat d'une élection si serrée que l'on recomptait encore les voix lorsque la Cour suprême a déclaré Bush vainqueur.

En fait, toute la bataille entre Bush et Gore était racontée dans le texte caché. Le code m'avait permis d'en suivre le déroulement avant même que les candidats soient désignés par leurs partis respectifs.

Dix mois avant l'élection la plus controversée de l'histoire des États-Unis, j'avais rendu visite à Eliyahu Rips, qui se trouvait à Nashville, invité par la prestigieuse université Vanderbilt. Rips m'a raconté qu'il avait donné une conférence sur le code de la Bible dans une synagogue de la ville et, en réponse à une question du public, il avait recherché le nom d'une célébrité locale, le vice-président Al Gore.

Rips m'a montré la grillée codée. « Al Gore » apparaît dans la Genèse à côté de « président », avec une chance infime que cela soit dû au hasard.

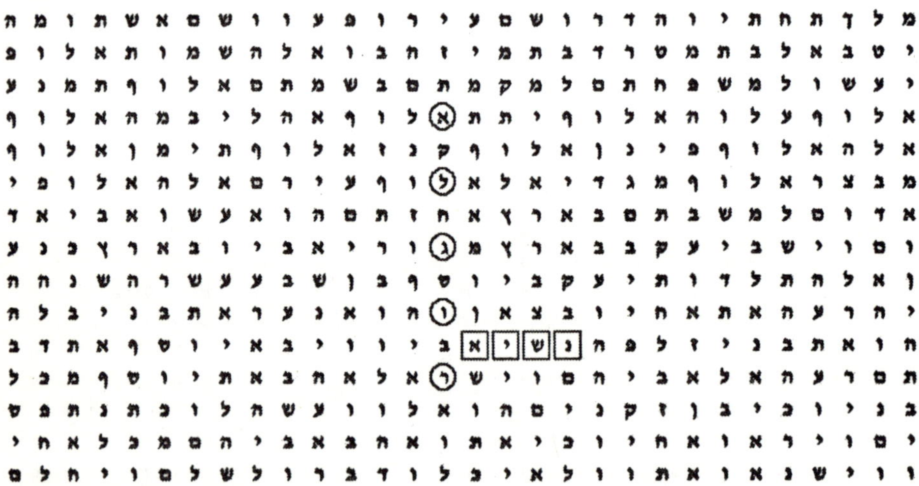

○ AL GORE □ PRÉSIDENT

J'ai dit à Rips que l'élection de Gore me paraissait assez peu probable. Tous les sondages donnaient Bush largement en tête. En fait, il n'était même pas certain que Gore serait le candidat du parti démocrate.

Nous avons donc recherché « président Bush », qui est codé avec « président » croisant une deuxième occurrence de « président ».

« Le sens n'est vraiment pas clair, parce qu'il y a déjà eu un président nommé Bush. »

J'ai alors montré à Rips que « président Bush » était codé avec « le second ».

« Qu'est-ce que cela peut bien vouloir dire, à votre avis ? lui ai-je demandé.

– Je n'en ai pas la moindre idée. Peut-être que Gore et Bush ne sont que des possibilités, et que tous les deux ont une chance de devenir président ? »

Pendant les dix mois suivants, Rips et moi-même avons suivi les événements avec étonnement : Bush et Gore ont d'abord été désignés, puis l'écart entre les deux candidats s'est rétréci jusqu'au résultat final. Nous nous sommes parlé le lendemain de l'élection.

Cela avait été une folle soirée. D'abord, Gore avait appelé Bush pour reconnaître sa défaite. Puis il l'avait rappelé pour retirer ce qu'il avait dit. Au bout du compte, le résultat s'est joué à quelques centaines de voix dans un seul État, la Floride.

« À présent, nous savons pourquoi le code était si indécis », a été le commentaire de Rips.

Pendant les semaines de bataille de procédure et de comptage et recomptage des voix, j'ai continué à chercher un signe dans le code. J'ai pu voir alors qu'à l'endroit où « Al Gore » est codé avec « président Gore » les lettres qui suivent son nom prédisaient un résultat tout à fait différent : « un juge rendra justice maintenant, du mal vous sera fait ».

Le 12 décembre, deux heures avant minuit, la Cour suprême des États-Unis privait Al Gore de son élection, qu'il avait gagnée aux voix, en mettant un terme au comptage des bulletins en Floride.

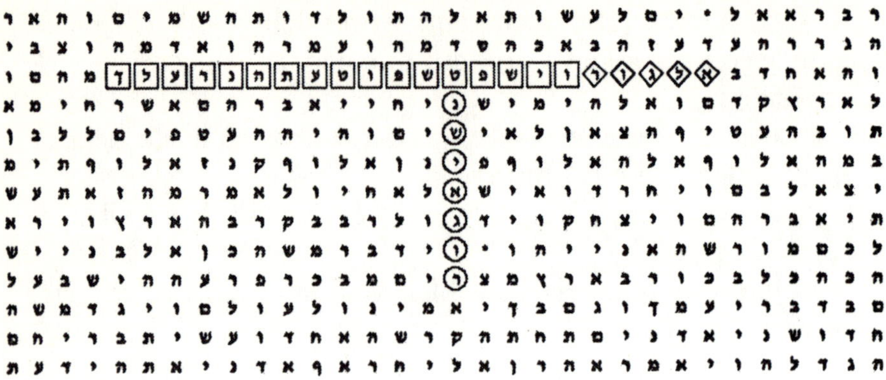

○ PRÉSIDENT GORE ◇ AL GORE
□ UN JUGE RENDRA JUSTICE MAINTENANT, DU MAL VOUS SERA FAIT

Avec le secours de cinq juges républicains, George W. Bush a été déclaré président des États-Unis.

Ce soir-là, j'ai examiné une nouvelle fois la grille codée qui avait prédit au départ la victoire de Bush. « Par erreur, en erreur » apparaît dans le texte originel juste au-dessus de « président Bush ».

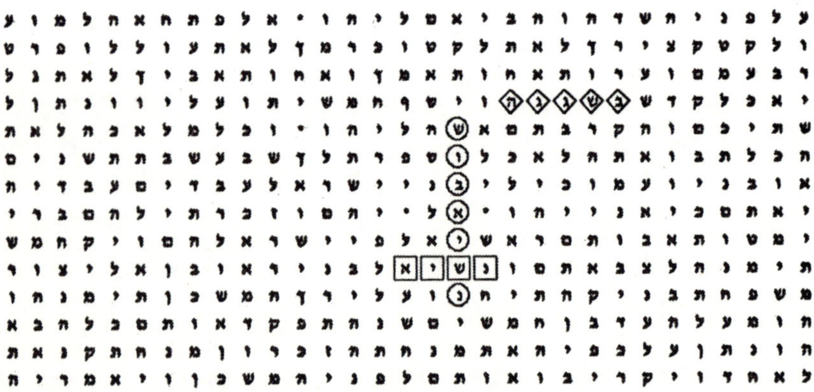

○ PRÉSIDENT BUSH □ PRÉSIDENT ◇ PAR ERREUR

Mais le codage le plus important annonçait le moment décisif de l'histoire mondiale auquel le président devrait faire face. « G. W. Bush » est codé avec « président » à l'endroit précis où la Bible parle de « la fin des jours ».

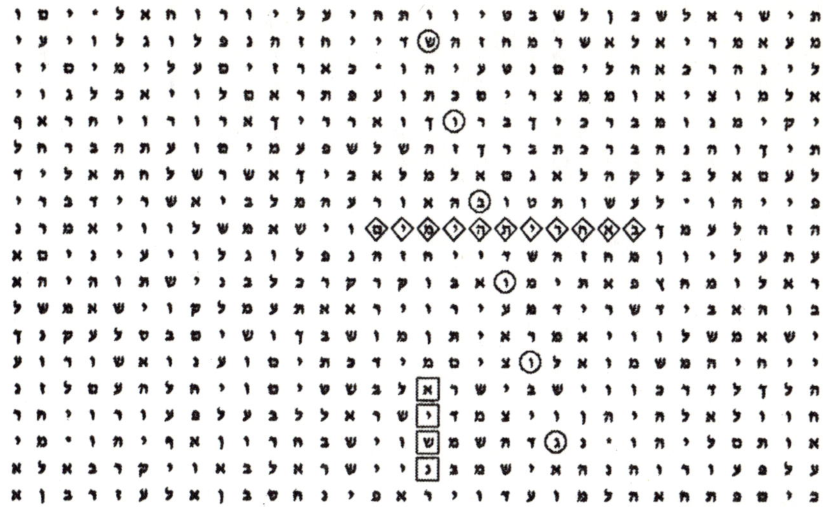

○ G. W. BUSH □ PRÉSIDENT ◇ À LA FIN DES JOURS

Bien avant le 11 septembre, je savais que Ben Laden était nommé dans le code. Au printemps 1998, lorsque j'ai fait la connaissance d'Eliyahu Rips en Israël, il m'avait montré une grille codée dont il pensait qu'elle révélait la véritable nature divine : « jugement de Dieu » était emmêlé avec « pitié de Dieu ».

« Selon le Midrash, m'a dit Rips, le monde a été créé deux fois. Il a d'abord été conçu du point de vue du jugement absolu, du bien et du mal. Puis Dieu a vu que le monde ne pouvait exister de cette manière, qu'il n'y avait pas de place pour l'imperfection humaine, et il a ajouté la pitié. Mais ce n'est pas comme mélanger de l'eau chaude et de l'eau froide pour obtenir de l'eau tiède ; c'est comme mélanger du feu et de la glace tout en laissant chacun conserver son existence propre. C'est peut-être cela, les deux filaments du code de la Bible. »

Cependant, dès que Rips m'avait montré la grille, j'avais vu autre chose. « Ben Laden » apparaissait sans sauts, parfaitement épelé, et croisait « jugement de Dieu ».

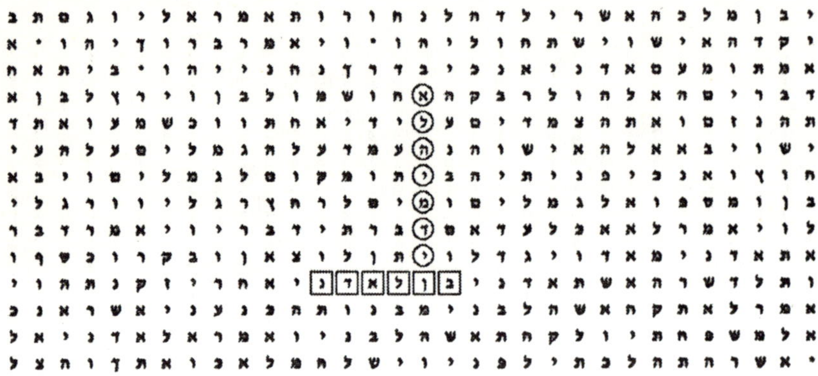

○ JUGEMENT DE DIEU □ BEN LADEN

Je n'en ai rien dit à Rips. Je ne savais pas comment il le prendrait. Mais j'étais sonné. Pour moi, c'était comme si, en un sens très biblique du terme, Ben Laden avait été choisi en tant qu'instrument de notre destruction dans le monde moderne, tout comme d'autres ennemis avaient été l'instrument de la colère divine aux temps bibliques.

C'est seulement après le 11 septembre que j'ai montré à Rips ce que j'avais découvert des années plus tôt. Son interprétation était très différente de la mienne :

« Cela signifie très clairement que Dieu jugera Ben Laden. »

Et il a ajouté qu'un de ses amis avait trouvé un autre codage semblable : « maudit soit Ben Laden, et au Messie appartient la vengeance ».

J'ai répondu à Rips que, pour moi, c'était à nous de régler son compte à Ben Laden, aux gens qui faisaient partie du monde réel, quelle que soit la punition finale qui lui serait infligée dans un autre monde.

Toutefois, Rips restait sur son point de vue religieux, dont je comprenais la pertinence puisque le terrorisme était devenu une sorte de religion dont Ben Laden était le grand prêtre.

Rips m'a montré autre chose qu'il avait découvert dans la grille codée où apparaît le nom du chef des terroristes du 11 septembre, Mohammed Atta. « Terroriste Atta » est inscrit transversalement à un endroit où le texte biblique dit : « son âme a été coupée devant moi, je suis le Seigneur ».

« Cela contredit directement la croyance d'Atta et de Ben Laden qui pensent qu'ils seront récompensés pour leurs actes dans une vie après la mort. C'est l'affirmation biblique de l'inverse, très exactement : cela implique qu'ils seront punis dans l'au-delà. »

Rips affrontait le danger sur le même niveau, dans les mêmes termes que les terroristes. Ils concevaient tous la question sous l'angle exclusivement religieux. Après le 11 septembre, le FBI a retrouvé le journal de Mohammed Atta, dans lequel il affirmait qu'il avait reçu une mission divine.

Pour moi, le code de la Bible, c'était de l'information, une sorte de système d'alarme, et tout dépendait de la manière dont nous l'utiliserions pour éviter les dangers terrifiants qu'il prédisait.

La première tâche était de mettre la main sur Ben Laden.

Le 7 octobre 2001, les États-Unis attaquaient les taliban et Ben Laden, en Afghanistan. Au même moment, la CIA avertissait le Congrès américain qu'il y avait « cent pour cent » de chances pour qu'un autre attentat terroriste ait lieu. J'ai recherché « Ben Laden » dans le code.

Selon le code, « Ben Laden » deviendrait un fugitif, se déplaçant de « quartier général en quartier général ».

« Villes refuges » apparaît dans le texte même de la Bible, au même endroit. Le sens original de ces versets était peut-être important. Il y était question de « villes refuges » antiques où un « assassin » pouvait échapper à la vengeance et assurait qu'on ne pouvait le tuer que s'il quittait le refuge. Peut-être était-ce ainsi que Ben Laden serait arrêté ?

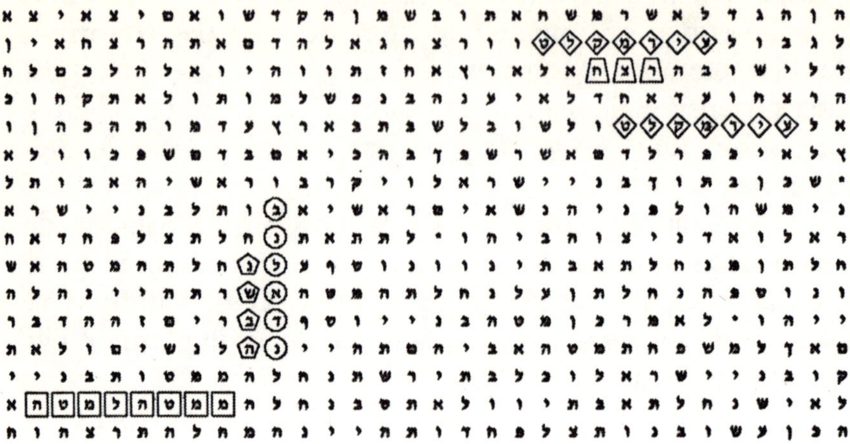

○ BEN LADEN □ DE QUARTIER GÉNÉRAL EN QUARTIER GÉNÉRAL ◇ VILLES REFUGES ⏢ ASSASSIN ⬠ CAPTURÉ

En fait, « capturé » était codé avec « le prochain terroriste », et le texte caché disait : « il se déplaçait, et il fut tué ».

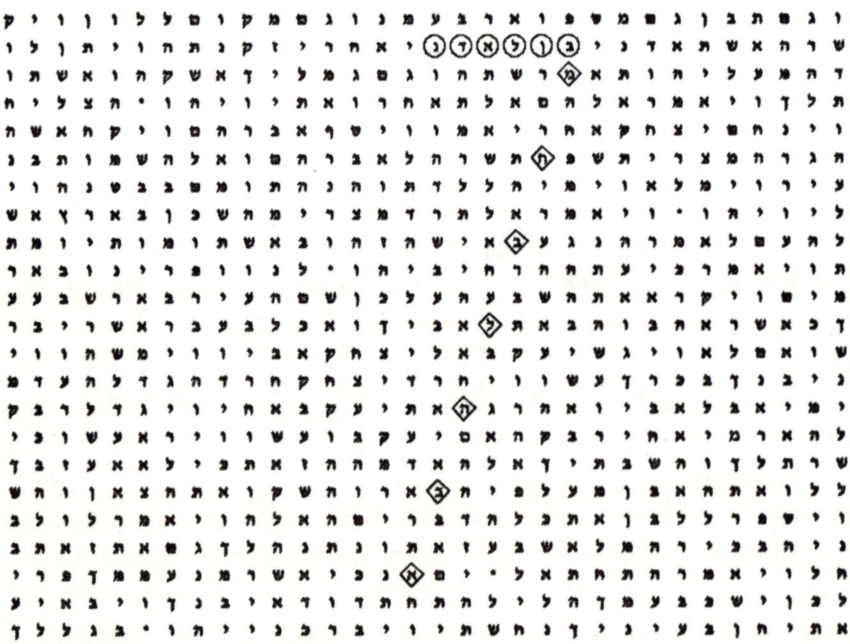

○ BEN LADEN ◇ LE PROCHAIN TERRORISTE

Mais il ressortait du texte codé que Ben Laden ne serait ni tué ni capturé en Afghanistan. Le code semblait dire qu'il échapperait à l'offensive américaine contre ses camps d'entraînement et ses grottes, et qu'il rétablirait son réseau de terreur à partir d'une autre base, au Proche-Orient.

Le code nommait un endroit précis. Le nom de celui-ci apparaissait transversalement aux deux manières d'écrire « Ben Laden » en hébreu, et le texte l'identifiait précisément comme « son quartier général militaire ». Le même site était clairement lié aux autres graves dangers, dont « arme atomique » et « holocauste nucléaire », mais aussi « attaque chimique » et « prochaine guerre ».

Ce même lieu dans le désert, qui n'était jamais mentionné dans le moindre rapport de renseignement, apparaissait aussi – avec une infime probabilité que cela puisse être dû au hasard – là où étaient codés les noms de deux cibles potentielles : « New York » et « Jérusalem ».

J'ai transmis cette information à de hauts responsables du renseignement américains et israéliens. Je leur ai dit que « cela pouvait être lié à Ben Laden ou à ce qui reste de son groupe, Al-Qaida ». Je leur ai également dit que cela pouvait « être un endroit de stockage d'armes de destruction massive, peut-être la plus grande source de danger pour Israël et les États-Unis ».

Bien évidemment, je n'avais aucune preuve à l'appui de ce qui était codé dans la Bible, et aucune date n'y était associée de manière précise. Puisque le code annonçait l'avenir, je ne savais pas si c'était là où Ben Laden s'était déjà réfugié, où s'il s'y rendrait par la suite pour réorganiser son réseau terroriste. Voici ce que je disais :

« Je ne sais pas si cette base est active en ce moment. Mais c'est peut-être le bon moment pour le vérifier, et il vaut certainement mieux regarder trop tôt que trop tard ».

J'expliquais aux Américains et aux Israéliens une autre chose : chaque fois que le nom de cette base terroriste apparaît dans le code de la Bible, il y croise « arme libyenne ». Cela semble signifier que la Libye va acquérir quelque arme de destruction massive dont les terroristes se serviront pour attaquer l'Occident.

Des mois plus tard, l'information suivante paraissait dans la presse israélienne : « Les efforts libyens pour obtenir des armes nucléaires inquiètent de plus en plus les responsables israéliens et américains. La menace libyenne a été évoquée au cours d'une série de discussions stratégiques entre les deux pays qui se sont tenues la semaine dernière à Washington. »

L'article du journal *Ha'aretz* poursuivait : « Même si la Libye ne figurait pas jusqu'ici parmi les pays considérés comme faisant partie de "l'axe du mal" évoqué par le président Bush, les responsables américains estiment que c'est un État "limite" qui déploie des efforts pour obtenir des armes de destruction massive. »

C'était précisément l'avertissement que j'avais donné à Shimon Peres cinq années plus tôt, lorsqu'il était Premier ministre : « Libye » était codé avec « holocauste nucléaire », mais le véritable danger était le terrorisme nucléaire.

Quelques jours plus tard, dans un discours prononcé à Jérusalem, Shimon Peres formulait l'avertissement en public, sans faire mention du code de la Bible. Le plus grave danger auquel devait faire face le monde était, selon lui, que des armes nucléaires « tombent entre les mains de pays irresponsables et soient portées sur les épaules de fanatiques ».

Le code donnait le nom des fanatiques : Ben Laden et son réseau terroriste Al-Qaida. J'espérais qu'il nous révélerait l'endroit où ils se trouvaient.

Au mois de mai 2001, alors que le Proche-Orient connaissait une nouvelle flambée de violence incontrôlable, j'ai écrit au secrétaire d'État américain, Colin Powell, à son domicile, en Virgnie.

J'avais hésité à lui envoyer ma lettre à son adresse personnelle, mais je voulais être certain qu'il recevrait le pli avant de partir pour l'Europe : selon la rumeur, il allait y rencontrer pour la première fois Yasser Arafat.

Les F-16 et les hélicoptères israéliens venaient de bombarder Gaza et la Cisjordanie pour la première fois depuis la guerre des Six-Jours. Mon instinct me disait que quelque chose de terrible allait se produire, et que ma meilleure chance de joindre Powell était maintenant, en ce moment de crise, dans la foulée de mes entrevues avec Peres et Arafat.

Voici ce que disait ma lettre :

« Je reviens du Proche-Orient, où j'ai parlé avec Yasser Arafat et Shimon Peres. J'espérais voir le Premier ministre Ariel Sharon.

« Il y a peut-être unc ouverture, une nouvelle façon de réunir les différentes parties pour des pourparlers de paix. C'est pour cette raison que je me permets de vous faire parvenir cette lettre à votre domicile. Je sais que j'aurais dû suivre la voie officielle, mais j'ai lu aujourd'hui dans le *New York Times* vos déclarations selon lesquelles, "s'il existait une solution, une conférence ou une réunion que l'on pourrait organiser immédiatement, je sauterais sur l'occasion". Il se peut qu'une telle solution existe ou, du moins, une ouverture.

« Arafat croit aux prophéties. J'ai passé plus d'une heure avec lui à discuter des prédictions que l'on trouve dans la Bible. À la fin, il avait l'air convaincu que la seule alternative était la paix ou l'anéantissement.

« Jusqu'ici, personne ne s'est adressé à lui à ce propos, et c'est peut-être la clé. »

J'expliquais à Powell le code caché dans la Bible qui semble révéler le futur. J'espérais qu'il serait intéressé, parce que j'avais lu dans son autobiographie qu'il était pratiquant, qu'il avait enseigné le catéchisme, et qu'il croyait « comme au bon vieux temps ».

J'ai donc répété à Powell ce que j'avais dit à Bush :

« Le code de la Bible nous met en garde contre le risque d'une guerre nucléaire mondiale, qui aurait pour point de départ le Proche-Orient.

« Même si vous avez du mal à croire à un code caché dans la Bible qui prédit le futur, il peut s'avérer néanmoins utile que nous nous rencontrions, parce que Arafat, lui, y croit visiblement.

« Lorsque Sharon acceptera lui aussi que la seule véritable alternative est la paix ou l'anéantissement, alors nous aurons peut-être la paix. Peu importe la manière dont Sharon en sera persuadé, le renseignement ou la prophétie, l'important est qu'il comprenne que c'est une question de survie. »

Powell est rentré aux États-Unis sans avoir vu Arafat, et il ne m'a jamais répondu. Un mois plus tard, Bush lui demandait de retourner au Proche-Orient pour essayer d'obtenir un cessez-le-feu.

Ces tentatives et ces échecs se sont poursuivis pendant plus d'une année.

Le code de la Bible laissait toutefois entrapercevoir une lueur d'espoir. « C. Powell » est codé avec « chef du sommet », ce qui suggérait que le secrétaire d'État arriverait peut-être à réunir les différentes parties.

Cependant, au même endroit, le danger était tout aussi clairement formulé ; d'autres mots recoupent « C. Powell » : « à la fin des jours ».

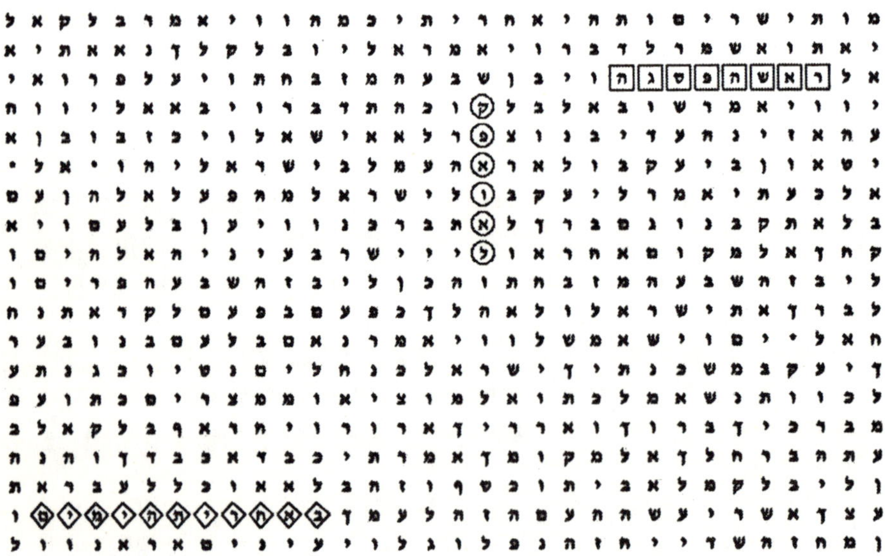

○ C. POWELL □ CHEF DU SOMMET ◇ À LA FIN DES JOURS

Le compte à rebours vers 2006 avançait inexorablement, et j'étais soucieux, car je ne parvenais pas à décrocher un entretien avec ce président qui considérait lui-même la guerre contre le terrorisme comme une croisade religieuse.

Le code de la Bible paraissait nous avertir que la fin de cette guerre, dont la première bataille avait été livrée en Afghanistan mais qui semblait maintenant marquer le pas, avec Ben Laden encore en liberté, pourrait être terrible.

Dans la Bible, « guerre de Bush » est codé à côté de l'avertissement ultime : « le mal qui s'abattra sur vous à la fin des jours ».

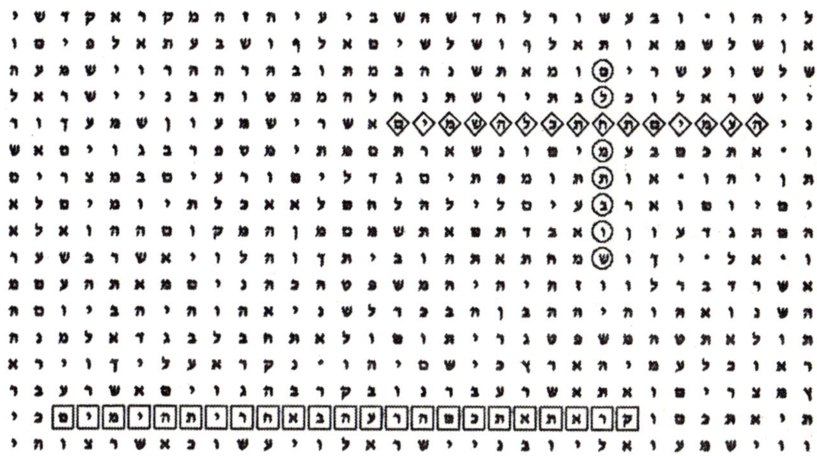

○ GUERRE DE BUSH □ LE MAL QUI S'ABATTRA SUR VOUS À LA FIN DES JOURS
◇ LES NATIONS SOUS TOUS LES CIEUX

Le texte biblique qui recoupe « guerre de Bush » affirme dans les termes les plus clairs que le danger est global : « les nations sous tous les cieux ».

« La prochaine attaque terroriste » est codé avec « Ben Laden », et la seule ville au monde dont le nom apparaît dans le contexte de « holocauste nucléaire » et « guerre mondiale » est : « Jérusalem ».

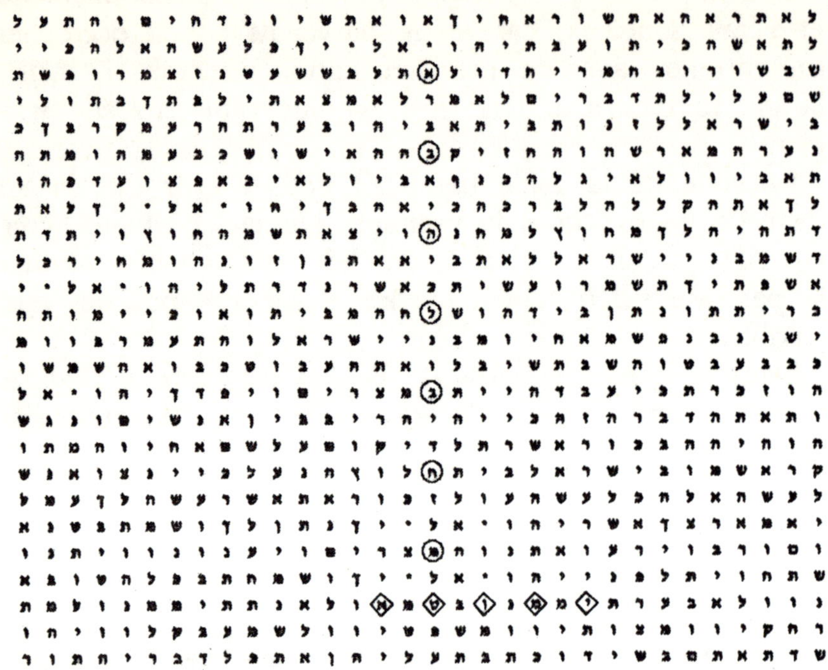

○ LE PROCHAIN TERRORISTE ◇ ATOMIQUE

Et l'impact sera global : « guerre atomique » est codé avec le terme arabe pour kamikaze, *shahid*, exactement au même endroit.

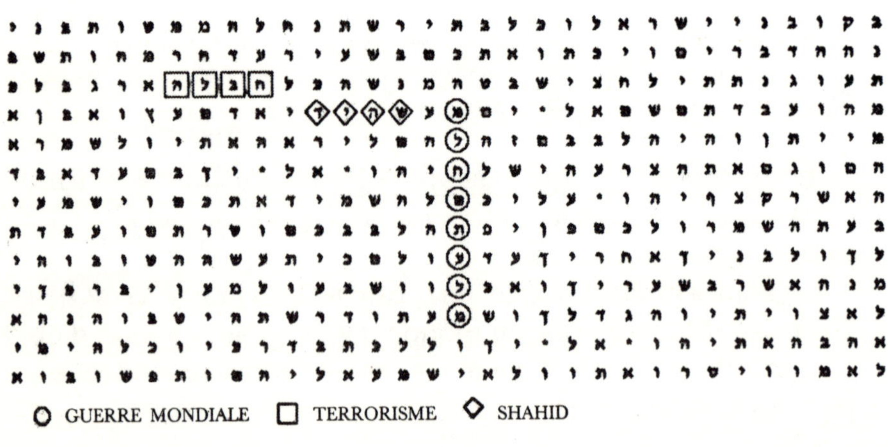

○ GUERRE MONDIALE □ TERRORISME ◇ SHAHID

La somme de tous les avertissements contenus dans le code de la Bible semble être la suivante : le monde connaîtra un état de guerre perpétuel au cours des cinq prochaines années. Non pas une guerre classique, mais une escalade d'attentats terroristes avec des armes de destruction massive, et de contre-attaques occidentales.

Ce sera une guerre dont personne ne voudra reconnaître l'existence, une guerre entre nous et le fondamentalisme islamique, une guerre entre la civilisation occidentale et les fanatiques religieux qui veulent la détruire.

À mes yeux, la bataille avait déjà commencé. Tout ce contre quoi j'avais essayé de mettre en garde les plus hautes autorités, tout ce que j'avais vu codé dans la Bible, était en train de devenir notre réalité. Je m'interrogeais sur ce que je devais faire à présent.

Cinq ans plus tôt, les avertissements que j'avais rendus publics dans mon livre semblaient trop apocalyptiques pour être crédibles ; c'était encore le cas lorsque j'avais écrit ma première lettre au président Bush. Maintenant, ils étaient acceptés de tous, ils faisaient partie de notre réalité, et nos dirigeants se demandaient comment ils pouvaient y faire face.

Des membres éminents du cabinet du président Bush, ainsi que le président lui-même, avaient déclaré qu'une nouvelle attaque terroriste, voire une attaque terroriste nucléaire, était une quasi-certitude.

« La perspective d'une nouvelle attaque contre les États-Unis est très, très réelle, avait proclamé le vice-président, Dick Cheney. La question n'est pas si cela va se produire, mais quand. »

Le secrétaire d'État à la Défense, Donald Rumsfeld, avait annoncé devant une commission du Sénat que les terroristes se procureraient des armes de destruction massive :

« Ils ont des armes chimiques, des armes biologiques, et certains auront bientôt des armes nucléaires. Immanquablement, ils vont mettre la main dessus et ils n'hésiteront pas une minute à les utiliser. »

Et il a ajouté :

« Nous sommes confrontés à de nouvelles menaces terroristes. La question n'est pas si cela va se produire, mais quand, où et comment. »

Le directeur du FBI, Robert Mueller, ne disait pas autre chose :

« Il y aura une autre attaque. Nous ne pourrons pas l'empêcher. J'aimerais pouvoir être plus optimiste. »

Jusque-là, le problème avait été de persuader les dirigeants de la planète que les périls gravissimes annoncés dans le code de la Bible étaient réels. À présent, le problème était de les convaincre que ces périls pouvaient être évités si l'on écoutait les avertissements du code.

12

Le voyage du héros

Certains jours, en me réveillant, lorsqu'il n'était question aux informations que de nouvelles menaces terroristes, je me demandais si ma quête pour la clé du code était bien réelle.

Avec Ben Laden, avec le souvenir du 11 septembre gravé dans mon esprit, avec la certitude terrible que ni New York ni le reste du monde n'avaient encore vu le pire, mon entreprise dans le désert avait quelque chose de futile.

Mon instinct me disait que c'était la solution, peut-être la seule solution. Nous avions besoin d'un miracle, d'une réponse à un danger de proportions mythiques.

Peut-être fallait-il un acte mythique ?

« Le héros s'aventure hors du monde ordinaire pour pénétrer dans le domaine du merveilleux surnaturel : il s'y heurte à des forces fabuleuses et remporte une victoire décisive. Puis il revient de son aventure mystérieuse doté du pouvoir d'accorder des bienfaits à ses congénères. »

C'est le classique « voyage du héros ». La même aventure existe dans toutes les cultures anciennes. Elle est si fondamentale que l'historien Joseph Campbell en a tiré un ouvrage classique intitulé *Le Héros aux mille visages*.

C'est Prométhée s'élevant jusqu'aux cieux pour dérober le feu divin et en faire don à l'homme. C'est Jason partant à la quête de la Toison d'or. C'est, dans sa forme la plus ancienne, Gilgamesh, le roi sumérien légendaire qui, il y a six mille ans, a atteint les rives de la mer qui entoure le monde et a plongé dans ses profondeurs pour en rapporter la plante d'immortalité.

Mais, immanquablement, les pouvoirs si chèrement gagnés sont perdus lorsque le héros revient dans notre monde. On les lui vole, ils se désintègrent ou, tout simplement, ils s'évanouissent.

La morale de l'histoire est toujours la même : la véritable récompense, ce n'est pas l'objet espéré, mais le voyage lui-même. Comme le dit Campbell : « Les pouvoirs divins convoités et gagnés au prix de grands dangers s'avèrent avoir été depuis toujours dans le cœur même du héros. »

Le voyage, l'aventure, est le seul chemin pour découvrir ce que l'on porte déjà en soi.

Parfois, tandis que je recherchais la « clé du code », les « obélisques », le talisman magique venu d'ailleurs qui nous révélerait notre passé oublié et notre avenir inconnu, je me voyais comme embarqué dans un voyage héroïque.

Le problème, c'est que je ne suis pas un héros. Je ne suis pas une figure mythologique. Je suis plutôt un antihéros, un journaliste cynique qui est tombé par hasard sur un mystère ancien dans notre monde moderne.

Il se peut bien, comme le dit Campbell, que nous portions déjà en nous tout ce dont nous avons besoin, toutes les réponses à tous les mystères ultimes; peut-être nous faut-il simplement les découvrir par nous-mêmes.

La Bible ne dit pas autre chose. Moïse, dans ses derniers mots aux Hébreux avant de mourir, l'a dit simplement : « Cela n'est pas caché, cela n'est pas loin non plus. Cela n'est pas au ciel, de sorte que nul ne peut demander qui grimpera pour nous au ciel et nous le rapportera afin que nous puissions l'entendre et le faire. Cela ne se trouve pas non plus par-delà les mers, de sorte que nul ne peut demander qui traversera la mer pour nous et nous le rapportera afin que nous puissions l'entendre et le faire. Le verbe est au plus près de vous, dans vos bouches, dans vos cœurs, de sorte que vous pouvez le faire. »

Peut-être. Peut-être le voyage, la quête, n'est-il qu'une manière de dévoiler le secret que nous portons en notre sein.

Pour moi, ces mots fameux de la Bible sont la promesse que nous parviendrons à découvrir un jour la « clé du code », à déterrer les « obélisques », parce qu'ils sont ici, sur terre, près de nous, à portée de main.

Dans la Bible, à l'endroit précis où se trouvent les derniers mots de Moïse – « Cela n'est pas au ciel, de sorte que nul ne peut demander qui ira pour nous au ciel et nous le rapportera afin que nous puissions l'entendre et le faire. » –, « à Lisan » est codé avec « Mazra'a ».

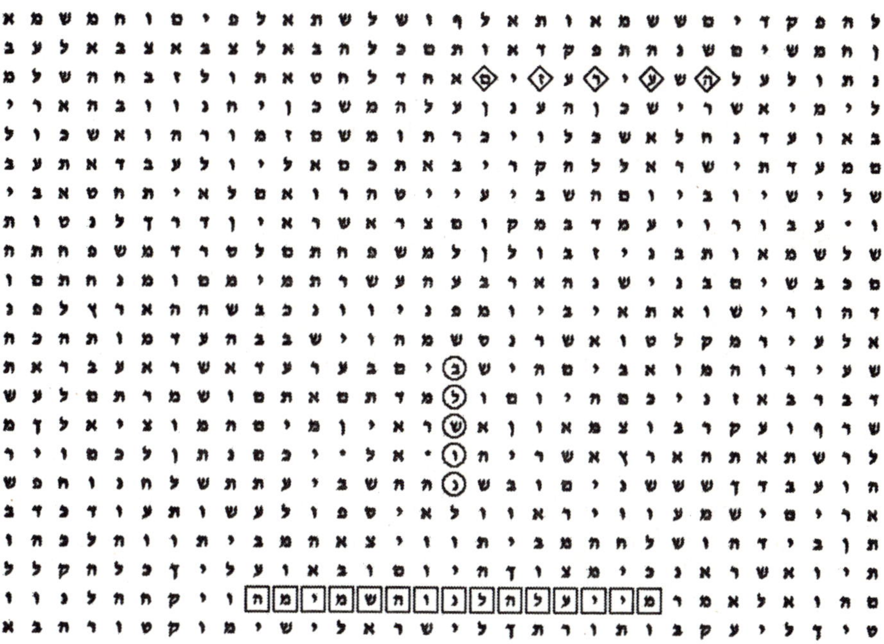

○ À LISAN ◇ MAZRA □ QUI IRA POUR NOUS AU CIEL

Cela n'est pas une affirmation métaphysique ; cela ne nous dit pas que la quête n'est qu'intérieure. C'est un énoncé direct affirmant qu'un certain objet matériel est enterré à un endroit précis.

Aussi éloignée qu'ait pu me sembler par moments la possibilité de découvrir le trésor, j'ai toujours pensé qu'il fallait prendre au pied de la lettre les affirmations du code de la

Bible. « Lisan » et « Mazra'a » sont des lieux qui existent, c'est la croix sur la carte au trésor.

Eliyahu Rips pense comme moi que « Lisan » et « Mazra'a » ne peuvent apparaître de manière si répétée par hasard, que cela ne peut être accidentel si « obélisques » recoupe deux fois « clé du code ». Mais, comme toujours, il se refuse à spéculer sur ce que cela veut dire réellement.

« Rien ne serait plus excitant que de découvrir des objets anciens, des vestiges, en n'étant guidé que par le seul code de la Bible, m'a-t-il déclaré. Or je dois me contenter d'observer cette cohérence, je dois me contenter de dire que mathématiquement cela ne saurait être dû au hasard. Je ne peux pas affirmer que cela signifie que les obélisques existent. »

Cependant, aussi invraisemblable que puisse paraître l'éventualité qu'un simple journaliste tombe par hasard sur un grand mystère, je pense que quelque chose d'extraordinaire, quelque chose qui n'est pas de ce monde, et qui est pourtant dans notre monde, nous attend, enfoui dans le sous-sol d'une péninsule désertique.

Peut-être cela pourrait-il même arrêter le compte à rebours de l'Apocalypse.

Le fait que le code de la Bible existe semble établi au-delà de tout doute. Cela est d'ailleurs affirmé par le plus grand des voyants de la Bible elle-même, Joseph, lorsqu'il énonce : « Ceci est la solution. »

Dans un passé lointain, oublié, quelque chose de magique est descendu sur terre, là où précisément je m'apprête à mener des fouilles, et cette chose est encore là aujourd'hui, attendant d'être découverte.

Dans le récit de Joseph se cache la confirmation absolue de l'existence de la « clé du code », et de l'endroit secret où elle se trouve.

Vendu comme esclave par des frères jaloux, Joseph est devenu l'homme le plus puissant d'Égypte, parce qu'il a prédit l'avenir pour Pharaon.

Il a annoncé une famine – et cela a permis de sauver le pays. Pharaon a fait de Joseph son régent, il lui a mis une chaîne en or autour du cou et lui a donné un nouveau nom : « Zaphenath-Paneah ».

Depuis des millénaires, les plus grands sages se sont interrogés sur le sens de ces mots. Certains pensent qu'il s'agit de la traduction en hébreu d'hiéroglyphes égyptiens qui veulent dire « celui qui révèle les secrets ». Pour d'autres, les signes originaux représentant des oiseaux et des serpents signifient « le Dieu parle et vit ».

Mais, en réalité, le nom a un sens très clair en hébreu : « celui qui décode le code ».

Ainsi, l'existence du code de la Bible, celui qui prédit l'avenir, est en fait dévoilée dans les mots mêmes de la Bible.

Et codé transversalement à « celui qui décode le code » se trouve l'objet même de ma quête : « clé ». Le mot apparaît avec l'expression « acier sur le cap ».

○ DÉCODEUR DU CODE □ CLÉ ◇ ACIER SUR LE CAP

« Ceci est la solution », dit Joseph les deux fois où il interprète les rêves de Pharaon. Et chaque fois, au même emplacement, le texte caché divulgue le nom du lieu où est cachée la clé du code : « Lisan ».

« Ceci est la solution ». C'est comme si le prophète ancien révélait de la manière la plus directe possible l'endroit exact où rechercher la « clé » qui « décodera le code », sur cette péninsule qui s'enfonce dans la mer Morte, « Lisan ».

« Code de Dieu » est codé à l'endroit où « Lisan » recoupe « ceci est la solution ».

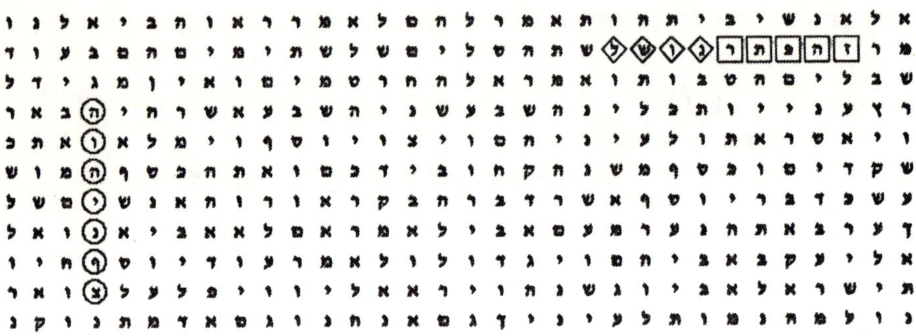

○ CODE DE DIEU ◇ LISAN □ CECI EST LA SOLUTION

Cela pourrait-il être plus clair ? Une autre grille codée dit : « on peut le trouver à l'endroit exact, Mazra'a », et cela apparaît aussi à côté de « Lisan », avec « ceci est la solution ».

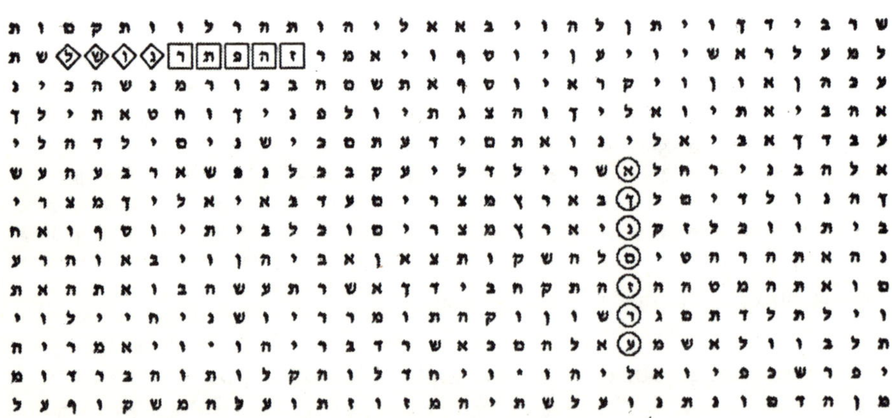

○ IL A TROUVÉ L'ENDROIT PRÉCIS, MAZRA ◇ LISAN □ CECI EST LA SOLUTION

Dans le récit de Joseph, j'ai trouvé une confirmation cachée de tous les détails essentiels de ma quête.

« Arche d'acier », « arche de fer », « ADN sur l'obélisque » et « création de l'homme », en plus de « code de Dieu », toutes ces expressions sont codées avec les mots de Joseph, « ceci est la solution », et le nom du lieu, « Lisan ».

La « clé » qui est le « décodeur du code » gît dans un réceptacle métallique, et nous révélera à la fois le code de la Bible et celui de la vie.

On en trouve la preuve non seulement dans la Torah, mais aussi dans les autres livres de l'Ancien Testament.

« Clé du code » est codé dans le livre de Job avec un texte caché qui dit : « dans l'appendice de Lisan en forme de fouet ».

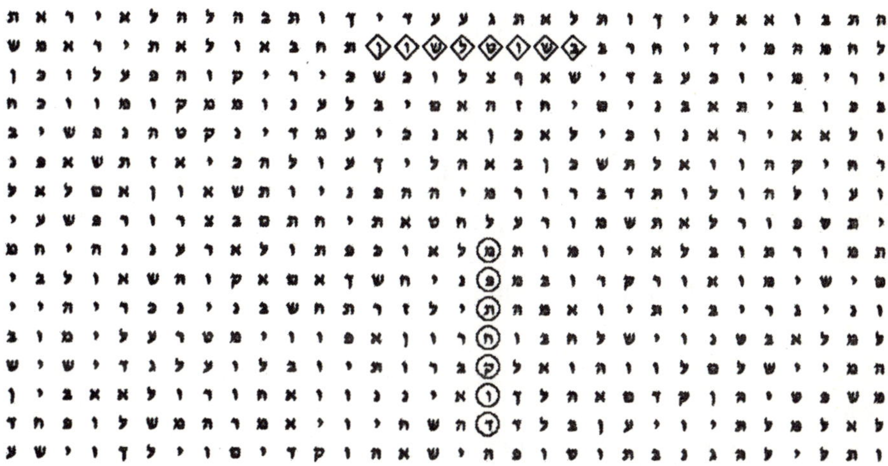

○ CLÉ DU CODE ◇ DANS L'APPENDICE DE LISAN EN FORME DE FOUET

C'est encore une description incroyablement précise du lieu.

« Il a trouvé l'endroit précis, Lisan » est également codé dans le livre de Josué, là où précisément un verset le décrit très exactement : « Lisan, langue de mer, vers le bord ».

La Bible contient une sorte de carte au trésor. Elle confirme que nous cherchons au bon endroit, elle affirme que l'objet gît encore là aujourd'hui.

○ IL A TROUVÉ L'ENDROIT PRÉCIS, LISAN ◇ LISAN, LANGUE DE MER, VERS LE BORD

Si nous parvenons à trouver la « clé du code », si nous parvenons à trouver les « obélisques », alors peut-être connaîtrons-nous l'identité du codeur.

Qui est le codeur ?

Le savant qui a découvert le code de la Bible, Eliyahu Rips, croit connaître la réponse. Le code, comme la Bible elle-même, vient de Dieu :

« Il provient d'une intelligence qui n'est pas simplement supérieure, mais différente. Elle voit dans le temps, elle existe hors du temps. Tout ce que nous disons et faisons a été anticipé. »

Pour ma part, je n'émets pas l'hypothèse que le codeur soit le Créateur. À mon avis, l'existence du code ne prouve pas l'existence de Dieu – elle ne prouve que celle du codeur.

Il existe de nombreux indices concordants, dans le code lui-même, que le codeur est peut-être encore vivant, dans un certain sens. En fait, le mot même « codeur » veut aussi dire en hébreu : « il est en train de coder ».

J'ai demandé au professeur Rips s'il estimait que la Bible pouvait être une sorte de dialogue en cours avec l'humanité. Est-il possible que la Bible soit en train d'être codée « en temps réel » ? Que les réponses à nos questions soient fournies à mesure que nous les posons, non pas par une forme d'intelligence ayant existé il y a très longtemps, mais qui existerait en ce moment ?

« Je peux imaginer une existence qui existe hors du temps, pour qui le passé, le présent et le futur ne font qu'un, m'a-t-il répondu. Donc, même si vous posez des questions "maintenant", et si la Bible a été codée dans un "passé" lointain, du point de vue du codeur, tout se produit simultanément, y compris "l'avenir" qu'il nous dévoile par l'intermédiaire du code. »

Rips, un homme profondément religieux qui croit en l'existence d'un Dieu éternel, n'est pas le seul à avoir pensé cela. Einstein lui-même n'a pas dit autre chose : « La distinction entre le passé, le présent et le futur n'est qu'une illusion, aussi tenace soit-elle. »

Mais cette réponse ne me satisfaisait pas. Je n'arrive pas à me contenter de concepts métaphysiques. J'ai besoin d'éléments concrets.

Le code de la Bible est-il le fait d'un homme, d'un Dieu, ou d'un extraterrestre ?

Le texte même de la Bible ne fournit qu'un seul indice. Il affirme que Dieu est descendu sur le mont Sinaï et a donné à Moïse la Bible.

« Codes de Moïse » apparaît dans le texte caché à côté de « codeur », avec des probabilités qui excluent que cela soit dû au hasard.

○ CODES DE MOÏSE ◇ CODEUR

« Codes de Moïse » apparaît aussi, recoupant « clé » et « vaisseau en acier ».

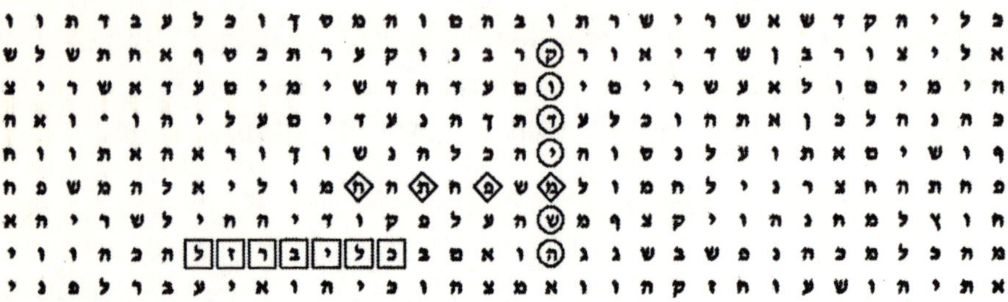

○ CODES DE MOÏSE ◇ CLÉ □ RÉCEPTACLE D'ACIER

Puisque, selon la Bible, Moïse a lui-même transcrit les mots divins, il a donc forcément inscrit le texte codé, même si c'était à son insu.

Or Moïse était humain, et il ne peut donc avoir créé le code, parce qu'il ne pouvait lire dans le futur.

Je pense que la Bible et son code sont une forme d'information qui dépasse littéralement les bornes de notre entendement actuel.

Les mots ont d'abord été écrits sur des peaux tannées, gravés sur des pierres, puis inscrits sur des rouleaux de parchemin et assemblés en livres.

Mais, depuis toujours, la Bible a été également un programme d'ordinateur, puisqu'elle l'est encore aujourd'hui.

Quelle autre forme d'information la Bible peut-elle bien être ? Il doit s'agir de quelque chose d'aussi incompréhensible pour nous qu'un programme d'ordinateur l'était pour des nomades il y a trois mille ans, une sorte d'information que nous n'avons pas encore les moyens technologiques de déchiffrer. Quelque chose que nos propres descendants découvriront dans trois mille ans.

Stanley Kubrick l'a comparée au célèbre monolithe noir de son film *2001 : Odyssée de l'espace*, la source mystérieuse du savoir qui semble réapparaître à différents stades de l'évolution humaine, chaque fois que nous sommes prêts à passer à un stade supérieur.

« Machine temporelle » est codé dans la Bible. « Elle viendra chaque fois » apparaît transversalement à « machine temporelle » dans le texte caché. Cela paraît être la promesse d'un éternel retour. Toutefois, en hébreu, les mêmes mots peuvent vouloir dire : « elle viendra à tout moment ». Et cela pourrait signifier que la prochaine visite est pour très bientôt.

○ MACHINE TEMPORELLE □ ELLE VIENDRA À TOUT MOMENT/CHAQUE FOIS

« C'est une illustration parfaite de ce que je vous disais à propos du code, a été la remarque de Rips. Du point de vue du code, ou du codeur, il n'existe pas vraiment de différence entre maintenant et n'importe quel autre instant. »

Peut-être Rips et moi-même avions-nous tous les deux raison. Peut-être le code provenait-il d'une intelligence qui existait hors du temps, mais la « clé du code » était un objet matériel qui avait été apporté sur terre par un voyageur temporel.

Beaucoup de scientifiques, à commencer par Stephen Hawking lui-même, l'un des plus grands physiciens vivants, estiment que l'on pourra un jour voyager dans le temps. Selon Hawking, « le voyage temporel pourrait faire partie de nos capacités futures ».

Toute forme avancée de voyage dans le temps, tout trajet entre des étoiles ou des galaxies, concerne des distances telles qu'il devrait se faire à des vitesses supérieures à celle de la lumière. Pour y parvenir, il faudrait déformer l'espace-temps.

L'astronaute qui est descendu sur terre il y a longtemps venait-il non seulement d'un autre monde, mais d'un autre temps ?

Le véritable objectif de ma quête était de parvenir à identifier le codeur.

Puisqu'il y a un code dans la Bible qui prédit l'avenir, il faut connaître sa provenance.

Comme aucun homme ne peut lire dans l'avenir, l'existence du code de la Bible est la première preuve scientifique que nous ne sommes pas seuls.

On ne sait toujours pas qui est le codeur. Mais peut-être nous montre-t-il, une étape à la fois, le chemin qui nous mènera à lui.

Peut-être ma quête du code n'est-elle qu'un voyage qui me révèle des niveaux de réalité que je n'aurais jamais pu saisir autrement, peut-être me pousse-t-elle à me poser les questions cosmiques soulevées par l'existence même du code de la Bible. Peut-être m'a-t-elle même conduit par hasard à la question de l'origine de la vie.

Je suis persuadé que je trouverai la clé du code ; je déterrerai les obélisques et peut-être même verrai-je le visage du codeur.

Rips m'a dit :

« Je ne doute pas que, derrière toutes ces grilles codées que vous mettez au jour, il y ait une réalité. Quant à savoir s'il s'agit d'une réalité matérielle ou métaphysique... »

C'est la question que je me pose depuis longtemps. La clé du code est-elle de notre monde, ou appartient-elle à une autre sphère ?

Rips a ajouté :

« Si c'est métaphysique, c'est encore plus réel, c'est encore plus proche de la source ultime de toute la réalité. Mais peut-être ce que vous recherchez n'est-il visible qu'à l'aide d'outils spirituels, parce que cela exige d'entrer en rapport avec un domaine supérieur. »

J'ai demandé à Rips pourquoi, si tel était le cas, le code nous donnerait intentionnellement, de manière systématique et répétée, des informations qui seraient fausses. Pourquoi il nous conduirait à un endroit où il n'y aurait rien. Il m'a répondu :

« Ce ne sont pas des informations fausses. Elles existent à un autre niveau. »

Ses conseils étaient d'ordre pratique. Il partageait mon intuition selon laquelle « Lisan » désignait Lisan, « Mazra'a » désignait Mazra'a, et il pensait comme moi que l' « obélisque » était un objet matériel sur lequel on découvrirait la « clé ».

« Un magnétomètre, un radar à basses fréquences, de la technologie existante, il faut évidemment commencer par là. Or il se peut que vous soyez au bon endroit et que vous ne puissiez toujours pas voir l'objet, parce que les outils actuels ne seront pas capables de le voir. »

Selon lui, la bonne question n'était peut-être pas de savoir si le code de la Bible disait vrai, ni même si nous l'interprétions correctement, mais si notre technologie était suffisamment avancée pour trouver ce qui était là. La clé du code était peut-être hors d'atteinte, tout comme le code lui-même l'avait été pour ceux qui l'avaient reçu en premier, il y a trois mille ans. Peut-être une technologie qui n'existe pas encore, une science inconnue, était-elle nécessaire.

Nous ne connaîtrons jamais la réponse si on ne nous autorise pas à fouiller la péninsule de Lisan.

Y trouverons-nous la première preuve que nous ne sommes pas seuls ? Cette révélation mettra-t-elle un terme au cycle infernal de la violence au Proche-Orient ? Ou bien la guerre nous interdira-t-elle à jamais de réussir ?

La décèlerons-nous à temps pour recevoir l'avertissement dont dépend notre survie ?

Qui peut s'intéresser à nous au point de s'affranchir des barrières du temps pour nous prévenir d'un désastre annoncé ?

Le fait qu'une forme d'intelligence capable de voir le futur ait créé un code destiné à être découvert en ce moment précis de l'histoire de l'humanité n'est pas accidentel. Le code possédait un verrou temporel. On ne pouvait le faire sauter avant l'invention de l'ordinateur.

Et cela ne peut s'expliquer que d'une seule manière : c'est maintenant que nous avons besoin de l'information.

« Attaque atomique » est codé dans la Bible avec l'endroit où se trouve la clé du code, « Lisan », et avec « ceci est la solution ».

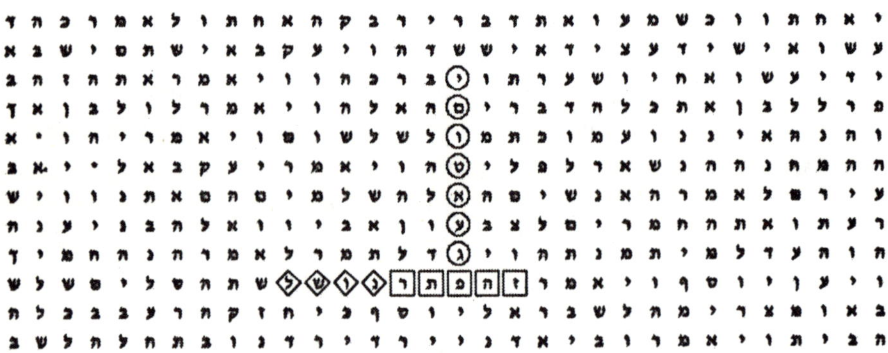

○ ATTAQUE ATOMIQUE ◇ LISAN □ CECI EST LA SOLUTION

« Attaque atomique » est aussi codé avec l'année 2006, la même année qui apparaît avec « holocauste nucléaire », « guerre mondiale » et « la fin des jours ».

Si le code de la Bible dit vrai, nous faisons face à la mère de toutes les horreurs, non pas quelque apocalypse religieuse, mais l'anéantissement de toute l'humanité, un cauchemar de mort et de destruction qui dépasse l'entendement, au cours duquel tout le monde, partout sur terre, connaîtra une mort horrible.

Ceux qui prient pour la fin ne comprennent pas la réalité. Ceux qui souhaitent la fin, les fanatiques religieux qui veulent déclencher l'Apocalypse, vénèrent la mort. Ben Laden lui-même l'a dit : « Les Américains aiment la vie, c'est leur faiblesse. Nous aimons la mort, c'est notre force. »

Le danger ultime annoncé par le code de la Bible est que des fanatiques religieux obtiendront des armes de destruction massive et réaliseront l'ancienne prophétie.

Le compte à rebours a commencé. Le seul moyen de l'interrompre, c'est peut-être de retrouver à temps l'antique mise en demeure.

La clé qui nous permettra de lire notre avenir dans son intégralité, tel est peut-être le message dont l'humanité a besoin pour prendre enfin au sérieux l'horreur qui menace de nous engloutir, et ainsi l'éviter.

13

Compte à rebours

Peut-être devions-nous subir le 11 septembre 2001 pour que la mise en garde soit enfin entendue, le danger véritablement reconnu avant qu'il soit trop tard. Peut-être fallait-il cela pour que nous comprenions enfin que nous sommes entrés dans « la fin des jours ».

Lorsque j'ai parlé avec Eliyahu Rips après le 11 septembre, une fois que nous avons chacun trouvé indépendamment de l'autre l'événement codé dans la Bible, je lui ai dit que même des non-croyants comme moi ne pouvaient dorénavant ignorer qu'ils vivaient ces temps de péril ultimes annoncés par les trois grandes religions monothéistes.

Nous avons de nouveau examiné la plus effrayante des prédictions contenues dans le code de la Bible, le seul endroit de la Bible où l'expression « la fin des jours » apparaît sous ses deux formes. Là où « Bush », « Arafat » et « Sharon » sont codés conjointement. C'était de toute évidence une affirmation sur le moment présent. Cela concernait, sans conteste, ce qui se passait ici et maintenant.

C'est cette même prophétie que l'on retrouve dans le texte « en clair » de la Bible, dans l'Ancien comme dans le Nouveau Testament, la même prédiction d'une « bataille finale » qui commencera au Proche-Orient et engloutira le monde entier.

Dans la Révélation, la prophétie prend la forme suivante : « Satan s'échappera de sa prison et partira pour tromper les nations des quatre coins de la terre, Gog et Magog, pour les engager dans la guerre. Ils ont entouré le camp des gens de Dieu, la cité qu'il aime. Mais le feu descendit du ciel et les dévora [1]. »

Dans le code de la Bible, la même prophétie ancienne est racontée en des termes dont la modernité glace le sang : « guerre mondiale » et « holocauste nucléaire » sont codés avec Jérusalem et une seule année : 2006.

Et, dans le code, les noms des dirigeants mondiaux actuels sont épelés. Cela donne à la prophétie un sens bien réel.

Le 11 septembre, alors que les Twin Towers s'effondraient sous mes yeux, je me suis rappelé en frissonnant les paroles du premier prophète, Isaïe : « Est-ce l'homme qui a fait trembler la terre, qui a fait trembler des royaumes, qui a fait du monde un désert et détruit ses cités ? »

Ces mots sont tirés du premier récit du mythe de Lucifer, l'ange déchu. Mais, en ce 11 septembre 2001, il était impossible de ne pas voir qu'un mal terrible, d'un type nouveau, avait été lâché sur terre, que des fous, et non des nations en guerre, pouvaient détruire des cités.

Ce qui rendait à mes yeux les mots d'Isaïe si terrifiants, c'est que ce grand mal était le fait d'un simple mortel. Pas une puissance surnaturelle, mais l'un des nôtres, quelqu'un que nous aurions facilement pu empêcher de nuire.

Si Hitler était resté caché pendant toute la durée de la Seconde Guerre mondiale, et si on ne l'avait découvert qu'à la fin du conflit, tapi dans son bunker, le choc aurait été le même : « Est-ce *cela*, l'homme qui a fait trembler la terre ? »

Au lieu de quelque grande force maléfique, de quelque être omnipotent, nous sommes confrontés à un petit homme pathétique, qui de toute évidence a réussi à faire du monde le terrain de jeu de la sauvagerie.

Si les événements actuels devaient conduire à la troisième guerre mondiale, alors il ne fait pas de doute que, le jour où

---

1. Citation libre du passage de l'Apocalypse de Jean, 7.10. *(N.d.T.)*

l'on traînera Oussama Ben Laden hors de sa grotte, les gens auront exactement la même réaction.

Comment avons-nous pu laisser le monde à la merci d'un Ben Laden, un fanatique religieux qui se sert de la technologie d'une civilisation qu'il méprise pour la détruire ? Comment avons-nous pu permettre à ce fou à lier de s'emparer de moyens de destruction massive ?

Si cela nous arrive maintenant, à présent que nos yeux ont été ouverts, ce sera parce que nous aurons refusé de reconnaître véritablement le danger que représente le fanatisme religieux apocalyptique dans un monde qui a perdu le contrôle de sa technologie militaire, y compris de ses armes nucléaires.

Mais, si c'est la technologie qui donne leur puissance aux terroristes, c'est la religion qui les motive. Et, si le problème vient de la religion, alors le code de la Bible est peut-être la solution.

« Terrorisme » et « paix » s'entrelacent là où les deux formes bibliques de « la fin des jours » apparaissent avec les noms des dirigeants palestinien, américain et israélien.

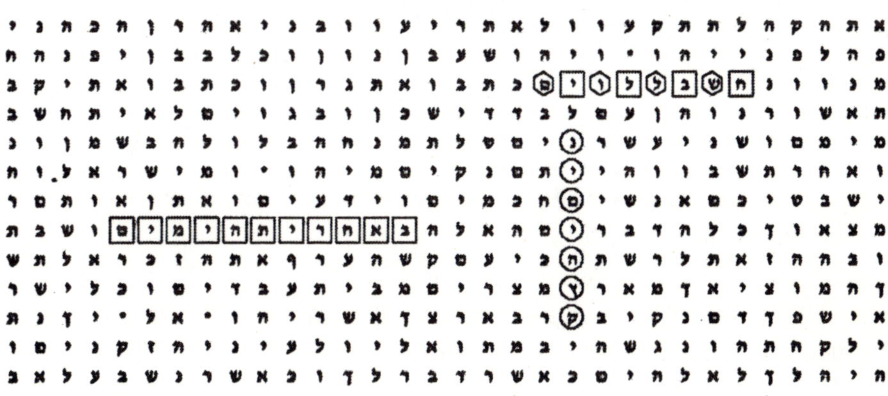

FIN DES JOURS — À LA FIN DES JOURS — PAIX
TERRORISME/DOULEURS D'ENFANTEMENT DE LA FIN DES JOURS

Lorsque j'ai montré cela à Eliyahu Rips, il était très excité, et il m'a expliqué que la racine du mot « terrorisme » avait un autre sens très important en hébreu :

« Cela est la perfection même. Dans le Talmud, dans le Midrash, cette expression apparaît très précisément avec "la fin des jours". Elle signifie la "souffrance de la fin des jours", mais aussi les "douleurs d'enfantement de la fin des jours", parce qu'elle est la période qui précède la venue du Messie.

« Mais cela parle également du temps présent en Israël, de ce moment précis où l'effort de paix et le terrorisme sont entrelacés, comme dans le code. C'est peut-être cela, les "douleurs d'enfantement de la fin des jours". »

C'était parfois désespérant. Le code semblait nous avertir que les *pires* dangers viendraient peut-être *après* la paix au Proche-Orient, que la paix en soi n'était nullement une solution, pas dans cette région du monde.

Rabin avait été tué parce qu'il avait fait la paix avec les Palestiniens. Sadate avait été tué parce qu'il avait fait la paix avec Israël. J'avais déjà dit à Arafat qu'il serait peut-être tué s'il faisait la paix avec Sharon. Et il me paraissait évident, comme peut-être aussi au reste du monde, que les Ben Laden, les fanatiques religieux qui rêvaient d'une bataille finale apocalyptique, ne feraient jamais la paix et ne permettraient jamais à la paix de se faire.

Pour Rips, un Juif orthodoxe, il y avait quelque chose de joyeux dans l'idée que nous vivions peut-être les temps précédant la venue du Messie.

Les trois grands monothéismes ont la même conception fondamentale du monde et de sa fin, mais chacun donne un nom différent à la source de salut divin.

Ainsi, alors que j'avais du mal à comprendre qu'Eliyahu Rips, ce grand scientifique, ce mathématicien brillant qui avait découvert le code caché dans la Bible, eût ce qui me semblait être des croyances primitives, j'étais bien forcé d'admettre que la majorité des gens pensaient comme lui, et que les principaux dirigeants de la planète que j'essayais d'alerter acceptaient eux aussi un certain nombre de mythes religieux fondamentaux.

Je ne voyais, quant à moi, que de l'horreur : un temps de grave danger prédit il y a des millénaires avait commencé, et je savais en moi qu'aucun sauveur ne descendrait des cieux.

Et pourtant ce péril était d'une telle ampleur que seule la prophétie biblique paraissait à même de le décrire.

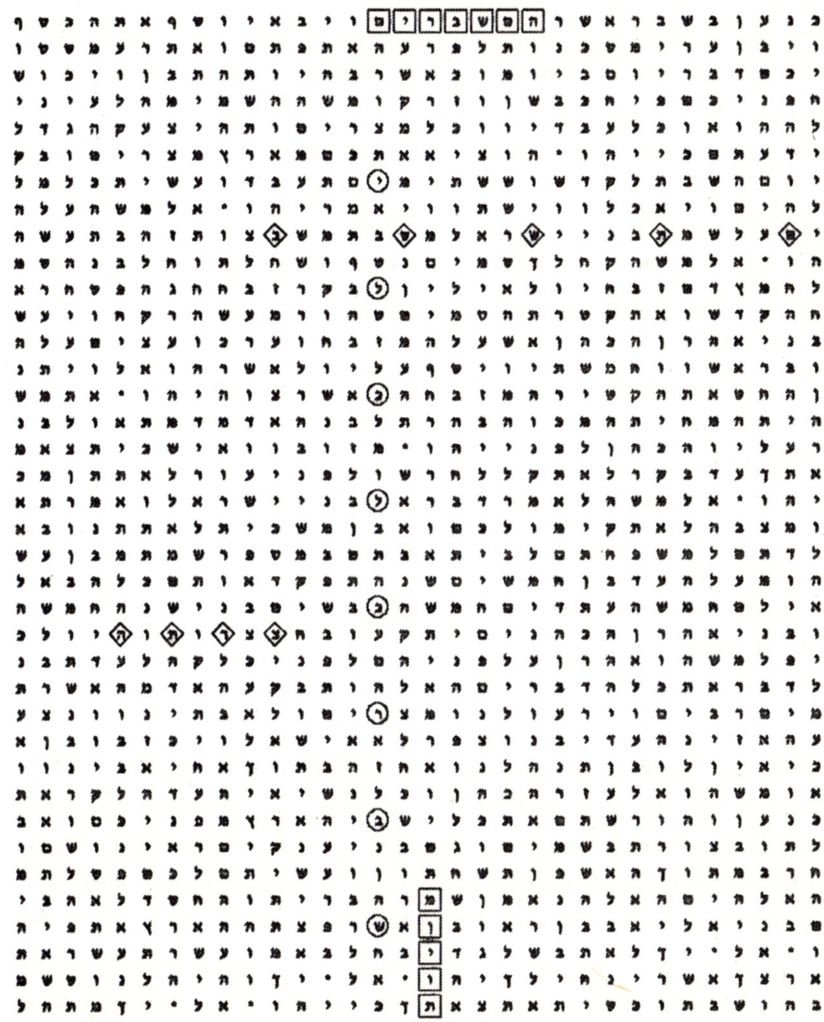

○ CRISE ÉCONOMIQUE ◇ À PARTIR DE 5762 (2002) ◇ 5690 (1929)
□ DÉPRESSIONS □ ACTIONS

Dans la lettre scellée que j'avais remise à mon avocat en 1998, destinée à n'être ouverte qu'en 2002, j'avais couché par écrit trois prédictions du code de la Bible :

« a) Le monde fera face à un "effondrement économique" global, qui commencera en l'année hébraïque 5762 (2002) ;

« b) cela aura pour conséquence une période de dangers sans précédent; les nations disposant d'armes nucléaires devenant instables, des terroristes pourront acheter ou dérober de quoi détruire des villes entières;

« c) le danger sera maximal au cours de l'année 5766 (2006), celle qui est le plus clairement codée avec "guerre mondiale" et "holocauste nucléaire". »

Le 11 septembre 2001, après avoir vu de mes propres yeux l'attaque contre les Twin Towers, j'ai récupéré cette lettre scellée.

Deux jours plus tard, j'écrivais à Alan Greenspan, le président de la Banque centrale américaine, le Federal Reserve Fund.

Je lui disais : la « crise économique » et les années hébraïques équivalentes à 1929 et 2002 sont codées dans la Bible à côté de l'expression « dépressions ».

« Le grand mathématicien israélien qui a découvert le code de la Bible a calculé que la probabilité pour que cela soit dû au hasard est inférieure à 1/20 000e.

« Nous avons découvert cette mise en garde codée il y a plusieurs années, au plus fort de la reprise mondiale, écrivais-je à l'homme au monde ayant la plus grande influence sur l'économie globale. Si je me permets d'attirer votre attention là-dessus, c'est parce que nous sommes peut-être déjà entrés dans cette crise économique prédite, et les événements de cette semaine ne font que renforcer cette possibilité. »

Greenspan a reçu ma lettre à Washington le 17 septembre, la veille du nouvel an juif 5762, l'année même qui est codée avec « crise économique ». Ce jour-là, Wall Street a rouvert ses portes pour la première fois depuis le 11 septembre, et l'indice Dow Jones a perdu 684 points, sa plus importante chute de tous les temps, inaugurant ainsi une semaine qui a vu se produire le pire krach financier depuis celui qui, en 1929, a inauguré la grande dépression.

Deux mois plus tard, le gouvernement le reconnaissait officiellement. Nous étions entrés dans une « récession ». Comme le disait le *New York Times* : « L'économie américaine est entrée en récession, mettant brutalement fin à dix années de croissance exceptionnelle. » En fait, selon le *Times*, c'était la première récession mondiale depuis vingt ans.

On a cru un instant que l'on pourrait remonter la pente. Hélas, dès l'été 2002, le marché a de nouveau plongé, et tous les indicateurs boursiers se sont retrouvés à un niveau encore plus bas qu'après le 11 septembre.

L'indice Dow Jones est tombé en dessous de 8 000, perdant 1 500 points au cours des dix jours qui ont suivi la visite de George W. Bush à Wall Street ; l'indice Poor et Standard a chuté en dessous de 800 pour la première fois en cinq ans ; le Nasdaq a perdu 75 % de sa valeur ; dans l'ensemble, sept mille milliards de dollars se sont évaporés en moins de deux ans.

Le vendredi 6 septembre 2002, jour du nouvel an juif 5763, Wall Street accusait une baisse systématique depuis cinq mois, sans un jour de répit. C'était la première fois que cela se produisait depuis la récession de 1981, la pire récession depuis 1929 selon le *New York Times*.

La première prédiction du code de la Bible s'était accomplie. Une « crise économique » venait de « commencer » au cours de l'année 5762. La seule question était de savoir quelle serait la profondeur de cette « crise économique », si la « récession » de 2002 deviendrait une véritable « dépression » au cours des années à venir.

Pour ma part, je craignais moins la crise – nous pourrions certainement la surmonter – que les deux autres prédictions du code.

Après tout, puisque le code avait correctement annoncé le début d'une crise économique, pourquoi sa prédiction selon laquelle nous affronterions la « fin des jours » en 2002 ne se réaliserait-elle pas également ?

Une chose était sûre : depuis le 11 septembre, il était devenu évident que le monde était confronté à un danger sans précédent.

Durant l'été 2002, alors que l'économie était en chute libre, alors que le Proche-Orient était dans un état de quasi-guerre, alors que Ben Laden courait en liberté, j'ai scruté le code de la Bible avec la certitude que le pire était encore à venir.

« Attaque nucléaire » est codé avec « missile ».

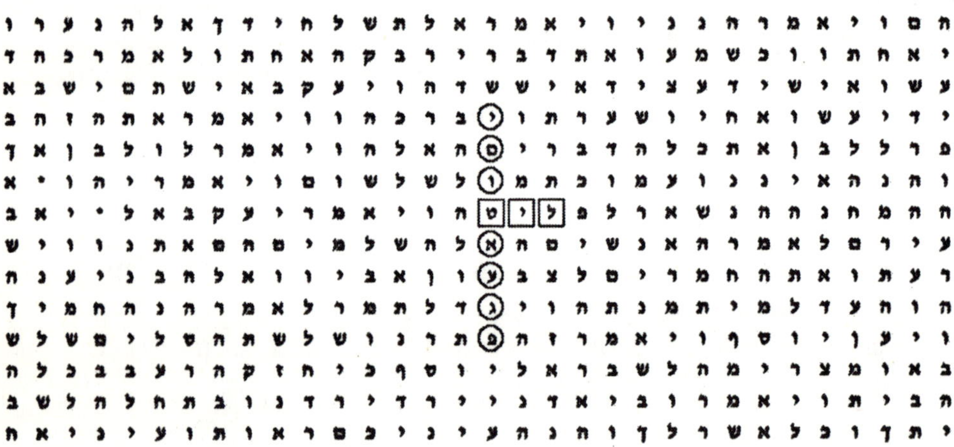

○ ATTAQUE NUCLÉAIRE ☐ MISSILE

« Attaque chimique » est aussi codé avec « missile »

Les deux cibles les plus probables sont vraisemblablement « New York » et « Jérusalem ».

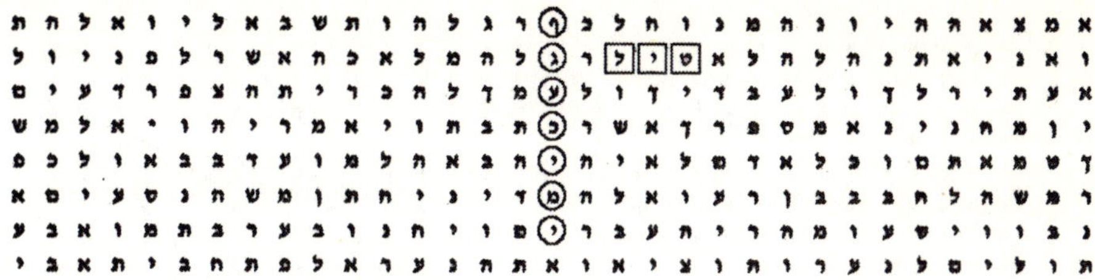

O ATTAQUE CHIMIQUE □ MISSILE

Le code de la Bible semble dire que la pire attaque contre New York n'a pas encore eu lieu. « Missile » et « guidé » sont tous deux codés à côté de « New York » : cela laisse penser que l'attentat du World Trade Center était le premier coup d'une guerre terroriste, ni le pire ni le dernier.

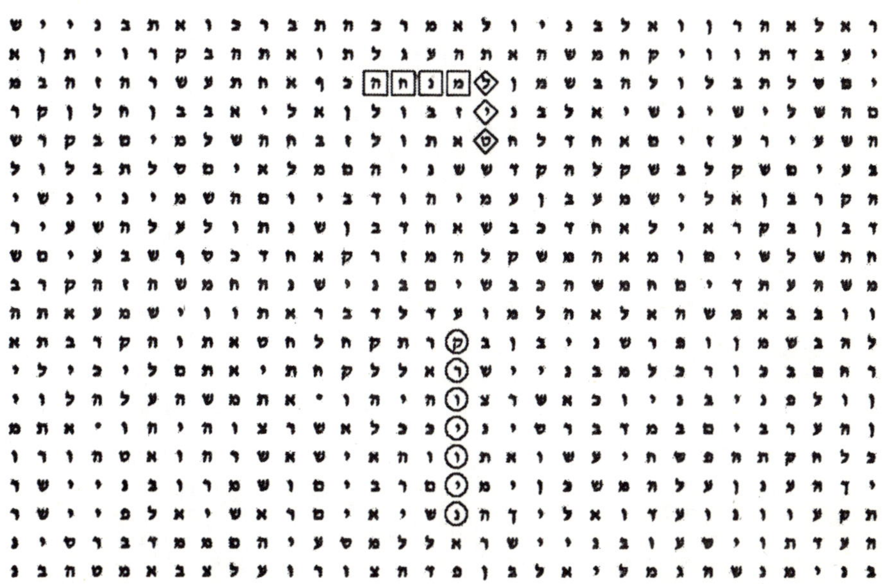

O NEW YORK ◇ MISSILE □ GUIDÉ

« New York » figure avec deux années en particulier : « en 5761 [2001] », l'année du 11 septembre, et « en 5764 [2004] ». Transversalement à cette dernière date, on peut lire les mots : « du feu d'un missile ».

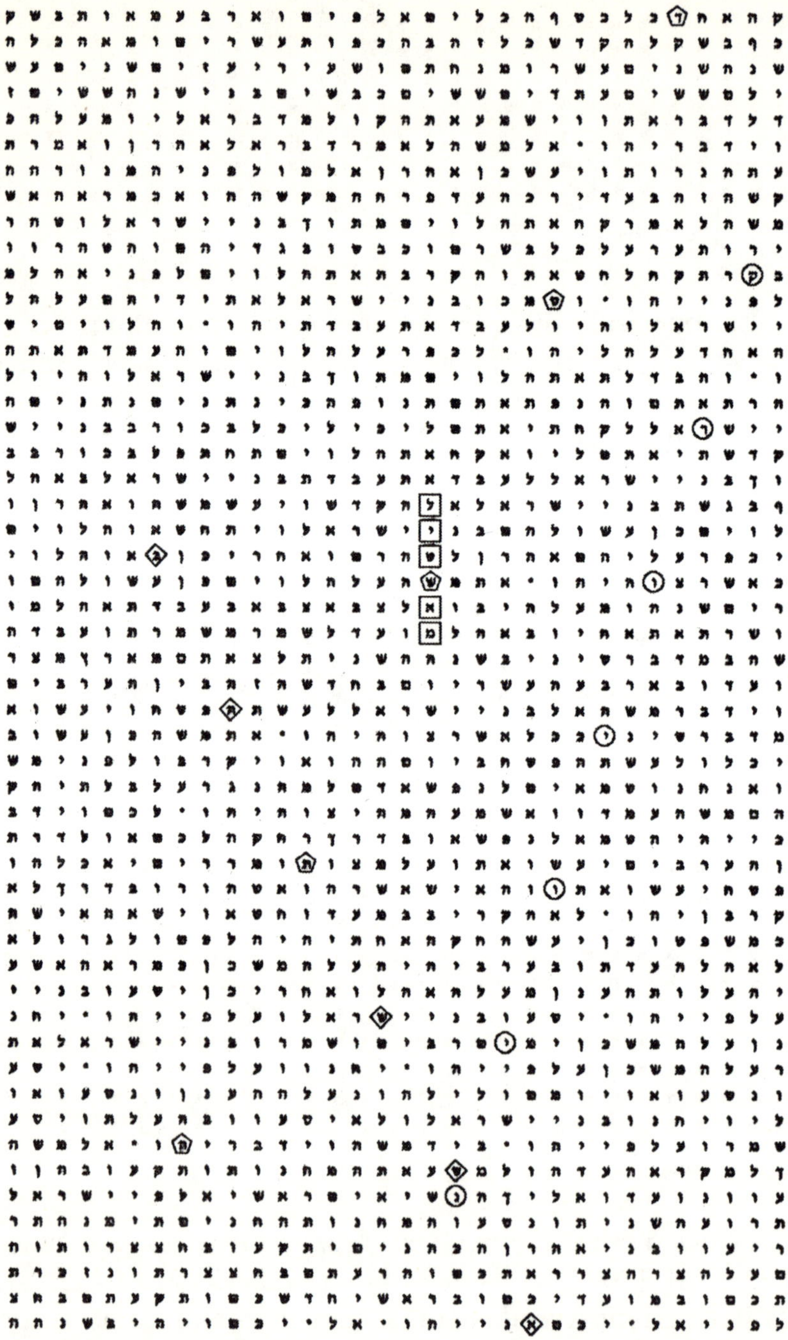

○ NEW YORK ◇ EN 5761 ⬠ EN 5764 □ DU FEU D'UN MISSILE

« Jérusalem » est codé à la fois avec « holocauste nucléaire » et « guerre mondiale ». On trouve aussi le nom de la ville sainte avec « Ben Laden ».

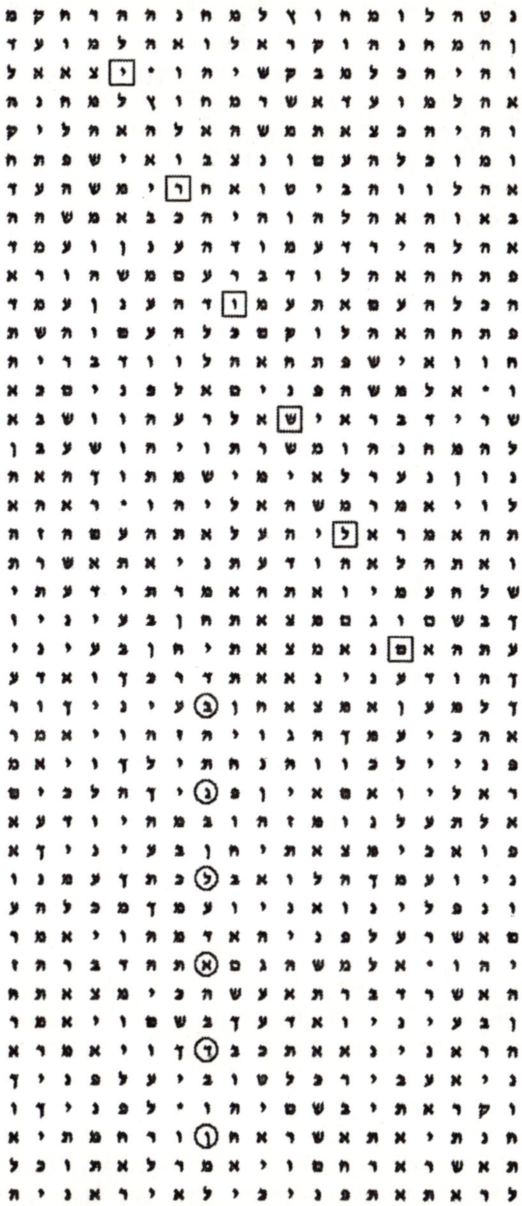

○ BEN LADEN ☐ JÉRUSALEM

La mise en garde est claire : le monde fera face à une terreur d'une échelle encore insoupçonnée. À côté des événements à venir, les attentats suicide en Israël, l'attaque contre le World Trade Center ne sont que les premiers coups de feu d'une longue guerre qui prendra pour cibles des villes entières et menacera toute la civilisation.

Cette guerre sera radicalement différente de tout ce que l'humanité a connu jusqu'ici. Il ne s'agira pas de conquérir des territoires ni de s'approprier des ressources, mais d'assassiner des « infidèles » ; ses artisans seront des hommes qui pensent agir sur ordre divin, qui estiment comme un devoir sacré d'en finir avec notre monde.

Le djihad se poursuivra avec ou sans Ben Laden. Le code de la Bible dit clairement que Al-Qaida continuera « après Ben Laden ».

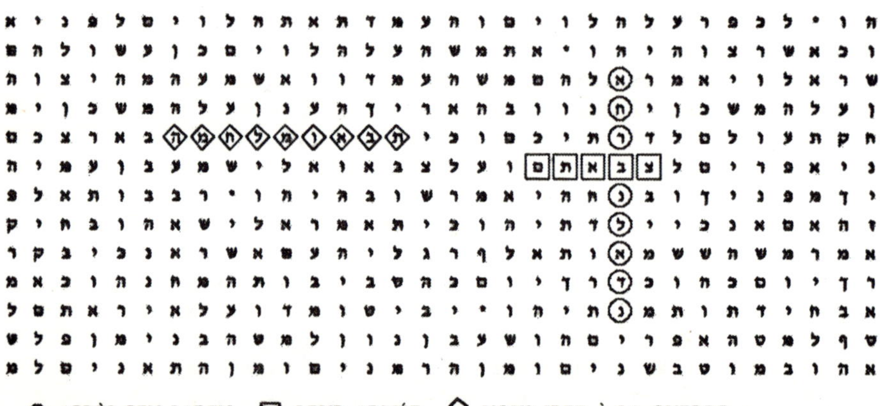

○ APRÈS BEN LADEN □ LEUR ARMÉE ◇ VOUS IREZ À LA GUERRE

À « la fin des jours », le « terrorisme » sera coordonné depuis un quartier général secret au Proche-Orient.

Il semble que le seul moyen de faire barrage à ces menaces terroristes ultimes soit de les arrêter à la source.

J'espère seulement que le code donne bien le nom de cette base terroriste secrète. J'en ai déjà communiqué l'emplacement aux services de renseignements américain et israélien. Les fanatiques et leurs caches d'armes nucléaires, biologiques et chimiques doivent être découverts avant qu'ils déchaînent sur le monde leurs fléaux bibliques.

Le péril le plus clairement codé dans la Bible à côté de « la fin des jours », c'est la « peste ».

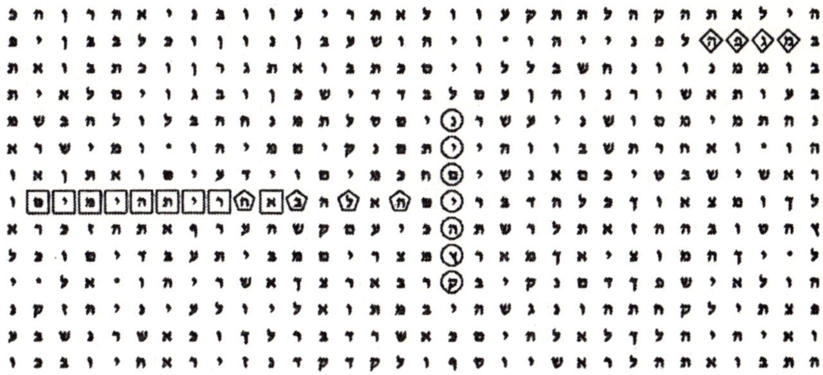

○ FIN DES JOURS □ À LA FIN DES JOURS ⬠ TERRORISME ◇ PESTE

Lorsque le Premier ministre israélien a demandé à ses conseillers pour la sécurité quel était le plus grave danger auquel Israël devait faire face, la réponse a été unanime : la « variole ».

Dans la panoplie des armes biologiques, la variole est le pire de tous les cauchemars. Cette maladie a causé la mort de centaines de millions de personnes, davantage que toutes les guerres de l'humanité, avant d'être officiellement éradiquée en 1980.

Mais sa suppression ne fait que nous rendre encore plus vulnérables : si elle devait refaire surface, personne ne serait immunisé contre elle.

La variole tue un tiers de ses victimes, et même les survivants gardent des séquelles épouvantables. C'est une maladie hautement infectieuse. Elle se propage par les airs, d'une personne à l'autre. Si elle se déchaînait à nouveau, on ne pourrait pas la maîtriser. Elle se répandrait à travers le monde comme un incendie de forêt.

Seuls les États-Unis et la Russie sont censés disposer de petits stocks de virus de la variole ; ceux-ci sont conservés, sous haute protection, dans leurs laboratoires de guerre bactériologique. Cependant, d'autres pays, comme l'Irak et la Libye, ont très bien pu se procurer secrètement le virus.

« New York » ainsi que « Jérusalem » et « Tel-Aviv » sont tous trois codés avec « variole ».

Les États-Unis ont procédé à la vaccination de cinq cent mille médecins et infirmiers, la première ligne de défense contre une attaque bioterroriste. Israël a constitué des stocks de vaccin suffisants pour protéger l'ensemble de sa population.

Israël s'inquiète de la menace de la variole en tant qu'arme biologique depuis la guerre du Golfe, il y a plus de dix ans. Or, selon ce que m'a dit le directeur scientifique du ministère de la Défense, le général Isaac Ben Israël, à l'époque tout le monde avait conclu que même Saddam Hussein ne serait pas assez fou pour déclencher une épidémie de variole. Si Israël était attaqué, il serait impossible de mettre à l'abri la Jordanie, le Liban, la Syrie, l'Égypte et, au bout du compte, tout le Proche-Orient, y compris l'Irak.

« Nous en avons donc déduit qu'il n'y avait pas de danger immédiat, m'a dit Isaac. Mais, à présent, il y a Oussama Ben Laden. »

Un « porteur suicide » pourrait prendre l'avion à Karachi ou à Kaboul, atterrir à New York ou à Tel-Aviv et déclencher une épidémie qui pourrait tuer un tiers de la population mondiale.

Il est évident que nous avons atteint un point critique dans l'histoire de l'humanité : les armes que nous avons mises au point échappent à notre contrôle et seront bientôt utilisées, si nous n'y prenons garde par des États « voyous » ou des fous furieux.

C'est pour cette raison que « la fin des jours » me semble être une menace si réelle. C'est ce dont j'essaie d'avertir nos dirigeants depuis des années.

Il y a cinq ans, dans mon premier livre, j'écrivais :

« Si le code de la Bible dit vrai, des terroristes dotés d'armes nucléaires déclencheront peut-être la prochaine guerre mondiale. Au lieu d'une guerre nucléaire entre superpuissances, le monde devra peut-être faire face à un nouveau genre de menace : des terroristes armés de bombes nucléaires.

« Une bombe atomique a mis fin à la Seconde Guerre mondiale. Une bombe atomique signera peut-être le début de la troisième. »

Depuis plus de dix ans, au moins depuis l'effondrement de l'URSS, les signes sont là, sous nos yeux. Comme le notait à l'époque un rapport du Sénat américain : « Jamais dans l'histoire des hommes un empire ne s'est désintégré alors qu'il avait en sa possession trente mille armes atomiques. »

Qualifiant l'ex-Union soviétique de « supermarché potentiel d'armes chimiques, biologiques et nucléaires », le même rapport du Sénat affirmait que « la probabilité que une, deux ou une douzaine d'armes de destruction massive explosent en Russie, en Europe ou au Proche-Orient, voire aux États-Unis, a augmenté ».

Subitement, ces armes, qui jusque-là étaient l'apanage d'une petite poignée de superpuissances, se trouvaient à la portée de quiconque pouvait en payer le prix. Et on n'avait rien fait pour empêcher cela.

Pis, l'un des premiers gestes du président Bush après sa prise de fonction a été de réduire de cent millions de dollars le budget du programme mis en place par Clinton pour racheter des armes et du matériel nucléaire soviétiques. Et le Congrès a refusé d'approuver le paiement d'un salaire à des scientifiques militaires soviétiques privés d'emploi.

À présent, des pays instables du tiers-monde, tel le Pakistan, disposent d'armes nucléaires. Demain, pourraient s'ajouter à cette liste des extrémistes islamiques, ou des États comme l'Irak, l'Iran et la Libye, lesquels pourraient acheter ou produire leurs propres armes.

On sait que Ben Laden a tenté de se procurer des armes nucléaires, et il est possible qu'Al-Qaida ait réussi à fabriquer une bombe « sale », non pas une arme nucléaire mais une bombe classique contenant du matériel radioactif qui pourrait rendre inhabitable durant des siècles le centre de n'importe quelle grande ville.

Jusqu'à une époque récente, nous feignions de croire que le cauchemar ne pouvait devenir réalité. Comme l'expliquait un article du *New York Times*, « la meilleure raison de penser qu'une attaque terroriste nucléaire n'aura pas lieu est qu'elle n'a pas encore eu lieu, et c'est un très mauvais raisonnement ».

En mai 2002, dans un article au titre terrifiant, Bill Keller, rédacteur en chef du même journal, écrivait : « Tôt ou tard, nous serons attaqués. »

Cet article paraissait dix ans trop tard, dix ans après le moment où l'on aurait dû se rendre compte du danger, mais il marquait un tournant. Dans l'après-11 septembre, l'un des journaux les plus sérieux au monde affirmait enfin l'évidence : « Le 11 septembre n'a fait que transformer une possibilité théorique en un danger palpable. »

L'article citait une simulation informatique de l'explosion d'une charge nucléaire d'une kilotonne à Times Square, au centre de New York. Non pas une bombe de cinq cents kilotonnes, mais une « mine » atomique pouvant être transportée dans un sac à dos.

Un homme ainsi équipé pourrait détruire le centre de n'importe quelle grande ville. Voici ce que cela pourrait donner à New York :

Vingt mille personnes seraient tuées en l'espace de quelques secondes. Dans un rayon de cinq cents mètres autour du point d'impact, quiconque aurait été exposé à la boule de feu mourrait en un jour dans des souffrances atroces. Cela concernerait cinq cent mille personnes. Un champignon atomique s'élèverait dans les airs à une altitude de trois kilomètres, puis les retombées radioactives commenceraient à se déposer sur le sol, sur un rayon d'au moins quinze kilomètres.

À titre de comparaison, si une bombe de une mégatonne frappait New York, elle raserait Manhattan. Selon Jonathan Schell, dans son ouvrage de référence, *The Fate of the Earth*,

« l'effondrement physique de la ville ferait des millions de morts. À trois kilomètres du point d'impact, les vents souffleraient à mille kilomètres/heure. La boule de feu aurait un diamètre de trois kilomètres et grimperait à quinze mille mètres d'altitude. Pendant dix secondes, elle carboniserait la ville sous elle. Très rapidement, d'épais nuages de poussière et de fumée envelopperaient l'endroit ; en montant dans les airs, le champignon atomique (dont la taille atteindrait les trente kilomètres) occulterait la lumière du soleil : le jour deviendrait nuit ».

Selon les estimations militaires courantes, si New York devait être bombardée, ce serait avec une charge de vingt mégatonnes : « La boule de feu aurait environ douze kilomètres de diamètre. Les gens se trouvant dans un rayon de cinquante kilomètres seraient carbonisés. En l'espace de quelques secondes, la ville de New York et ses environs seraient transformés en désert. »

Mais, lors d'une attaque terroriste, la bombe éclaterait vraisemblablement au niveau du sol. Comme le dit Schell : « Si une bombe de vingt mégatonnes explosait au niveau du sol, la boule de feu aurait un diamètre d'environ quinze kilomètres, et tous les gens à l'intérieur de ce périmètre seraient tués sur-le-champ, la plupart étant littéralement pulvérisés. La ville de New York et l'ensemble de sa population seraient transformés en une poussière radioactive qui s'élèverait en un champignon nucléaire. »

Je suis terrorisé à l'idée de me réveiller un matin pour apprendre qu'une ville entière a été détruite. Non pas deux gratte-ciel, mais une ville entière. Me réveiller et entendre à la radio que Tel-Aviv, New York, ou Jérusalem n'existe plus.

Le 11 septembre ne sera alors qu'un souvenir lointain. L'événement qui a changé la face du monde sera oublié, parce que la face du monde aura encore changé.

Nous vivons déjà dans ce monde nouveau. Même si nous refusons de l'admettre. Et nous attendons que le pire se produise.

Robert Wright, expert en terrorisme, écrivait, deux semaines après l'attentat des Twin Towers, dans le *New York Times* : « Le président Bush dit que le 11 septembre marque le début d'un nouveau type de guerre. En un sens c'est vrai, mais, dans un autre sens, non, et c'est cela qui est terrifiant. Les terroristes n'ont pas utilisé d'armes biologiques, chimiques ou nucléaires. Néanmoins, la prochaine fois, ils pourraient le faire. L'attaque suivante pourrait tuer non pas six mille personnes, mais six cent mille. »

L'avertissement du code de la Bible, l'avertissement ultime sur « la fin des jours », n'était pas destiné à nous préparer pour le 11 septembre. C'est peut-être cet événement lui-même qui vise à nous préparer pour « la fin des jours ».

Plus on étudie les mises en garde du code, plus il est évident que l'année de tous les dangers est 2006. C'est celle qui est le plus clairement codée avec « holocauste nucléaire » et « guerre mondiale », ainsi qu'avec « la fin des jours ».

Si le compte à rebours a commencé le 11 septembre 2001, il nous reste cinq ans, à compter de cette date, pour assurer notre survie.

Prenez le temps de regarder une nouvelle fois ce que dit le texte caché de la Bible : « holocauste nucléaire » apparaît à côté de « en 5766 » (2006). « Guerre mondiale » est aussi codé avec « en 5766 ».

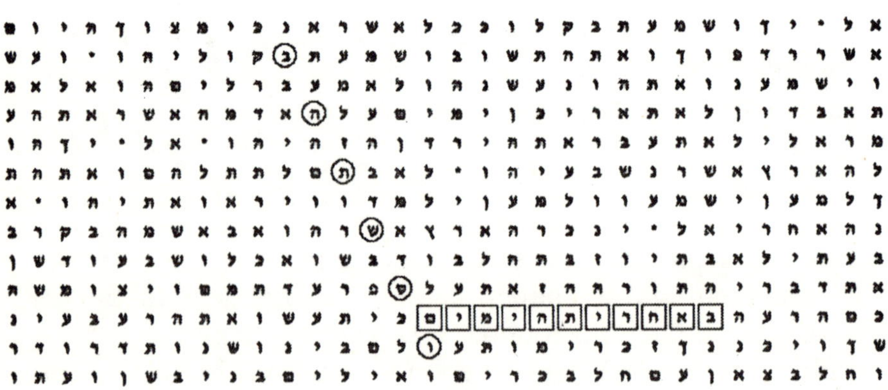

□ À LA FIN DES JOURS ○ EN 5766 (2006)

Écoutez encore ce que le scientifique qui a découvert le code de la Bible, Eliyahu Rips, a dit à propos des probabilités mathématiques pour que « holocauste nucléaire », « guerre mondiale » et « à la fin des jours » figurent ensemble à côté d'une même date, 2006 : « Il y a moins d'une chance sur cent mille que cela soit dû au hasard. »

Et pourtant Rips donne aussi des raisons d'espérer. Il a noté que là où « en 5766 » est codé avec « à la fin des jours », dans le texte même de la Bible, Moïse s'élève contre « le mal qui vous adviendra à la fin des jours ».

Rips a ouvert sa bible et a lu à haute voix ce passage du Deutéronome qui rapporte les dernières paroles de Moïse sur son lit de mort, là où il pose l'alternative entre la voie du mal et la voie du bien.

« Ce n'est pas une prédiction, a dit Rips. C'est un avertissement à propos de ce qui peut se passer selon ce que nous faisons. »

Les références bibliques mises à part, c'est exactement ce que j'avais déclaré aux dirigeants que j'avais rencontrés : « Le code de la Bible énonce des probabilités, pas des événements définitifs. C'est ce que nous faisons qui détermine ce qui se produit. »

Le code de la Bible ne prédit pas que nous allons tous mourir en 2006. Il dit que cela *peut* arriver, si nous ne changeons pas l'avenir.

C'est de nous que dépend notre destin, ici et maintenant.

Coda

Le plus grand savant de l'histoire de l'humanité, l'homme qui a inventé à lui seul la science moderne, sir Isaac Newton, était persuadé que non seulement la Bible, mais l'Univers tout entier, était un « cryptogramme réglé par le Tout-Puissant », un puzzle divin, et que notre destin était de le déchiffrer.

Plus que tout autre, Newton a contribué à la résolution de l'énigme de l'Univers, et peut-être avait-il donc raison sur le reste.

Car la science ne suffit pas. Newton savait qu'il fallait aussi de la sagesse ancienne pour déceler les mystères ultimes. Avant de mourir il y a trois siècles, Newton a enfermé dans une malle des milliers de pages manuscrites. Lorsque le célèbre économiste John Maynard Keynes les a retrouvées à King's College, à Cambridge, il pensait qu'il devait s'agir de notes sur la théorie de la gravitation et le calcul infinitésimal. Son étonnement fut intense lorsqu'il s'aperçut que cela traitait de civilisations disparues, du code de la Bible et de l'Apocalypse.

« Newton n'était pas simplement le premier homme de l'âge de la raison, a écrit Keynes. C'était aussi le dernier des magiciens, le dernier des Babyloniens et des Sumériens, le dernier grand esprit à avoir considéré le monde visible et intellectuel avec le même regard qui se trouve à l'origine de notre patrimoine intellectuel. »

Newton aurait aimé voir les mots gravés sur les obélisques.

D'une manière plus simple, plus terrestre, c'est le même principe qui m'a toujours guidé en tant que journaliste : les énigmes sont destinées à être résolues.

Il me paraît révélateur qu'à l'heure même où nous parvenons enfin à décoder la Bible des scientifiques soient en passe de déchiffrer notre patrimoine génétique, notre code inscrit dans l'ADN. Et ce, au moment précis où nous sommes sur le point de découvrir dans le texte caché de la Bible des révélations sur nos origines et notre fin.

Dans le même temps, le télescope spatial Hubble nous fait parvenir des images de plus en plus proches de l'instant où notre univers a commencé, le « big bang ». Et certains scientifiques pensent aujourd'hui que, lors de la création, quelques grandes affirmations mathématiques ont pour ainsi dire été scellées, six nombres, six constantes, qui déterminent la forme de toute chose.

Comme l'a dit l'astronome royal, le Britannique sir Martin Rees, ces quelques nombres expliquent comment « un seul "événement de genèse" a créé des milliards de galaxies, de trous noirs, d'étoiles et de planètes, et comment des atomes se sont assemblés, ici, sur terre, mais peut-être ailleurs, afin de former des êtres vivants suffisamment complexes pour scruter leurs origines ».

En un sens, tout cela nous a été rendu accessible. Après six mille ans à peine de civilisation humaine, nous touchons aux mystères ultimes. Mais si le code dit vrai, alors même que ceux-ci sont à notre portée, nous sommes menacés d'anéantissement.

C'est comme si une force de bien voulait nous révéler tout et une force de mal nous détruire avant que nous ayons accompli notre destin.

Quoi qu'il en soit, une chose est sûre. L'objet dont nous avons besoin, tant pour survivre que pour atteindre la compréhension ultime, est la « clé du code ». Et celle-ci se trouve enfouie dans la péninsule du Lisan.

Notes relatives aux chapitres

Pour son programme d'ordinateur, Eliyahu Rips a utilisé le texte hébreu standard de la Bible, connu sous le nom de *Textus Receptus*. Le programme dont je me sers a été mis au point par Rips et l'informaticien qui collabore avec lui : Alex Rotenberg.

Tous les exemplaires de la Torah – les cinq premiers livres de la Bible en hébreu – qui existent aujourd'hui dans le monde sont identiques à la lettre près et ne peuvent être utilisés si la moindre lettre est fausse.

L'édition la plus connue de ce texte, la *Jerusalem Bible* (Koren Publishing Co, 1992), est la traduction en anglais la plus largement acceptée de l'Ancien Testament ; c'est la principale source des citations bibliques utilisées dans le livre.

J'ai aussi consulté et parfois utilisé une traduction que certains savants préfèrent, celle due au rabbin Aryeh Kaplan, *The Living Torah* (Maznaim, 1981).

Les citations du Nouveau Testament sont tirées pour l'essentiel de la *King James Bible*, mais j'ai également consulté une traduction moderne connue sous le nom de *New International Version*.

Les propos d'Eliyahu Rips que je cite dans ce livre sont tirés d'un grand nombre de conversations que j'ai eues avec lui au cours des cinq dernières années, à son domicile de Jérusalem et à son bureau de l'Université hébraïque, ainsi que de centaines d'entretiens téléphoniques.

J'ai été le témoin direct de nombreux événements rapportés dans ce livre. Les récits d'autres événements sont fondés sur des entretiens avec des personnes directement impliquées ou ont été confirmés par des comptes rendus dans la presse.

Les noms et les événements codés dans la Bible sont écrits dans la langue de la Bible, l'hébreu, qui est la même langue parlée aujourd'hui en Israël. Les noms de lieux et de personnes sont tirés de sources incontestables, comme l'*Encyclopédie hébraïque*. Les orthographes en hébreu d'événements contemporains sont celles utilisées par la presse israélienne.

Les traductions de tous les codages ont été vérifiées par rapport à la source qui est la référence en la matière, le dictionnaire anglais-hébreu de R. Alcalay (Massada, 1990), et aussi par rapport au dictionnaire Hébreu Standard de A. Even-Shoshan (Kyriat-Sefer Press, 1985).

Les années codées dans la Bible sont tirées du calendrier juif, qui commence aux temps bibliques, soit 3 760 années avant le calendrier moderne. L'année actuelle, 2002, équivaut en gros à l'année hébraïque 5762. Mais l'année hébraïque commence en septembre ou octobre, selon le calendrier lunaire, et s'achève en septembre ou octobre de l'année suivante.

Il a été statistiquement établi que les tables codées qui apparaissent dans ce livre ne peuvent être le fruit du hasard. Ces statistiques sont calculées automatiquement par le programme informatique de Rips et Rotenberg. L'ordinateur se fonde sur deux paramètres pour effectuer ses calculs : la distance qui sépare deux mots apparentés et le « saut » (la distance lettres équidistantes d'une séquence donnée).

Chaque mot codé détermine la manière dont l'ordinateur présente le texte de la Bible, quelle grille de mots croisés est formée. L'ordre original des lettres n'est jamais altéré.

Prenons comme exemple les mots « la fin des jours ». Les mots tirés du livre de Daniel sont codés avec un saut de 7551. L'ordinateur divise alors le texte complet de la Bible – c'est-à-dire la séquence entière de 304 805 lettres – en quarante rangées de 7551 lettres. La grille qui apparaît à la p. 16 ne montre que la région centrale de cette table codée.

Si « la fin des jours » apparaissait avec un saut de 100, alors les rangées compteraient 100 lettres ; si le saut était de 1 000, elles compteraient 1 000 lettres, et ainsi de suite. Les rangées sont alignées les unes au-dessus des autres, de sorte que l'ordre original des lettres n'est jamais changé.

Il y a trois mille ans, la Bible a été codée de sorte que les mots du livre de Daniel qui prédisent « la fin des jours » apparaissent exactement au même endroit où les mots de Moïse prédisent ce qui se passera « à la fin des jours ». Et, il y a trois mille ans, la Bible a aussi été codée de sorte que les noms de dirigeants mondiaux actuels apparaissent au même endroit.

La citation du prix Nobel de physique Richard Feynman, qui apparaît en exergue du livre, est tirée d'une conférence prononcée à la Washington University en avril 1963, et publiée dans *The Meaning of it All* (Addison-Wesley, 1998). Feynman est considéré par beaucoup comme le plus grand physicien depuis Einstein ; il a également déclaré : « La seule chose que l'on puisse prédire, c'est la probabilité de différents événements » (*Six Easy Pieces,* Helix, 1995, p.135).

Le commentaire ancien de la Bible, connu sous le nom de Talmud, dit quelque chose de semblable : « Tout a été prévu, mais une liberté d'action est donnée. » Depuis près de deux mille ans, des sages débattent de ce paradoxe apparent : comment peut-il y avoir du libre arbitre si Dieu sait tout à l'avance ? Le code de la Bible pose la même question, même pour les non-croyants. La réponse semble être celle donnée par la science : il existe seulement des probabilités, il n'existe pas de futur unique, mais de nombreux futurs possibles. C'est nous qui décidons du résultat.

1. La fin des jours

J'ai été le témoin des événements du 11 septembre 2001, dont les détails sont confirmés par les articles parus dans le *New York Times, Time* et *Newsweek.*

Eliyahu Rips m'a envoyé par e-mail la même grille codée que j'ai découverte quelques minutes après l'effondrement des tours, mais les lignes téléphoniques étant coupées, je ne l'ai reçue que le lendemain. Pour lui, en tant que mathématicien, le plus frappant était que les trois mots que quiconque aurait cherchés – « tours », « jumelles » et « avion » – étaient codés ensemble, au même endroit, avec des probabilités de 10 000 contre un. En Israël, le World Trade Center est également connu sous le nom « Tours jumelles ».

John Podesta, le chef de cabinet de la Maison-Blanche, m'a affirmé que le président Clinton avait emporté mon livre à Camp David lors du sommet qui avait réuni Arafat et Barak en juillet 2000.

Ma rencontre avec Arafat à Ramallah a eu lieu le 13 avril 2001. J'ai vu Shimon Peres à Tel-Aviv, au ministère des Affaires étrangères, le 22 avril 2001. Mon rendez-vous avec Omri Sharon a eu lieu le 17 avril 2001, au King David Hotel de Jérusalem. J'ai rencontré Podesta à la Maison-Blanche le 16 octobre 2000.

Ma lettre au président Bush était datée du 3 août 2001, et j'ai appelé la Maison-Blanche le 10 septembre 2001. On m'a dit que le secrétaire général, Andrew Card, et la conseillère pour les affaires de sécurité nationale, Condoleezza Rice, l'avaient lue.

La déclaration du président Bush selon laquelle « la première guerre mondiale du XXIe siècle » avait commencé est tirée du *New York Times*. L'article de Thomas Friedman dans ce même journal dont le titre était « La troisième guerre mondiale » est paru le 13 septembre 2001.

Les recherches d'Isaac Newton sur l'existence d'un code caché dans la Bible ont été rapportées dans *Isaac Newton, the man*, un essai biographique dû au célèbre économiste John Maynard Keynes (*Essays and Sketches in Biography*, Meridian Books, 1956). Richard S. Westfall, dans *The Life of Isaac Newton* (Cambridge University Press, 1993, p. 125), a aussi cité les notes de Newton et déclaré que le physicien « croyait que l'essence de la Bible était de prophétiser l'histoire humaine ».

Lorsque Rips dit que Newton ne pouvait pas trouver le code parce qu'il était « scellé jusqu'aux temps de la fin », il cite le livre de Daniel 12.4.

La forme originelle légendaire de la Bible telle que Dieu l'a dictée à Moïse – « continue, sans ruptures entre les mots » – a été décrite par le sage du XIIIe siècle, Nachmanidès, dans son commentaire sur la Torah (*Shilo*, 1971, Charles Chavel, éd., vol. I, p.14). La continuité de la Bible est aussi exprimée dans sa forme traditionnelle : un rouleau de parchemin.

La Bible originelle est constituée par les cinq premiers livres, de la Genèse au Deutéronome. Les Juifs l'appellent la Torah. Mais dans ce livre je l'appelle la Bible, et le code qu'elle contient « code de la Bible ». L'expérience originelle de Rips a été publiée dans la revue *Statistical Science* en août 1994, vol. IX, n° 3, p. 429-438, « Equidistant Letter Sequences in the Book of Genesis », Doron Witztum, Eliyahu Rips et Yoav Rosenberg. Cet article montrait que les noms de trente-deux rabbins ayant vécu après les temps bibliques apparaissaient à côté de leurs dates de naissance et de mort avec des chances de un sur quatre millions. D'autres expériences ont montré par la suite que les chances étaient de un sur dix millions.

Le cryptographe de la NSA, Harold Gans, m'a communiqué les résultats de son expérience indépendante lors de deux entretiens téléphoniques en janvier 1993 et décembre 1996. Gans a affirmé que les chances de trouver aussi les noms des villes à côté de ceux des rabbins étaient de un contre deux cent mille.

J'ai entendu parler du code de la Bible pour la première fois, par hasard, en juin 1992, après un entretien avec le général Uri Saguy, qui était alors le chef des services de renseignements militaires israéliens.

J'ai rencontré Eliyahu Rips pour la première fois à Jérusalem à la fin juin 1992. La grille codée relative à la guerre du Golfe, qu'il m'a montrée ce soir-là, avait été découverte par son collègue Witztum. Rips m'a confirmé que Witztum lui avait fourni la date de la première attaque aux missiles Scud contre Israël, et qu'il avait lui-même vu la grille codée dans la Bible trois semaines avant le début de la guerre.

L'entretien avec Chaïm Gurri a eu lieu à son domicile de Jérusalem le 1er septembre 1994. Il a appelé le bureau de Rabin le soir-même et, le lendemain matin, le chauffeur du Premier ministre est venu chercher la lettre dans laquelle je l'avertissais de la prédiction le concernant. Cette lettre était datée du 1er septembre 1994.

Rabin a été assassiné après un meeting à Tel-Aviv le 4 novembre 1995. Son assassin, Yigal Amir, un jeune juif orthodoxe de vingt-six ans, a tiré trois coups de feu, dont deux ont atteint Rabin dans le dos.

Les quatre occurrences de « la fin des jours » dans la Torah se trouvent dans Genèse 49.1, Nombres 24.14, Deutéronome 4.30 et Deutéronome 31.29. L'autre écriture de « la fin des jours » se trouve dans Daniel 12.13.

Le président Clinton a annoncé la tenue du sommet de Camp David le 5 juillet 2000, et celui-ci a commencé le 11 juillet. Ma lettre à Clinton était datée du 5 juillet 2000.

Le 25 juillet, Camp David s'est soldé par un échec. La nouvelle Intifada a commencé le 29 septembre, après la visite de Sharon sur l'esplanade des Mosquées, le 28 septembre. Sharon a été élu Premier ministre le 6 février 2001.

Rips m'a confirmé les résultats de deux semaines de calculs sur les ordinateurs de l'Université hébraïque le 1er mai 2001 : les chances pour que les deux expressions bibliques ayant trait à « la fin des jours » apparaissent par hasard avec « Arafat », « Barak », « Sharon » et « Bush » étaient d'au moins de cinq cent mille contre un.

Ma lettre à mon avocat Michael Kennedy était datée du 6 octobre 1998.

En arabe, *shahid* veut dire « martyr », mais le mot est utilisé tant par les Israéliens que par les Arabes pour décrire les auteurs d'attentats suicide.

C'est le 17 mai 2001, au cours d'une conversation téléphonique, qu'Eliyahu Rips m'a confirmé que les chances pour que « guerre mondiale », « holocauste nucléaire » et

« fin des jours » apparaissent par hasard avec « en 5766 » (2006) étaient au moins de cent mille contre un. « Il se peut qu'elles soient supérieures à ce chiffre, a-t-il ajouté, car je n'ai vérifié que cent mille textes au hasard, et aucun ne donnait un meilleur résultat. »

2. La clé

Dans Exode 24.10, il est dit que Moïse « a vu le Dieu d'Israël, et sous ses pieds il y avait un dallage de saphir ».

La légende selon laquelle Dieu a écrit les mots originels de la Bible sur « du saphir » est citée par Kaplan, *The Living Torah*, p. 379, et attribuée à un ancien commentateur de la Bible, Sifri, BeHaALothekha, 101. Voir aussi Kaplan, p. 420.

C'est le rabbin Adin Steinsaltz, le plus grand traducteur de textes hébreux anciens, qui m'a expliqué qu'Isaïe 41.23 affirme que « pour voir le futur, il faut regarder en arrière », et que les mêmes mots veulent dire en hébreu « lisez les lettres à l'envers ».

En mai 1998, peu de temps avant Shavuot, la fête de la Torah, j'ai rencontré Rips à Jérusalem et je lui ai montré que son nom (qui à l'envers, en hébreu, se lit « Saphir ») apparaissait dans le verset décrivant la descente de Dieu sur le mont Sinaï.

La citation du Gaon de Vilna que m'a lue Rips est tirée de *The Jewish Mind*, d'Abraham Rabinowitz (Hillel Press, 1978, p. 33-34).

J'ai fini par trouver le mot hébreu obscur pour « obélisques » dans le dictionnaire hébraïque en quatre volumes d'Abraham Even-Shoshan (Kiryat-Sefer Press, Jérusalem, Israël, 1985). Le sens de ce mot est également confirmé par la Midrash, un commentaire ancien de la Torah.

Ce texte vieux de mille sept cents ans affirmant que les « obélisques » « n'étaient pas le fruit du travail d'un être humain, mais celui du Ciel » est la Mekhilta selon le rabbin

Ishmael (*An Analytical Translation*, Scholars Press, Atlanta, 1988). Ce même texte suggère que les obélisques étaient des humanoïdes. Voir aussi Marcus Jastrow, *The Book of Words* (Judaica Press, New York, 1996, p. 460), qui dit que les « obélisques » étaient des « roches caverneuses ayant figure humaine ».

Le mail de Rips me confirmant que « clé du code » recoupe deux fois « bouche des obélisques » avec des chances d'un million contre un, a été envoyé le 2 janvier 2002. Au cours d'une conversation téléphonique ultérieure, le 6 janvier, Rips m'a affirmé que « jamais dans l'histoire des recherches sur le code une paire de mots n'a obtenu un tel score ».

« Bouche des obélisques » et « seigneur du code » apparaissent tous deux dans le texte en clair de la Bible en tant que noms de lieux en Égypte, sur les rives de la mer Rouge, à l'endroit où les armées de Pharaon ont rattrapé les esclaves hébreux en fuite.

Mais ces deux sites, dont les noms ne sont jamais traduits dans la Bible, dont le sens explicite en hébreu n'a jamais été reconnu, ne peuvent être celui où se trouve la « clé du code » ou les « obélisques ».

Moïse a reçu la Bible sur le mont Sinaï après la fuite d'Égypte. Donc, la clé du code ne peut avoir été enfouie en Égypte.

Et dans le code de la Bible lui-même, l'endroit où se trouve la « clé du code », du « code sur l'obélisque », est très clairement affirmé : la « vallée de Siddim ».

Selon la Genèse 14.3, « la vallée de Siddim est la mer Morte ». Le plus grand commentateur de la Torah, Rashi, dit que la vallée était autrefois verte mais que la Méditerranée s'y est déversée et a créé la mer Morte (Pentateuque avec Targum Onkelos, Haphtaroth, et le commentaire de Rashi, traduit par le révérend M. Rosenbaum et A. M. Silbermann, Jérusalem, 1929, p. 55).

J'ai rencontré le géologue israélien David Neev chez lui, à Jérusalem, au mois de novembre 1998, et plusieurs fois par la suite. Il m'a expliqué que la mer Morte avait atteint son niveau le plus bas depuis cinq mille ans. Neev, qui est le plus grand expert mondial sur la question, m'a aussi expliqué que « Siddim », en hébreu, veut aussi dire « chaux », et m'a suggéré que la péninsule de Lisan, qui est recouverte de chaux, était peut-être le dernier vestige exposé à l'air de la vallée de Siddim.

Je me suis rendu à Lisan pour la première fois en novembre 1998, et j'y suis retourné en mars et avril 1999, d'abord accompagné de deux Israéliens de l'Institut de géophysique israélien, puis de deux géophysiciens jordaniens. Le 16 février 2000 je suis retourné à Lisan avec un collaborateur de Neev, Yuval Bartov, un jeune géologue israélien, expert reconnu de la péninsule de Lisan ; Mikhail Rybakov, un géophysicien israélien, ainsi que deux représentants du ministère jordanien du Tourisme et des Antiquités.

Deux jours plus tôt, le 14 février 2000, j'avais rencontré à Amman le ministre Akel Biltaji, et il m'avait assuré que nous obtiendrions les permis nécessaires à nos fouilles archéologiques. Le permis en question, daté du 13 avril 2000, a été signé en fait par le directeur du département des Antiquités, le Dr Fawwaz Al-Khraysheh.

C'est le code de la Bible qui m'a conduit à m'intéresser à la « vallée de Siddim », puis à la mer Morte et enfin à la petite péninsule de Lisan. Le code décrit très clairement sa pointe septentrionale, là où une langue de terre s'enfonce dans la mer Morte et forme une petite baie nommée Mazra'a, et indique que c'est là que se trouve « la clé du code ».

« Lisan en tant que Siddim » apparaît dans Daniel 1.3, dans un passage dont le texte caché décrit également un « pilier dans le palais », sur lequel sont inscrites des connaissances anciennes, qui est peut-être l'obélisque.

3. Clinton

Bill Clinton a confessé sa « relation » avec Monica Lewinsky le 17 août 1998. Le 21 septembre 1998, j'ai envoyé à la page « opinions » du *New York Times* un article contenant la prédiction que Clinton survivrait au scandale. Le 12 février 1999, le Sénat américain votait contre sa mise en accusation.

Ma lettre à Clinton était datée du 5 juillet 2000, le jour même où il annonçait le sommet de Camp David. Je l'ai expédiée le 7 juillet, après que son chef de cabinet, John Podesta, a accepté de la lui remettre, accompagnée d'un exemplaire de mon premier livre sur le code secret de la Bible. Le 17 juillet, l'assistant de Podesta m'a appelé pour me dire : « M. Podesta a remis les documents que vous lui avez confiés au Président à Camp David. »

Le sommet a débuté le 11 juillet et s'est conclu par un échec le 25 juillet. Clinton a publiquement fait porter la responsabilité de cet échec à Arafat, affirmant que Barak « avait davantage progressé par rapport à sa position initiale que le président Arafat, en particulier à propos de Jérusalem », comme l'écrivait le *New York Times* le 26 juillet 2000.

Ma première lettre à Barak, datée du 17 mai 1988, qui prédisait son élection au poste de Premier ministre, lui a été remise par l'intermédiaire du général Isaac Ben-Israël, directeur scientifique du ministère de la Défense. Une année plus tard, jour pour jour, le 17 mai 2000, Barak devenait Premier ministre.

Le jour même, je faisais parvenir à Barak une nouvelle lettre par l'intermédiaire de Ben-Isaac et de son directeur de cabinet Isaac Herzog, dans laquelle je notais que le code prédisait également que Barak serait le leader d'Israël « en un temps de graves dangers », concernant tout particulièrement la colline du Temple.

« Ils frapperont la colline du Temple » est tout aussi clairement codé avec "Premier ministre E. Barak" que l'était l'assassinat d'Yitzhak Rabin », affirmait ma lettre.

Le 29 mai, Ben-Israël m'avait dit à New York que Barak avait personnellement étudié le code de la Bible après l'assassinat de Rabin.

L'article du *New York Times Magazine* à propos du danger d'un attentat contre la colline du Temple au cours de l'année 2000, signé par Jeffrey Goldberg, est paru dans l'édition du 3 octobre 1999. Cet article rapportait les propos suivants du leader du Hamas, Cheikh Yassine : « Ce sera la fin d'Israël. »

Mon entretien avec Abou Ala, le président du Parlement palestinien, a eu lieu le 13 août 2000 dans son bureau de Ramallah.

Le 20 septembre 2000, j'ai envoyé un fax au directeur de cabinet de Bill Clinton, John Podesta : « Le problème, c'est la religion. Le code de la Bible est peut-être la solution. » Il a accepté de me recevoir à la Maison-Blanche le 16 octobre.

La nouvelle Intifada a commencé le 29 septembre 2000, après la prière du vendredi sur la colline du Temple. Quatre jeunes gens qui jetaient des pierres sur les soldats israéliens y ont été tués. La veille, le 28 septembre, le chef de la droite israélienne, Ariel Sharon, avait déclenché le soulèvement en se rendant sur l'esplanade des Mosquées entouré de mille policiers et soldats.

J'ai rencontré le beau-frère de Barak, Doron Cohen, dans ses bureaux de Tel-Aviv le 12 octobre 2000, et je lui ai remis une lettre pour Barak. Mais durant notre entretien il a appris que deux soldats israéliens avaient été lynchés dans un poste de police à Ramallah. Ma description de cet événement est fondée sur les reportages télévisés diffusés par CNN et la BBC.

J'ai rencontré Nabil Sha'ath à Gaza le 10 octobre 2000 et lui ai remis une lettre pour Arafat. Deux jours plus tard, le bâtiment dans lequel avait eu lieu notre entretien a été détruit par un missile tiré d'un hélicoptère israélien.

Le 16 octobre 2000, j'ai rencontré le chef de cabinet de Bill Clinton, John Podesta, à la Maison-Blanche. Il m'a dit qu'il avait déjà discuté du code de la Bible avec le Président, et m'a déclaré qu'il lui en parlerait à nouveau.

Podesta m'a dit qu'il pouvait croire que le code de la Bible était vrai et a ajouté que « Clinton aussi est croyant ». Il a promis d'organiser un entretien avec le Président, mais celui-ci n'a jamais pu avoir lieu.

4. Cela existe

En hébreu, « Lisan » veut aussi dire « langage ». Donc, la grille codée qui apparaît parallèlement à « code de la Bible » affirme deux choses distinctes : « cela existe à Lisan » et « cela existe dans le langage de l'homme ».

J'ai fait part de cette nouvelle découverte au professeur Rips le 11 juillet 2000. Celle-ci était le résultat d'une découverte due à l'informaticien avec lequel il travaille, Alex Rotenberg, le même qui avait découvert l'occurrence complète de « code de la Bible » avec deux sauts très courts et des probabilités de cinq mille contre un.

Littéralement, ce qui est codé est « code de la Torah », mais dans ce livre j'ai choisi de m'y référer sous son appellation plus courante, « code de la Bible ».

J'ai rencontré Rips le 5 avril 2001, et nous avons découvert ensemble que « code de la Bible » recoupe « dictionnaire » dans la même grille où « Lisan/langage » apparaît à deux reprises. Rips a découvert que les deux versets de la Bible parlant le plus directement du langage, Genèse 10.5 et Genèse 11.6, apparaissent sur la même grille.

La pierre de Rosette a été découverte en 1799 dans le nord de l'Égypte, à l'embouchure du Nil. La pierre comporte des inscriptions parallèles en hiéroglyphes et en grec, ce qui a rendu possible le déchiffrement de l'écriture de l'Égypte ancienne.

De nombreux savants ont défendu l'idée qu'il a existé un protolangage commun à tous les hommes. En 1871, Darwin a dit que « l'homme a une tendance instinctive à parler » (*Descent of Man*, John Murray, London). Il y a plus de quarante ans, le linguiste Noam Chomsky a été le premier à suggérer que le langage a des bases génétiques (voir *Language 35*, p. 26-58 [1959] ; voir aussi Luigi Luca Cavalli-Sforza, *Genes, Peoples, and Languages* [New York : North Point Press, 2000]).

Rips, lorsqu'il affirme que l'hébreu est la langue originelle, cite le plus grand commentateur de la Torah, Rashi, qui lui-même cite Genèse 11.1 – « Et toute la terre avait une seule langue » – et déclare qu'il s'agissait de « la langue sacrée » – l'hébreu (le Pentateuque avec Targum Onkelos, Haphtaroth, et le commentaire de Rashi, voir plus haut, note page 298).

La nouvelle de la découverte d'un « gène du langage » a été publiée le 4 octobre 2001 par le *New York Times*, citant un article dans la revue *Nature* du Dr Anthony P. Monaco.

Personne ne sait ni où ni comment le langage a commencé. Certains scientifiques affirment que les restes fossiles permettent de conclure que des hominidés possédaient déjà le langage, mais d'autres, comme l'archéologue de Stanford Richard Klein, soutiennent qu'un changement génétique spécifique a donné naissance au cerveau humain moderne il y a seulement cinquante mille ans, et que cela a permis le développement du langage. Cela est congruent avec la théorie avancée par Chomsky en 1959 selon laquelle il existe un organe spécifique du langage dans notre machinerie cérébrale.

Un autre article, paru dans le *New York Times* du 15 août 2002, rapporte les recherches du Dr Svante Paabo des instituts Max-Planck en Allemagne, selon lequel une étude portant sur les génomes humains et ceux des chimpanzés montre que le langage a évolué au cours des cent mille dernières années. L'article de Paabo a été publié dans la revue *Nature*.

Dans le code de la Bible, « le gène du langage » recoupe « le gène de Dieu », et le verset de la Torah dit : « Avant que Dieu ne détruisît Sodome et Gomorrhe, c'était comme le propre jardin de Dieu » (Genèse 13.10). En hébreu, les mêmes lettres qui épellent « gène du langage » épellent également « jardin de Lisan », et « gène de Dieu » épelle également « jardin de Dieu ».

Le journal jordanien *Al-Arab Al-Yawm* a publié à la une, le 9 janvier 2001, une attaque contre les recherches archéologiques de ma fondation.

Pratiquement toutes les affirmations contenues dans cet article étaient fausses, mais le message était parfaitement clair : « Pourquoi laisserait-on une fondation juive rechercher des objets juifs sur le territoire jordanien ? »

J'ai parlé avec l'ambassadeur des États-Unis à Amman, William J. Burns, le 24 janvier, et une nouvelle fois le 28 janvier, après qu'il m'a envoyé une traduction de l'article en question.

5. Arafat

Ma lettre à celui-ci, datée du 12 avril 2001, a été récupérée ce jour-là à minuit à l'hôtel American Colony.

Le directeur de cabinet d'Arafat, Nabil Abou Rudaineh, m'a appelé le 13 avril 2001 à minuit pour me demander de venir rencontrer Arafat le soir même.

J'ai rencontré celui-ci le 13 avril à neuf heures du soir, dans son quartier général de Ramallah. Étaient aussi présents son principal négociateur, Saed Erekat, qui traduisait nos propos, et Rudaineh.

Le 23 juillet, le *New York Times* rapportait qu'Arafat aurait déclaré à Clinton qu'il craignait d'être assassiné s'il cédait sur Jérusalem.

Nabil Sha'ath, le ministre des Affaires étrangères palestinien, m'a expliqué au cours d'une conversation téléphonique tenue le 26 décembre qu'Arafat croyait en un des enseignements fondamentaux de l'islam selon lequel « notre destin est tracé à l'avance, et nous n'avons pas un jour de plus ni de moins à vivre ».

Le matin du jour de ma rencontre avec Arafat, j'ai rendu visite à Rips chez lui, à Jérusalem. Rips n'a pas cherché à me dissuader de rencontrer le dirigeant palestinien, mais il l'a comparé à Hitler et à Saddam Hussein.

Lorsque Arafat a affirmé que « Mahomet a dit que nous avions mille ans, pas deux mille », il se référait à une tradition islamique contenue non pas dans le Coran mais dans son commentaire, le Hadith. Dans le calendrier musulman, l'année 2001 correspond à l'année 1422, c'est-à-dire quatre cents ans de trop par rapport au Ier millénaire. Mahomet est censé avoir dit que nous ne survivrions pas. Le Coran affirme que l'humanité ne peut pas connaître le temps de la fin.

« Arafat » apparaît dans le texte caché de la Bible juste sous « à la fin des jours », avec la même orthographe que celle qui est utilisée pour écrire son nom dans les journaux israéliens.

Sur la même grille codée, les noms des leaders israéliens « Barak » et « Sharon » et du président américain « Bush » sont écrits exactement comme ils apparaissent dans la presse israélienne.

Le jour de ma rencontre avec Arafat, chrétiens, juifs et musulmans convergeaient vers la vieille ville de Jérusalem, les chrétiens pour fêter le vendredi saint, les juifs pour prier devant le mur des Lamentations l'avant-dernier jour de Pessah, et les musulmans pour assister à la prière du vendredi.

La coïncidence de ces célébrations ne faisait que souligner la nature religieuse d'un conflit qui durait depuis des millénaires et tournait toujours autour de Jérusalem.

6. Arche d'acier

« Acier » apparaît en hébreu aux côtés de « clé du code » dans la Torah, et en araméen avec « clé aujourd'hui » dans le livre de Daniel. L'araméen est une ancienne langue sémitique très proche de l'hébreu : la moitié du livre de Daniel est écrite en araméen.

« Fournaise de fer » apparaît dans le Deutéronome : 4.20, un texte dont on estime qu'il a plus de trois mille ans. Le mot hébreu pour « acier » provient d'un livre plus tardif de l'Ancien Testament, précisément d'un des prophètes mineurs, Nahum 2.4 (« l'acier des chars brille »). Nahum a été écrit près de mille ans après la Torah.

« Ceci est la solution », les mots prononcés par Joseph, apparaissent deux fois dans Genèse 40.12 et Genèse 40.18.

Le premier verset recoupe « arche d'acier » et le second « arche de fer ». Dans le texte caché, tous deux sont traversés par le nom de la péninsule « Lisan ».

Ma rencontre avec Rips a eu lieu à Nashville, dans l'État du Tennessee, où il séjournait en tant que professeur invité à l'université Vanderbilt, au mois de janvier 2000.

Dans Exode 35.33, un verset à propos de l'artisan qui a construit le tabernacle, les mêmes caractères épellent également « fer forgé, tout le travail de l'ordinateur ».

Dans Josué, les deux versets qui mentionnent un « véhicule en fer » sont 17.16 et 17.18. Ils apparaissent là où est codé « tell des obélisques ».

Fawzi Zayadin, un archéologue jordanien du département des Antiquités, qui m'accompagnait lorsque je suis retourné dans la péninsule de Lisan le 16 février 2000, a contesté l'idée qu'un objet en fer ou en acier eût pu y survivre des milliers d'années. Il y avait avec nous un géophysicien israélien, Mikhail Rybakov, qui a ajouté que même si quelque chose avait survécu de l'objet, la rouille l'aurait rendu indécelable par un magnétomètre.

J'ai interrogé le professeur Latanision du MIT, un expert mondial de la corrosion, par téléphone le 25 février 2000. Latanision m'a confirmé qu'un objet en fer ou en acier pourrait survivre des milliers d'années, sous terre ou sous l'eau, dans un milieu saturé en sel : « Lorsque vous atteignez une concentration de sel dans l'eau de l'ordre de 35 %, la teneur en oxygène chute très rapidement. Sans oxygène, il n'y a pas de rouille. »

Cela confirmait ce que le géologue israélien David Neev m'avait dit des années plus tôt. J'ai à nouveau interrogé Neev, le plus grand expert mondial sur la mer Morte, le 6 mars 2000, et il a confirmé que la concentration en sel de la mer Morte était supérieure à 35 %. Il a ajouté qu'il avait vu des ingénieurs des mines de sel placer délibérément des canalisations métalliques dans l'eau salée pour les empêcher de rouiller.

Latanision a aussi confirmé ce que m'avait dit une scientifique de la CIA, à savoir que de l'acier ancien provenant du

Proche-Orient avait plus de chances de ne pas rouiller que de l'acier moderne.

Il m'a expliqué que la manière dont l'acier est frappé ainsi que les impuretés qui y sont intégrées lorsqu'on le frappe déterminent sa durée de vie, et que les épées en acier ancien « résistaient mieux à la rouille que l'acier moderne ».

Il existe en hébreu moderne deux mots différents pour magnétomètre. L'orthographe la plus courante signifie littéralement « instrument de mesure magnétique ». L'autre signifie littéralement « détecteur d'attraction ». La seconde est codée, là où le texte en clair dit « fer », et l'autre apparaît au seul endroit où le mot « détecteur » est écrit sans saut dans la Bible.

L'instrument peut détecter tout objet métallique se trouvant sous terre ou sous l'eau, à une profondeur qui dépend de la taille de l'objet.

Si un objet métallique ancien est découvert, il sera possible de le dater avec précision grâce à une méthode peu connue, découverte il y a peu. Un géophysicien de l'université Yale, le professeur Carl Turekien, m'a dit en juin 1999 que lui et son étudiant Nikolass Van der Murray, aujourd'hui professeur à Harvard, avaient découvert que la méthode de datation au carbone 14 fonctionne également pour le fer et l'acier fabriqués avant le XIXe siècle. Aujourd'hui, l'acier est fabriqué avec de la houille, qui ne contient pas d'isotopes radioactifs et ne peut donc être daté. Mais l'acier ancien était forgé avec du bois de charbon, et celui-ci peut l'être.

« L'endroit le plus bas de la planète s'affaisse », un compte rendu du géologue israélien Gidon Baer, a été publié par le Geological Survey of Israel en novembre 2000. Ce rapport révèle que l'endroit précis où se déroulent mes recherches, la péninsule de Lisan, s'enfonce très rapidement. Le 5 octobre 2000 je suis arrivé à Amman, en Jordanie, pour rencontrer une nouvelle fois l'ambassadeur américain. C'était la première semaine de la nouvelle Intifada, et lorsque je me suis rendu à l'ambassade des États-Unis, elle était encerclée par vingt mille manifestants en colère. J'ai rencontré William

Burns le 8 octobre, et le même jour j'ai également eu un rendez-vous avec le vice-Premier ministre jordanien, Saleh Rusheidat.

7. Sharon

J'ai rencontré Omri Sharon, le fils du Premier ministre, le 17 avril 2001 au King David Hotel de Jérusalem.

La nuit précédente, des tirs de mortier lancés de Gaza avaient frappé Israël à quelques kilomètres de l'endroit où se trouve le ranch du Premier ministre. Des chars et des hélicoptères israéliens avaient immédiatement riposté par une incursion dans la bande de Gaza, événements rapportés dans les journaux israéliens *Ha'aretz*, *The Jerusalem Post* et dans l'*International Herald Tribune*.

Le 16 avril, toute la presse avait rapporté les rencontres secrètes entre Omri et Arafat qui s'étaient déroulées la semaine précédente et révélé que le rendez-vous avait eu lieu deux jours avant le mien, le 13 avril.

Sharon a été élu le 6 février 2001, c'est-à-dire le 13 shevat 5761. La date, codée avec « Sharon », avait été découverte quatre mois plus tôt, à un moment où tout le monde pensait que Netanyahu serait le candidat du Likoud.

Les citations de Sharon à propos de l'impossibilité de faire la paix sont tirées d'un article du *New Yorker* daté du 29 janvier 2001, signé par Jeffrey Goldberg et intitulé « Arafat's gift » », p. 57-67.

La lettre pour Sharon que j'ai remise à son fils était datée du 17 avril 2001.

J'ai appelé le général Ben-Israël le 1er avril 2001 et nous nous sommes rencontrés à Tel-Aviv le 12 avril. Il a appelé le général Meir Dagan, qui avait été le chef du contre-espionnage sous le gouvernement Netanyahu, et était un proche de Sharon, sans doute son plus proche conseiller excepté Omri.

J'ai rencontré le général Dagan dans la ville du nord d'Israël où il habite, Rosh Pina, le 4 avril. Le 23 novembre

2000, le *Jerusalem Post* avait rapporté les propos qu'il adressait à une manifestation contre la paix : « Le temps est venu de renvoyer Arafat en Tunisie. »

Dagan m'a dit qu'il avait lu mon premier livre en 1997, date de sa parution en hébreu, et qu'il prenait les avertissements du code au sérieux.

J'ai remis à Dagan une lettre pour le Premier ministre datée du 4 avril 2001, qu'il a promis de transmettre à Sharon. Mais lorsqu'ils se sont enfin vus le 16 avril, c'était au milieu d'une crise, et le Premier ministre ne voulait parler que de son projet d'envahir Gaza après l'attaque au mortier près de son ranch et une autre attaque d'avions israéliens contre une station radar en territoire libanais.

Le lendemain, Dagan m'a dit : « Je l'ai vu, mais je ne lui ai pas donné votre lettre. J'ai pensé que ce serait une erreur en pleine crise, sans aucune explication sur le code. »

Lorsque j'ai rencontré Dagan à nouveau le 4 décembre 2001 à Jérusalem, il venait d'être nommé à la tête de la délégation israélienne qui devait discuter d'un cessez-le-feu avec les Palestiniens sous l'égide de l'envoyé spécial américain, le général Anthony Zinni.

Dagan m'a une nouvelle fois promis de faire part à Sharon de mes messages, mais Israël se trouvait une nouvelle fois au milieu d'une crise suite à trois attentats suicide qui avaient coûté la vie à vingt-cinq Israéliens au cours des journées précédentes.

Le 10 septembre 2002, Sharon nommait Dagan à la tête du Mossad, ce que *Ha'aretz* rapportait dès le 11 septembre 2002.

La rencontre avec Shimon Peres a eu lieu à son bureau de Tel-Aviv le 2 avril 2001. La dernière fois que j'avais vu Peres, c'était le 26 janvier 1996, à l'époque où il était Premier ministre.

Peres était l'architecte des accords d'Oslo, le plan de paix qui avait échoué, mais il avait également eu sous sa responsabilité le programme nucléaire militaire israélien et la base militaire secrète de Dimona, et il comprenait la menace que représente le terrorisme nucléaire. Trois jours après notre première rencontre, en 1996, au cours de laquelle je lui avais expliqué que le code de la Bible comportait un avertissement à propos d'un « holocauste nucléaire », Peres a prononcé un discours dans lequel il a affirmé que le plus grave danger auquel le monde devait faire face était que des armes nucléaires « tombent entre les mains de pays irresponsables et soient portées sur les épaules par des fanatiques ». Le 13 septembre 2002, après une réunion à la Maison-Blanche, Peres a prédit que le Proche-Orient deviendrait « ou bien pacifique ou bien atomique » d'ici cinq à dix ans.

8. Code de la vie

J'ai interviewé Francis Crick par téléphone le 27 octobre 1998. Il se trouvait dans son laboratoire du Salk Institute, à San Diego. Crick a reçu le prix Nobel de médecine en 1963 avec James Watson pour leur découverte portant sur la structure de l'ADN.

Crick a publié sa théorie selon laquelle « des organismes ont été délibérément déposés sur la Terre par des êtres intelligents d'une autre planète » dans une revue scientifique dirigée par l'astronome Carl Sagan, *Icarus*, vol X, p. 341-346, juillet 1973. Il a baptisé cette théorie « panspermie dirigée ». Dans son article, mais aussi au cours de notre conversation, Crick rejetait des théories analogues selon lesquelles l'ADN aurait été apporté par une météorite, et affirmait au contraire qu'« une forme primitive de vie a été délibérément plantée sur la Terre par une société technologiquement avancée d'une autre planète », utilisant un « vaisseau spatial ».

La rencontre avec Rips a eu lieu chez lui, à Jérusalem, le 27 novembre 1998, un mois très exactement après que Crick m'a confirmé ce que le code affirmait : « L'ADN a été apporté dans un véhicule. »

Rips a convenu qu'il était possible que le code de la Bible et le code de la vie aient la même structure en double hélice, et m'a montré une grille codée qu'il avait découverte bien avant, dans laquelle « jugement de Dieu » est enchevêtré avec « pitié de Dieu ».

Il n'est pas possible de montrer véritablement la structure du code de la Bible sur une page ou sur un écran car celle-ci est, en fait, un cylindre tridimensionnel. Ainsi que l'a expliqué Rips, c'est comme mettre à plat une carte au lieu de montrer le globe terrestre.

Les autres développements de Crick sur la panspermie dirigée sont tirés de son livre, *Life itself* (Simon & Schuster, New York, 1981).

Dans cet ouvrage, Crick dit : « Le code génétiqe est un petit dictionnaire qui relie l'alphabet de quatre lettres des acides nucléiques à l'alphabet de vingt lettres des protéines » (p. 171). On trouve une explication plus complète et récente dans *Genome* de Matt Ridley, qui est le récit du décodage du génome humain (Harper Collins, New York, 2000, traduction française, éditions Robert Laffont, Paris, 2001). Le code génétique y est aussi décrit comme un « langage ».

Il est intéressant que de nombreux mythes anciens de la Création, à commencer par les premiers récits sumériens connus, affirment que tout a été créé par des mots, qu'en étant nommée, chaque chose fut créée.

Comme me l'a dit Eliyahu Rips, cela est encore plus explicitement affirmé dans le judaïsme. « La Torah a existé avant le monde : Dieu a d'abord créé la Torah, et à partir de la Torah il a créé l'Univers. » Encore une fois, ce sont les lettres, le langage, qui sont le moule de la Création.

9. Invasion

L'invasion de Ramallah le 29 mars 2002 et le siège du quartier général de Yasser Arafat par des chars israéliens ont fait l'objet de comptes rendus dans le *New York Times*, l'*International Herald Tribune* et le quotidien israélien *Ha'aretz*. Mon récit est également fondé sur les reportages de CNN et de la BBC.

L'invasion israélienne puis l'occupation de presque toutes les principales villes de Cisjordanie constituaient la réponse à une succession d'attentats suicide dont le point culminant a été celui contre un hôtel de la ville côtière de Netanya, le jour de la Pâque juive, qui a tué dix-neuf personnes et blessé plus d'une centaine.

Le nom de l'opération militaire israélienne, « Mur de protection », est codé dans la Bible très exactement comme il a été orthographié par la presse israélienne, tout comme les noms des deux villes où les combats les plus intenses ont eu lieu : « Jénine » et la « casbah » de Naplouse.

Je ne suis pas parvenu à joindre Omri Sharon, qui a été mobilisé comme des milliers d'autres Israéliens. Mais j'ai rencontré une nouvelle fois le général Dagan à Tel-Aviv le 1er avril et lui ai montré la prédiction remarquablement précise du code de la Bible concernant la situation que vivait Israël. Dagan m'a dit qu'il avait remis à Sharon la lettre que je lui avais confiée lors de notre précédent rendez-vous, mais je lui en ai remis une autre, datée du 1er avril.

Cédant à l'insistance de Dagan, le directeur de cabinet de Sharon, Uri Shani, a accepté de me rencontrer après une série d'entretiens entre le Premier ministre et le secrétaire d'État américain, Colin Powell, qui venait d'arriver en Israël pour essayer d'obtenir un cessez-le-feu.

J'ai rencontré Saeb Erekat, le négociateur en chef d'Arafat, le 6 avril 2002 à Jericho, la seule grande ville de Cisjordanie à ne pas avoir été occupée par Israël. Je lui ai remis une nouvelle lettre pour Arafat datée du 6 avril.

L'article de Thomas Friedman dans le *New York Times* affirmant que « des armes de destruction massive » pourraient « rayer Israël de la carte » a été publié le 10 mars 2002.

La rencontre avec Dalia Rabin, la fille du Premier ministre assassiné, a eu lieu à la Knesset le 3 décembre 2001, lors de mon précédent voyage en Israël. Le même jour, dans un geste annonciateur de l'invasion de mars 2002, Sharon a lancé la plus importante attaque contre la Cisjordanie et Gaza depuis 1993, année de la poignée de main historique entre Rabin et Arafat.

Dalia Rabin a démissionné de son poste de vice-ministre de la Défense en juillet 2002, en déclarant que Sharon avait renoncé à tout effort pour obtenir la paix.

Mon entretien avec le général Kuperwasser a eu lieu à la Kirya, le quartier général des militaires à Tel-Aviv, le 15 avril 2002. J'ai communiqué à Kuperwasser, qui est l'analyste en chef des renseignements, l'endroit signalé par le code de la Bible comme pouvant être une base terroriste secrète d'Oussama Ben Laden. Le nom du lieu est très clairement mentionné dans le code, mais je ne l'ai pas inclus dans ce livre pour des raisons évidentes de sécurité.

Le 4 septembre 2002, Sharon déclarait à la télévision israélienne : « La Libye est peut-être en train de devenir un pays bien plus dangereux que nous ne le pensions. La Libye sera peut-être le premier pays arabe à disposer d'armes de destruction massive. »

Je ne sais pas si l'avertissement du code de la Bible dont j'avais fait part au général Kuperwasser était parvenu aux oreilles de Sharon, mais cela confirmait au moins sa pertinence.

J'ai rencontré Dan Meridor, le ministre israélien en charge des questions de terrorisme chimique, biologique et nucléaire, dans ses bureaux de Jérusalem le 9 avril 2002.

La phrase de Meridor prononcée le 11 septembre 2001 – « Malheureusement, cet attentat n'est qu'un début » – a été citée par *Ha'aretz* le 22 octobre 2001

Le ministre de la Défense, Benjamin Ben-Eliezer, a affirmé lors d'une allocution prononcée en janvier 2002 devant le Conseil pour la paix et la sécurité, que « vers 2005 l'Iran aura des capacités nucléaires », propos qui ont été repris par *Ha'aretz* le 11 janvier 2002.

L'estimation de la CIA selon laquelle l'Irak pourrait disposer de l'arme atomique dès 2007 a été rapportée par le *New York Times* le 8 septembre 2002.

Uri Shani a démissionné de son poste de directeur de cabinet de Sharon le 18 avril 2002, mettant un terme à toute possibilité de rencontrer le Premier ministre dans l'immédiat.

Ce que Levi Eshkol a dit au jeune général Sharon après la guerre des Six-Jours – « Les Arabes seront toujours là » – est tiré d'une histoire de cette même guerre par Michael Oren (Oxford University Press, New York, 2002).

Officiellement, seuls Jérusalem Est et le plateau du Golan ont été « annexés » par Israël après la guerre des Six-Jours, mais Israël a aussi occupé en même temps la Cisjordanie et Gaza. En mars 2002, pour la première fois depuis les accords de paix de 1993, Israël a réoccupé la Cisjordanie puis, en juin 2002, envahi une nouvelle fois les Territoires.

En septembre 2002, après deux ans de soulèvement, au moins 1 790 Palestiniens et 609 Israéliens avaient été tués, selon le *New York Times* du 17 septembre 2002.

J'ai fait une dernière tentative de joindre Sharon par l'intermédiaire de son fils Omri au moment où ce livre allait être imprimé, en septembre 2002. Je lui ai envoyé le mail suivant :

« Omri : Vous me demandez : que peut-on accomplir ? Ma réponse est : Israël peut survivre. »

10. Extraterrestre

SETI, le programme de recherche d'une forme d'intelligence extraterrestre en scrutant les signaux radio provenant du cosmos, a démarré en 1992.

En 1999, la Nasa a demandé à un prix Nobel, le professeur Baruch Blumberg, de prendre la tête de son institut d'astrobiologie, dont le but est de détecter des formes de vie extraterrestres. En juin 2002, la Nasa a annoncé qu'elle allait lancer un engin spatial pour rechercher la vie dans le cosmos (*New York Times*, 4 juin 2002). Selon la presse, on a découvert à ce jour quatre-vingt-cinq planètes gravitant autour d'autres étoiles.

Lorsque les deux premières planètes à l'extérieur de notre système solaire ont été découvertes, *Time* a fait sa une avec le titre suivant (le 5 février 1996) : « Il y a quelqu'un ? » Voici ce que disait l'article : « Deux astronomes américains ont découvert deux planètes à l'extérieur de notre système solaire sur lesquelles les conditions pourraient permettre l'existence de la vie. »

Dans son livre *Are We Alone?* (Basic Books, 1995, p. 42), le physicien australien Paul Davies note que la découverte d'un signal radio extraterrestre ne conduirait pas rapidement à un dialogue entre nos deux civilisations : « Un message d'extraterrestres à cent années-lumière de distance mettrait cent ans à nous parvenir, et toute réponse mettrait encore cent ans à faire le voyage de retour : « Il existe une autre possibilité. La découverte d'un objet ou d'un message extraterrestre dans le voisinage de la Terre. » Et Davies de suggérer qu'il pourrait être « programmé pour ne se manifester que lorsque notre civilisation aura atteint un certain niveau d'avancement » (*ibid.*).

C'est dans son livre *Pale Blue Dot* (Random House, 1994, p. 352) que Carl Sagan suggère qu'une forme de vie intelligente aurait pu évoluer bien plus tôt que chez nous, et que leur technologie pourrait nous sembler être de la magie. L'auteur de *2001 : Odyssée de l'espace*, Arthur C. Clarke, a fait une observation similaire : « Toute technologie suffisamment avancée nous semblera être, à toutes fins utiles, de la magie » (*Profiles of the Future*, Holt, Rinehart & Winston, 1984).

La « vision du chariot » citée dans le livre de Jézéchiel se trouve dans Jézéchiel 1.4-5. On trouve un passage semblable dans Daniel 7 : 9-10 à propos des « anciens des jours » atterrissant dans un « trône » crachant des flammes : « Un jet enflammé était projeté devant lui. »

11. Bush

Ma lettre du 3 août 2001 au président Bush a été réceptionnée par son directeur de cabinet, Andrew Card, à la Maison-Blanche, le 7 août et, selon son adjointe Josephine Robinson, Card en aurait donné une copie à Condoleezza Rice, la conseillère du Président pour les affaires de sécurité nationale. Le 10 septembre 2001, j'ai rappelé pour vérifier si Bush avait bien reçu la lettre à son retour de vacances et Mme Robinson m'a dit : « Elle a été lue par les deux personnes les plus importantes ici. Mais ce sont elles qui décideront de la remettre ou non au Président. »

Le 27 mai 2002, *Time* rapportait que la CIA avait dit au Président le 6 août 2001 que des hommes de Ben Laden pouvaient détourner des avions et qu'un mois plus tôt un rapport du FBI, qui n'est jamais parvenu jusqu'au Président, avertissait que Ben Laden enverrait peut-être des hommes prendre des cours de pilotage aux États-Unis.

Zaccarias Moussaoui, l'homme qui est soupçonné d'être le vingtième membre de l'équipe de terroristes du 11 septembre, a été arrêté le 16 août 2001, mais selon *Time*, le FBI n'a pas réussi à découvrir dans son ordinateur portable le nom qui les aurait conduits au chef de l'opération : Mohammed Atta.

Le 28 août 2002, le *New York Times* rapportait qu'un document secret du Sénat affirmait que le gouvernement disposait d'un « véritable plan d'ensemble du 11 septembre avant l'attentat ». Et le 20 juin 2002, le *Washington Post* rapportait que la NSA avait intercepté un message le 10 septembre qui disait « Demain est l'heure zéro », mais que celui-ci, en arabe, n'a pas été traduit avant le 12 septembre.

J'ai envoyé une deuxième lettre au président Bush par l'intermédiaire de Card et Rice le 1er octobre 2001, dans laquelle je soulignais que l'attentat du 11 septembre avait été codé dans la Bible il y a trois mille ans et où je réitérais l'avertissement que, selon le code de la Bible, la troisième guerre mondiale se déclencherait peut-être durant le mandat de Bush. Je n'ai jamais reçu de réponse, bien que Bush lui-même ait déclaré qu'il croyait que « le 11 septembre confirmait que Dieu l'avait choisi dans un but, et lui avait montré quel était ce but », du moins selon un article du *New York Times* du 23 mars 2002. Un article semblable dans *Time* daté du 2 septembre disait que Bush avait déclaré à des dirigeants religieux qu'il recevait à la Maison-Blanche qu'il avait trouvé sa « raison d'être » : le 11 septembre.

Mon récit des conversations Bush/Gore la nuit de l'élection présidentielle est tiré de reportages sur les chaînes de télévision NBC, ABC et CBS ainsi que d'articles parus dans le *New York Times* le jour suivant. La décision de la Cour suprême du 12 décembre qui mettait fin au comptage des voix en Floride et faisait de Bush le président, a été diffusée sur toutes les chaînes en direct et rapportée dans le *New York Times*.

Le journal manuscrit de Mohammed Atta, découvert par le FBI après le 11 septembre, montre clairement qu'il pensait avoir une mission divine. « Dieu, je crois en toi, écrivait-il. Dieu, je me place entre tes mains ». Et Atta avait recommandé aux autres terroristes de prier lorsqu'ils monteraient dans les avions : « Dieu, ouvre-moi toutes les portes. »

Le code de la Bible nommait une base terroriste possible au Proche-Orient qui recoupait les deux orthographes possibles de « Ben Laden » en hébreu et appelait cet endroit le « quartier général de son armée ». Le même endroit était très clairement codé avec « arme nucléaire », « holocauste nucléaire », « attaque chimique » et « la prochaine guerre ». J'ai transmis cette information à de hauts responsables des gouvernements américain et israélien. Les services de renseignements israéliens ont pris cela au sérieux, mais je n'ai aucune indication que telle ait été la réaction des Américains.

J'ai aussi averti les Israéliens et les Américains que la Libye, ou une « arme libyenne », pourrait être utilisée pour un « gros coup » terroriste. Le quotidien israélien *Ha'aretz* rapportait le 2 mai 2002 que « les efforts libyens pour obtenir l'arme nucléaire inquiètent de plus en plus les responsables israéliens et américains. La menace libyenne a fait l'objet de discussions au cours d'un ensemble de réunions stratégiques entre les deux pays qui se sont tenues la semaine dernière à Washington ».

Je ne sais pas si mon avertissement concernant la Libye a eu quelque chose à voir avec ce changement d'attitude, ou si les uns et les autres ne sont pas tout simplement parvenus de leur côté à la même conclusion.

Le 19 février 2002, j'ai essayé de joindre Paul Wolfowitz, le secrétaire d'État adjoint à la défense, qui entretient des liens étroits avec les renseignements israéliens. Sur mon fax, je disais : « Cette base, si elle existe, est peut-être liée à Ben Laden et pourrait s'avérer une source de danger pour les États-Unis comme pour Israël. » Le 19 mars, Wolfowitz me répondait par l'intermédiaire de son assistant Linton Wells et me faisait dire qu'il ne souhaitait pas me rencontrer.

Le 19 mai 2001, j'ai écrit une lettre au secrétaire d'État Colin Powell dans laquelle je lui disais que j'avais rencontré Arafat et Peres un mois plus tôt. « Même si vous ne croyez pas qu'il existe un code dans la Bible qui prédit le futur, lui précisais-je dans ma lettre, il peut être néanmoins important que nous nous rencontrions, parce que Arafat, lui, y croit. » Powell ne me répondit pas.

La déclaration du vice-président Cheney selon laquelle une nouvelle attaque terroriste contre les États-Unis était « pratiquement certaine » – « la question n'est pas de savoir quand, mais où » – a été citée par le *New York Times* du 20 mai 2002. Cheney a fait des déclarations du même acabit lors de l'émission de la chaîne NBC « Meet the Press », le 19 mai.

Les déclarations du secrétaire d'État à la défense Donald Rumsfeld selon laquelle les terroristes pourraient obtenir des armes de destruction massive ont été faites lors d'une déposition devant la Commission budgétaire du Sénat le 21 mai 2002. Rumsfeld a réitéré son avertissement le lendemain lors d'une interview à la chaîne de télévision PBS. « Ils sont parfaitement disposés à tuer des milliers d'enfants, de femmes et d'hommes innocents en lançant des avions sur des immeubles. Nous savons qu'ils n'hésiteraient pas une seconde à utiliser des armes de destruction massive s'ils en disposaient. »

Tom Ridge, le directeur de la sécurité intérieure, a affirmé dans une interview au *New York Times* datée du 6 septembre 2002 : « Nous sommes aujourd'hui, et nous serons dans un futur prévisible, la cible d'attaques terroristes. »

Les déclarations de Robert Mueller, le directeur du FBI, selon lesquelles les attaques terroristes étaient « inévitables » et que « nous ne pourrons pas les empêcher » ont été reprises dans le *New York Times* du 21 mai 2002. Apparemment, Mueller ne pensait pas que ces remarques devant une conférence de responsables policiers filtreraient à l'extérieur. Selon un article du *New York Times* du 30 mai 2002, Mueller a reconnu que les attentats du 11 septembre auraient pu être évités si des rapports éparpillés dont le gouvernement disposait avaient été reliés entre eux.

12. Le voyage du héros

La formulation du « voyage du héros » est donnée par Joseph Campbell dans son ouvrage classique *The Hero With a Thousand Faces* (Princeton University Press, 1968), p. 30. L'affirmation de Campbell selon laquelle les « pouvoirs divins s'avèrent avoir été présents depuis le début dans le cœur du héros » se rencontre à la p. 39.

Les dernières paroles de Moïse aux Hébreux se trouvent dans Deutéronome 30-11-14. C'est lors d'un entretien en janvier 2000 que le professeur Rips m'a dit que le codage d'« obélisque » et de « clé du code » ne pouvait être dû au hasard, mais que cela ne démontrait pas que les objets existaient dans le monde réel. Nous avons eu de nombreuses discussions du même type au fil des ans.

Rips a remarqué que dans le texte de la Bible une référence explicite était faite à un exemplaire de la Torah gravé sur des pierres, et que selon les commentaires anciens elle était en fait gravée sur des pierres dans soixante-dix langages différents pour toutes les nations de la Terre.

« Il n'est donc pas impensable que vos "obélisques" existent, a ajouté Rips, et bien évidemment, je serais plus que ravi si vous les découvriez. »

Le nom donné par Pharaon à Joseph – Zaphenat-Paneah – et qui en hébreu veut dire « décodeur du code » se trouve dans Genèse 41-45. « Ceci est la solution », les mots prononcés par Joseph lorsqu'il révèle deux fois le futur se trouvent dans Genèse 40-12 et 40-18. Les deux fois, ils sont recoupés par « Lisan ».

C'est lors d'une rencontre avec Rips, au moment de la Pâque, en mars 1999, qu'il m'a déclaré que le code « provient d'une intelligence qui est non seulement supérieure, mais différente ». Lors de ce même entretien, Rips m'a dit que pour le codeur il n'y a pas de distinction entre le passé, le présent et le futur.

L'affirmation analogue d'Einstein– « La distinction entre le passé, le présent et le futur n'est qu'une illusion, aussi tenace soit-elle » – est extraite d'une lettre au physicien et ami de toujours Michele Besso, le 21 mars 1955 (Archives Einstein 7-245, publiée dans *The Quotable Einstein*, Princeton University Press 1996), p. 61.

J'ai pu m'entretenir avec Stanley Kubrick à plusieurs reprises à propos du code de la Bible pendant que je travaillais à mon premier livre. La première fois où je lui ai parlé du code de la Bible, il s'est exclamé : « C'est comme le monolithe dans *2001* ! »

C'est dans son introduction au livre *The Physics of Star Trek* (Basic Books, 1995, p. xii) que Stephen Hawking dit que « le voyage dans le temps est peut-être dans nos capacités ». Hawking réitère sa croyance au voyage dans le temps dans la dernière édition de son livre *A Brief History of Time* (Bantam, 1996). Il remarque que toute forme avancée de voyage dans le temps exige que l'on se déplace plus vite que la lumière, ce qui veut dire automatiquement que l'on se déplace vers le passé.

La citation de Ben Laden– « Les Américains aiment la vie, c'est leur faiblesse. Nous aimons la mort, c'est notre force » – est tirée d'une de ses cassettes vidéo diffusées par la chaîne d'information continue en langue arabe Al-Jazirah. On pense qu'elle a été enregistrée avant le 11 septembre et diffusée ultérieurement.

13. Compte à rebours

Ce que je disais à Rips après le 11 septembre, à savoir que même des non-croyants se disaient à présent que nous vivions la fin des jours, s'est vu confirmé par la couverture de *Time* le 1er juillet 2002, qui titrait : « La Bible et l'Apocalypse : pourquoi de plus en plus d'Américains parlent de la fin du monde ». La revue citait le pasteur de la très sérieuse Église presbytérienne de la 5e Avenue à Manhattan : « Depuis le 11 septembre, des avocats et des courtiers cyniques et durs qu'habituellement rien n'émeut nous demandent : "Le monde touche-t-il à sa fin ?" »

La prophétie d'une « bataille finale » dans le Nouveau Testament est tirée de Révélation 20.7-9 ; La citation de l'Ancien Testament – « Est-ce là l'homme qui a fait trembler la Terre ? » – se trouve dans Isaïe 14-16.

Le temps de souffrances terribles avant la venue du Messie est annoncé dans le XIIe chapitre du livre de Daniel, dans le XXe chapitre du livre de la Révélation, et dans le commentaire du Coran connu sous le nom de Hadith.

La lettre cachetée que j'ai remise à Michael Kennedy, mon avocat, était datée du 6 octobre 1998. Ma lettre à Alan Greenspan, le président de la Réserve fédérale américaine, était datée du 13 septembre 2001 et fut déposée au bureau de Greenspan le 17 septembre. C'était la veille du Nouvel An juif, 5762, qui était codé avec « crise économique », et aussi le jour où les marchés ont rouvert pour la première fois après le 11 septembre. L'indice Dow Jones a chuté de 684 points, sa plus grave chute historique, et cela marqua le début d'une semaine qui a vu se produire le pire krach boursier depuis la Grande Dépression, selon un article du *New York Times* daté du 22 septembre 2001.

Lynn Fox, l'assistante de Greenspan chargée des relations avec la presse, m'a confirmé le 28 septembre 2001 que celui-ci avait lu ma lettre, mais qu'il ne donnait jamais d'interviews et ne souhaitait pas me rencontrer. Le *New York Times* écrivait le 27 novembre 2001 que le Bureau national de recherches économiques avait officiellement déclaré que nous étions entrés dans une « récession ».

Au mois de juillet 2002, le marché le plus baissier depuis une génération fit plonger les indices boursiers plus bas encore que le trou dans lequel ils avaient sombré suite au 11 septembre. Le 23 juillet, le *New York Times* écrivait que le Dow Jones était tombé de 8 000 points à 7 702, son niveau le plus bas depuis octobre 1998, et l'indice Standard & Poor était descendu au-dessous de 800, son niveau le plus bas depuis avril 1997. Le *Times* rapportait également que le marché avait perdu près de 7 000 milliards de dollars en moins de deux ans.

Le marché termina l'année juive 5762 le vendredi 6 septembre 2002 avec des pertes sur six des huit jours précédents de cotation, et ce pendant les cinq derniers mois. C'était la première fois, depuis la récession de 1981, que le Dow Jones avait été à la baisse durant cinq mois de suite. Le 4 septembre 2002, le *Times* expliquait que « le marché semble bien parti pour connaître trois années consécutives de baisse, la plus longue durée depuis la Dépression ».

J'ai omis intentionnellement le nom de la base codée dans la Bible à côté de « à la fin des jours ». J'ai fourni ce nom aux services de renseignements israélien et américain.

Le journal israélien *Ha'aretz* rapportait le 31 octobre 2001 que « des conseillers ont expliqué à M. Sharon que la menace non conventionnelle la plus dangereuse à laquelle Israël doit faire face aujourd'hui est la variole ».

Selon Jonathan Tucke (dans son livre *Scourge*, Atlantic Monthly Press, New York, 2001), la variole à coûté des centaines de millions de vies avant d'être éradiquée en 1980. Dans son livre, il affirme également qu'un tiers des personnes atteintes meurent, et que la plupart des survivants conservent de graves séquelles. À l'été 2002, les États-Unis et Israël ont décidé de vacciner tout le personnel médical et de manière générale les gens qui se trouveraient en première ligne en cas d'attaque bioterroriste. Le 7 juillet, le *Times* rapportait que les États-Unis allaient vacciner cinq cent mille membres du personnel soignant, que l'on disposait à présent de cent millions de doses de vaccin et qu'à la fin les stocks seraient suffisants pour vacciner l'ensemble de la population américaine. Selon *Ha'aretz*, Israël a déjà accumulé suffisamment de doses de vaccin pour toute sa population.

Le général Ben-Israël m'a déclaré le 12 décembre 2001 que la variole était « notre cauchemar à tous », parce qu'elle se propage très facilement. Cela veut dire que dans notre monde l'épidémie deviendrait globale en l'espace de quelques semaines. « C'est très facile à faire, m'a expliqué Ben-Israël, et il serait criminel d'ignorer cette possibilité. »

La citation de mon premier livre, paru en 1997– « des terroristes nucléaires peuvent déclencher la prochaine guerre mondiale » – apparaît à la p. 130 (*The Bible Code*, Simon & Schuster, New York, 1997 ; traduction française, *La Bible : le Code secret*, Robert Laffont, 1997).

Le rapport du Sénat américain sur le danger du terrorisme nucléaire, « Prolifération globale des armes de destruction massive », a été publié en 1995. La citation concernant la chute de l'Union soviétique – « jamais un empire ne s'est désintégré alors qu'il avait en sa possession trente mille armes atomiques » – provient de la déclaration préliminaire du sénateur Sam Nunn.

L'article de Bill Keller sur le terrorisme nucléaire qui a fait la une du *New York Times Magazine* a été publié le 26 mai 2002. Le titre annonçait : « Tôt ou tard, une attaque se produira ici. » Le modèle informatique de l'effet produit par l'explosion à Times Square d'un engin nucléaire d'une puissance d'une kilotonne cité par Keller est extrait du livre de référence de Jonathan Schell, *The Fate of the Earth* (Knopf, New York, 1982, p. 47-49). La description faite par Schell de l'effet d'une charge de 20 kilotonnes est tirée des p. 52-53. Sa description d'une explosion au niveau du sol se trouve à la p. 53.

L'expert en matière de terrorisme, Robert Wright, écrivait le 24 septembre 2001 dans le *New York Times* à propos du

11 septembre : « Les terroristes n'ont pas utilisé des armes biologiques ou nucléaires, mais la prochaine fois ils pourraient bien le faire. »

Les paroles de Moïse citées par Rips – « le mal qui s'abattra sur vous à la fin des jours » – sont tirées du Deutéronome 31-29. Il avait noté que les derniers mots de Moïse montrent clairement que nous avons le choix, et se terminent par l'affirmation : « Par cette parole vous prolongerez vos jours sur terre. »

Coda

L'affirmation de Newton selon laquelle non seulement la Bible mais l'univers entier est « un cryptogramme disposé par le Tout-Puissant » est citée par John Maynard Keynes dans son livre *Newton, l'homme* (Meridian Books, 1956).

Le génome humain a été décrypté par deux équipes, l'une gouvernementale et l'autre privée, et conjointement annoncé le 26 juin 2000.

Le télescope spatial Hubble nous renvoie des images de l'Univers qui se rapprochent de plus en plus de son origine. Comme le disait un article du *New York Times* daté du 23 juillet 2002, « plus les télescopes voient loin, plus la lumière qu'ils détectent est ancienne – jusqu'à 13 milliards d'années à présent, s'approchant de ce que les scientifiques pensent être l'aube du temps. »

Dans son livre *Just Six Numbers* (Basic Books, 2000) l'astronome royal britannique sir Martin Rees affirme que quelques nombres posés au moment de la Création ont déterminé la forme de toutes les choses.

Newton croyait que l'Univers était un puzzle fabriqué par Dieu, et que nous sommes destinés à résoudre, et le code lui-même affirme qu'il est « entre nos mains pour être résolu ».

Appendice

Par sa découverte et sa démonstration de l'existence d'un code caché dans la Bible révélant des événements qui se sont produits des milliers d'années après que la Bible a été écrite, Eliyahu Rips a remis en cause les fondements de la science moderne et changé notre façon de voir le monde.

« Si c'est vrai, alors c'est une découverte plus importante que celle d'Einstein. » C'est ce que m'a dit le physicien le plus respecté d'Israël, Yakir Aharonov, lorsque je lui ai parlé du code de la Bible il y a plusieurs années. Plus récemment, Aharonov m'a répété : « Si c'est vrai, alors c'est une découverte aussi importante que celle de Newton. »

« Vous avez monté votre appréciation d'un cran », lui ai-je répondu.

« Oui, m'a-t-il répondu. Si c'est vrai, cela transformera la science comme Newton l'a fait. »

Mais comme le fait remarquer le philosophe Thomas S. Kuhn dans son ouvrage classique intitulé *La Structure des révolutions scientifiques*, bon nombre des plus grandes découvertes sont rejetées, voire tournées en ridicule, par l'establishment scientifique, car toutes les grandes découvertes, par définition, remettent en cause ce que nous croyons savoir, et donc minent l'autorité de celui-ci.

Kuhn disait : « Chacune d'entre elles exigeait le rejet d'une théorie admise de longue date en faveur d'une autre qui était incompatible avec elle. La science normale supprime souvent des nouveautés fondamentales, car celles-ci sont nécessairement subversives. »

Je me souviens d'avoir averti Eliyahu Rips, avant la parution de mon premier livre sur le code, que lorsque sa découverte serait connue de tous on l'attaquerait. C'était inévitable. Il demandait au monde d'accepter une théorie si radicale qu'une fois qu'elle serait acceptée, le monde ne serait plus jamais le même.

« Vous remettez en cause le monde comme lorsque Galilée disait que la Terre tournait autour du Soleil, que le Soleil et non la Terre était le centre de notre monde. Ce n'est pas seulement l'Église qui l'a condamné, c'était aussi tout l'establishment scientifique de l'époque. Vous aussi, vous remettez en cause l'establishment religieux et l'establishment scientifique. »

« Je suis heureux qu'on ne brûle plus les gens », m'a-t-il répondu.

Mais Rips allait devoir faire face à un autre type d'inquisition. Il fut attaqué par de nombreux scientifiques ordinaires qui ne pouvaient pas accepter un phénomène dont ils ne parvenaient pas à comprendre qu'il pouvait être réel.

Pourtant, personne ne parvenait à trouver une faille dans les mathématiques ou l'informatique de son expérience originelle, l'expérience qu'il avait publiée en août 1994 dans une très respectable revue américaine de mathématiques, *Statistical Science*, après avoir franchi le barrage de la lecture par des juges indépendants. Personne ne proposa même une réfutation.

Puis, cinq ans plus tard, *Statistical Science*, qui avait entretemps changé de directeur, a fini par publier une réfutation, due à une équipe de mathématiciens conduite par un Australien qui ne lisait pas le langage du code de la Bible, l'hébreu.

Il avait, en revanche, un certain nombre d'alliés israéliens qui ne contestaient ni les mathématiques ni l'informatique de l'article originel, mais attaquaient les données, à savoir la liste des noms hébreux des trente-deux sages qui avaient vécu après que la Bible avait été écrite, mais dont les dates de naissance et de mort coïncidaient remarquablement avec leurs noms dans le code de la Bible.

Selon les critiques, on pouvait mettre en évidence le même phénomène dans n'importe quel livre. C'était la première question que j'avais posée à Rips : ne pouvait-on pas trouver la même coïncidence apparente dans n'importe quel livre avec un ordinateur ?

Rips m'avait répondu que lui et ses collègues avaient en fait recherché les mêmes noms et les même dates avec le même programme d'ordinateur et le même test mathématique dans trois autres textes non bibliques.

Dans la Bible, les noms et les dates étaient codés ensemble. Dans les trois autres livres ils ne l'étaient pas. Et les chances que cette information se trouve là par hasard étaient en fait de l'ordre de une sur un million.

« Les données sont adaptées au test », prétendaient les critiques. On n'était pas loin d'accuser Rips et ses collègues d'avoir trafiqué les données, d'avoir choisi des noms et des dates qui ne marcheraient que dans le cas de la Bible.

Je savais que cela était faux parce que j'avais vérifié les faits avant de publier mon premier livre. C'était la deuxième question que j'avais posée à Rips : qui avait choisi les données ?

En fait, les noms des sages avaient été choisis mécaniquement. Rips et ses collègues avaient simplement mesuré la longueur en pouces des entrées dans l'Encyclopédie des Sages, le seul ouvrage de référence en la matière, et avaient simplement choisi les trente-quatre premiers noms dont les articles mesuraient plus d'une certaine longueur en pouces. Lorsque le scientifique qui supervisait la première expérience a demandé de nouvelles données, précisément pour exclure toute possibilité de fraude, Rips a choisi les trente-deux sages suivants dont les entrées mesuraient *au moins* une longueur précise en pouces.

Il n'y avait donc aucune possibilité de manipulation. Le choix des noms était purement mécanique. Mais il y avait débat sur la bonne orthographe des noms de ces rabbins, dont la plupart vivaient en des temps où l'orthographe n'était pas encore standardisée et normalisée. Donc Rips et ses collègues ont demandé au plus grand expert en matière de bibliographie rabbinique, le professeur Shlomo Z. Havlin, de décider de manière tout à fait indépendante quelle était la bonne orthographe des noms, et donc de faire le choix final des données pour l'expérience. J'ai interrogé Havlin, et lui aussi m'a remis une déclaration écrite : « J'ai confirmé que chacune des deux listes de noms a été décidée par moi-même selon mon propre jugement, et que je les ai scrupuleusement confrontées à la base de données informatisée du Centre de traitement des données de l'université Bar-Ilan. »

Avant que *Statistical Science* ne publie sa réfutation avec cinq ans de retard, Havlin fit parvenir à la rédaction de la revue une attestation encore plus détaillée décrivant le rôle qu'il avait joué dans le choix des données de l'expérience originelle de Rips : « Je me dois d'insister sur le fait que, au cours de la préparation des listes en question, non seulement il m'était impossible de savoir à l'avance quel effet le choix d'un nom particulier aurait sur la réussite de l'expérience, mais je n'avais pas non plus la moindre idée de la manière dont on évaluerait la réussite de l'expérience, ni de la manière dont cela était relié à la liste des noms. »

L'expérience originelle de Rips respectait le paradigme classique des expériences en double aveugle. L'expert indépendant qui a choisi les données n'avait aucune idée de la manière dont celles-ci affecteraient le résultat de l'expérience. En fait, il ne savait même pas en quoi consistait l'expérience.

L'accusation lancée contre Rips et ses collègues – ils auraient « adapté les données au test » – était de toute évidence fausse. Ni Rips ni ses deux collègues n'avaient choisi ces données. C'est Havlin qui l'avait fait.

Mais bien que la revue ait été informée par Havlin, par écrit et à l'avance, que les accusations étaient fausses, la réfutation fut néanmoins publiée.

La réfutation contenait une autre remise en cause de l'expérience. L'Australien Brendan McKay avait effectué sa propre « expérience » non pas avec la Bible mais avec *Guerre et Paix*. Et dans ce livre, il avait délibérément manipulé les données pour créer un faux « code ». Ce qu'il voulait montrer, c'est que s'il était capable de manipuler les données pour fabriquer un « code », alors Rips aurait pu également le faire.

Bien sûr, l'accusation était à la fois fausse et insensée. D'abord, Rips n'aurait pas pu manipuler son expérience parce qu'un expert indépendant avait choisi les données. Et Havlin n'avait aucune idée de la manière dont le choix des données affecterait le résultat de l'expérience.

Mais en fait, tout ce que McKay avait démontré, c'est qu'il avait lui-même truqué une expérience, qu'il avait perpétré une escroquerie. Comme l'a dit le plus célèbre mathématicien d'Israël, Robert Aumann de l'Université hébraïque, « si McKay avait fabriqué un faux billet de cent dollars, cela n'aurait pas démontré que tous les billets de cent dollars étaient faux. Cela aurait simplement prouvé que McKay était un faussaire ».

Les accusations étaient si manifestement fausses, si absurdes, que dans des circonstances ordinaires la réfutation n'aurait jamais été publiée.

Mais en fait, ses conclusions furent reprises par de nombreux scientifiques parce qu'ils s'étaient déjà fait une opinion. Ce que Rips affirmait, ce qu'il avait démontré, ce que personne ne parvenait à réfuter – qu'il existait un code dans la Bible révélant des événements qui se sont produits après que la Bible a été écrite – était un tel défi pour la science occidentale que certains scientifiques occidentaux ont décidé, sans examiner les preuves, que cela ne pouvait être vrai.

Si Rips avait raison, ils avaient tort. Si Rips avait raison, les lois de la physique, des mathématiques, la nature du temps lui-même devaient être rééexaminées.

C'est le même défi auquel ont dû se confronter tous les scientifiques qui ont fait de grandes découvertes, en particulier lorsque la découverte remettait en cause la science de leur temps.

Mais à ce jour personne n'a pu apporter la moindre preuve que Rips a tort. Personne n'a contesté sa démonstration mathématique, ni son programme informatique, ni le résultat de son expérience originelle.

En fait, un cryptographe expérimenté de la NSA américaine, Harold Gans, a reproduit les résultats de l'expérience israélienne en utilisant son propre programme d'ordinateur. Gans était tellement certain que le code ne pouvait exister qu'il a poussé son expérience plus loin encore : il a recherché dans le code une autre information, les noms des villes où les sages étaient nés et morts. Et il les a trouvés, codés au même endroit.

Dans leur attaque contre Rips, McKay et ses collègues ont prétendu que Gans avait « renié » son expérience. En fait, Gans a publiquement écrit qu'il avait reconfirmé son expérience et qu'il était certain de ses résultats.

« Le fait qui parle le plus contre l'existence de "codes" est que nous ne parvenons pas à les trouver », écrivaient McKay et ses collègues, en dépit du fait qu'un homme qui avait passé vingt-cinq ans de sa vie à fabriquer et déchiffrer des codes pour le renseignement militaire américain avait effectivement trouvé un code dans la Bible.

En outre, à deux reprises, McKay et ses collègues ont eux-mêmes trouvé des preuves claires de l'existence du code de la Bible. D'abord, ils ont contesté la sélection originelle de noms, en prétendant que les entrées de l'Encyclopédie des Sages n'avaient pas été correctement mesurées. Lorsque l'expérience originelle de Rips fut répétée avec les données choisies par McKay, le résultat fut en fait encore meilleur. McKay et ses collègues ont choisi d'ignorer cette expérience...

Ensuite, dans leur propre expérience qui visait à réfuter le code de la Bible, McKay et ses collègues ont en fait trouvé un résultat positif. Au lieu d'en rendre compte, ils ont changé de méthode expérimentale, choisissant de nouveaux paramètres à propos desquels Rips les avait prévenus qu'ils excluaient la possibilité d'un résultat positif. Ils ont ensuite publié les résultats de cette deuxième expérience, dissimulant les résultats positifs de leur première expérience.

Et bien sûr, personne n'a réussi à expliquer comment le code de la Bible pourrait prédire correctement le futur si en fait il n'existait pas. Personne n'a trouvé dans *Guerre et Paix* ou *Moby Dick* une prédiction correcte, à l'avance, d'un événement mondial.

Personne ne pourrait manipuler un code faux de manière à prédire correctement, avec un an d'avance, l'assassinat d'un Premier ministre.

C'est peut-être la raison pour laquelle presque tout le monde, en dehors d'un petit cercle scientifique, accepte la réalité du code de la Bible.

Dans son attaque, *Statistical Science* notait que « l'article de Rips est reproduit dans son intégralité dans le livre de Drosnin (1997), qui a été un best-seller dans de nombreuses langues ; il s'agit peut-être de l'article scientifique le plus reproduit de tous les temps ».

Pourtant, l'article de Rips a été victime de la seule réfutation fausse qu'une revue scientifique ait jamais publiée.

Dans sa réponse à *Statistical Science*, Rips et ses collègues ont montré par une analyse mathématique détaillée que les accusations de McKay étaient « entièrement dépourvues de fondement ». Rips notait aussi que « les déclarations du très respecté professeur Havlin de l'université Bar-Ilan, et de Harold Gans, cryptographe expérimenté du département américain de la défense, montrent très clairement la fausseté des accusations ».

« Les données en faveur du code de la Bible sont plus puissantes que jamais, écrivait Rips. Des progrès impressionnants ont été accomplis, qui incluent de nouvelles expériences montrant que tant des personnages bibliques que des personnes qui ont vécu après que la Bible a été écrite sont nommés et codés avec les détails de leurs vies. »

Mais la revue de mathématiques qui avait publié l'article originel et promis par écrit de répondre à toute réfutation refusa de publier sa réponse.

Le mathématicien le plus respecté d'Israël, Aumann, qui est aussi membre de l'Académie des sciences américaine, écrivit une lettre de protestation à *Statistical Science* qui était aussi signée par un des plus illustres mathématiciens de Harvard, David Kazhdan, dans laquelle ils s'élevaient contre le refus de la revue de publier la réponse de Rips.

« Nous ne sommes que trop conscients de la nature explosive de l'article originel, écrivaient Aumann et Kazhdan. *Statistical Science* doit être félicitée d'avoir eu l'honnêteté intellectuelle et le courage nécessaires pour le publier en dépit de la tempête qu'il allait – et qu'il a – suscitée. »

Aumann mettait en garde *Statistical Science* contre la tentation de rompre avec cette attitude intellectuellement courageuse en adoptant « des procédures approximatives, inadéquates et inéquitables », et plus particulièrement en acceptant de publier une réfutation rédigée en secret, que Rips n'avait même pas eu la possibilité de lire.

Mais la revue ignora les lettres de Havlin, Gans, Aumann et Kazhdan et publia un article qui avait réfuté à l'avance...

Je suis persuadé que l'article originel de Rips sera un jour perçu comme une « révolution scientifique ».

Remerciements

J'ai commencé ce livre lorsque j'ai découvert le nom du mathématicien israélien qui a découvert le code de la Bible dans un verset qui décrit comment Dieu est descendu sur le mont Sinaï pour donner la Torah à Moïse.

Au cours des cinq années qui se sont écoulées depuis, nous nous sommes souvent parlé, et nous nous sommes rencontrés de nombreuses fois. Les données qui démontrent l'existence du code de la Bible proviennent de nombreuses sources, mais ce livre n'aurait jamais pu être écrit sans l'aide constante du professeur Eliyahu Rips.

Toutefois, ce livre a été écrit indépendamment de lui, et les idées qui y sont exprimées n'engagent que moi, sauf lorsque je le cite directement.

J'ai utilisé le programme d'ordinateur qu'il a inventé avec son collègue, Alex Rotenberg. Toutes les images ont été produites grâce à un logiciel que celui-ci a mis au point avec Alex Polishuk.

Bien des responsables israéliens m'ont aidé de différentes manières. Il m'est impossible de les remercier tous ici nommément, car cela pourrait leur créer des problèmes, mais je dois remercier mon ami le général Isaac Ben-Israël, qui jusqu'à très récemment était le directeur scientifique du ministère israélien de la Défense.

Deux géologues, David Neev et son jeune protégé Yuval Bartov, ont bien voulu partager avec moi leurs connaissances de la mer Morte et de la péninsule de Lisan, ce qui a rendu mes recherches archéologiques possibles.

Plusieurs amis ont pris le temps de lire, de critiquer et d'encourager mes efforts. L'un d'entre eux, Jon Larsen, a fait bien davantage. Ses conseils ont été à la fois avisés et audacieux, et il m'a souvent soutenu au fil des ans. Deux autres amis, mes avocats Ken Burrows et Michael Kennedy, m'ont aidé d'une manière qui ne s'est pas limitée aux conseils d'ordre légal. Mon agent, John Brockman, a réussi à garder ce livre secret tout en orchestrant une publication mondiale simultanée.

Wendy Wolf, mon éditeur chez Viking, a rendu facile une tâche difficile, et a réussi à produire ce livre en un temps record. Susan Petersen Kennedy et David Shanks, respectivement président et PDG de Penguin Putnam Inc., m'ont fait part de leur enthousiasme depuis le premier jour, et m'ont accordé un soutien total. Je dois aussi remercier Jaye Zimet, leur directrice artistique, ainsi que Chip Kidd, qui a dessiné la couverture.

Rien n'aurait été possible sans l'aide de mes deux assistantes, Diana et Talya. Diana a fait régner l'ordre, trouvé l'introuvable et effectué d'importantes recherches. Talya, une jeune et brillante Israélienne, a non seulement vérifié toutes les traductions, mais m'a aussi aidé à écrire le livre. Sans elle, je n'y serais pas parvenu.

Table

Cet ouvrage a été réalisé par

FIRMIN DIDOT
GROUPE CPI

Mesnil-sur-l'Estrée

pour le compte des Éditions Robert Laffont
24, avenue Marceau, 75008 Paris
en novembre 2002

Imprimé en France
Dépôt légal : novembre 2002
N° d'édition : 43287-01 – N° d'impression : 61203